2030년 대한민국
부동산 투자
지형도가 바뀐다

부동산 양극화 시대, 대체 어디에 투자할 것인가?

2030년 대한민국 부동산 투자 지형도가 바뀐다

김종선 · 진변석 · 서영철 지음

서울특별시 · 경기도 · 인천광역시

팬덤북스

2030년 대한민국 부동산
양극화 시대에
어디에
투자할 것인가?

인구가 부동산 시장을 결정한다는 것에 전적인 신뢰를 보낼 필요는 없다. 인구라는 변수가 부동산 시장에 영향을 주는 변수인 것만큼은 분명하지만, 인구 외에도 부동산 시장에 영향을 주는 변수는 너무 다양하기 때문이다. 가령 수도권 인구 감소가 예상된다고 해서 수도권 부동산 시장이 위기에 직면하게 될까? 꼭 그렇다고 보기는 어렵다.

　만일 수도권 이외 지역에서 수도권으로의 인구유입 현상이 지속적으로 발생하고, 가구 분화까지 계속된다면 부동산 시장에 영향을 주는 다른 변수들이 부정적으로 바뀌지 않는 한 적어도 수도권 부동산 시장에 미치는 영향력의 정도는 우려할 수준은 아닐 것이기 때문이다.

그렇다면 대한민국 부동산 시장 전체가 평균적인 측면에서 과거와 같은 강력한 상승세를 보일 수 있다는 의미로 해석해도 될까? 그것 또한 적절치 않다. 아니 그럴 가능성은 전혀 없다. 대한민국 인구가 감소하는 상황에서 지방 인구의 수도권 유입현상이 가속화될 경우 몇몇 핵심 지역을 제외하면 지방은 그야말로 부동산 시장 절멸의 시대를 맞이할 가능성이 매우 높기 때문이다.

2030년까지 수도권 부동산 시장 vs 비수도권 부동산 시장을 넘어 수도권 부동산 시장 내에서조차도 우량지역과 비우량지역으로 나뉘어 엄청난 수준의 양극화 현상이 발생하고 심화될 것이다. 그 양극화를 촉진하는 요인으로서 인구지표들은 중요한 역할을 하게 될 것이다.

우리가 주요 인구변수들이 어떻게 변화하게 될 것인지를 주목해야 하는 진정한 이유는 폭락의 원인이 인구변수라는 그릇된 신념을 뒷받침하기 위한 그럴듯한 근거를 찾기 위해서가 아니라 부동산 시장 양극화의 촉진 변수라는 것을 알아야 하기 때문이다.

다시 한 번 강조하자면 총인구, 총가구, 주민등록인구, 가임여성인구, 고령인구, 생산가능인구, 흑자인구, 학령인구, 소멸위험지수와 같은 인구변수들은 미래 부동산 시장이 어떻게 변화해 있을지를 추론하는 데 의미 있는 변수들이 될 수는 있어도 결코 부동산 가격 폭락의 근거가 될 수는 없다.

고대 로마 시대 키케로라는 정치인의 주요 재산증식 수단 가운데 하나는 로마 근교의 고급 별장을 사고 파는 것이었다. 키케로가 생존해 있던 당시 로마 근교 별장을 구입할 수 있는 수요자들은 소수의 로마 귀족들뿐 이었음에도 불구하고 키케로는 별장 재테크로 상당한 부를 축적했다고 한다.

인구 관련 지표들이 부정적으로 바뀐다고 해서 모든 부동산이 동량 동질의 충격에 노출되는 것은 아닐 뿐더러 오히려 더 가격이 상승하는 경우도 발생할 수 있다는 냉엄한 현실을 직시할 필요가 있다.

2020년 이후 역사적 저금리, 코로나19로 인한 재정완화의 여파로 국내 자산시장은 그야말로 파죽지세 형국이다. 그러나 바로 지금이야말로 코로나19 이후 저금리가 신기루처럼 사라지고 난 후 가격 양극화 현상 속에서도 살아남아 탄탄한 상승세를 보여 줄 부동산 시장이 어디인지를 고민해야 할 때이다.

필자들의 노력이 누군가에게는 조금이나마 도움이 될 수 있기를 기대해본다. 끝으로 격려와 채찍질을 해주신 팬덤북스 박세현 대표님과 직원분들 그리고 이 책이 출간되기까지 많은 도움을 주신 분들에게 감사드리며 특히 자료 정리에 많은 도움을 준 숭실대학교 경영학과 김무세 군에게 감사를 전한다.

저자를 대신하며

김종선

프롤로그

Section **3** 생산가능인구 변화가 대한민국 부동산 지형도를 바꾼다

Section

1

인구·가구 변화가 대한민국 부동산 투자 지형도를 바꾼다

충격적 진실! 인구의 변화의 서막이 시작되었다! 대한민국 절대인구가 감소될 것이라는 암울한 전망이 나온 지 오래다. 하지만 그 이후로도 지속적으로 출산율 저하현상이 나타나면서 2018년에는 합계출산율 1.0명의 벽마저 무너져 합계출산율이 0.98명에 그치더니, 2019년에는 0.92명에 이어 2020년에는 0.8명대에 그칠 것으로 나타났다. 물론 인구감소가 급속도로 일자리가 사라지고 있는 추세를 감안할 때 꼭 부정적이지만은 않을 것이라는 반론이 전혀 없는 것은 아니다. 하지만 적어도 인구감소가 국가 전체적인 측면에서 부정적이라는 데에는 이론의 여지가 없다. 인구·가구가 부동산에 어떤 영향을 주게 될 것인지를 따져보는 것이 중요한 이유다.

1 2021년 대한민국은 인구감소라는 암울한 미래와 맞닥뜨렸다

2020년은 인구문제에 있어서 매우 중요한 의미가 있는 해가 될 듯하다. 통계 작성 이후 최초로 전년 대비 주민등록인구 감소현상이 발생했기 때문이다. 2020년 출생(등록)자수는 역대 최저치(275,815명)를 기록한 데 비해 사망(말소)자보다 많은 '인구 데드크로스(dead cross)'가 발생한 것이다. 정확한 수치는 2019년 12월 기준 주민등록인구가 5,184만 9,861명이고 2020년 12월 말 기준 주민등록인구는 5,182만 9,023명이니 2만 838명 감소였다.

● **주민등록인구 추이**

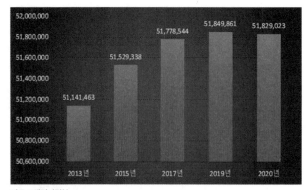

자료 : 행정안전부

주민등록인구란 주민등록표상에 기재된 인구를 말한다. 그렇기 때문에 주민등록인구가 곧바로 폭발적 인구감소를 의미하는 것은 아니다. 실제로 2019년 대비 2020년 주민등록인구가 감소했다고 해서 2021년이나 그 이후에도 지속적으로 주민등록인구가 감소할 것이라고 단정하기 어려운 측면도 있다. 그럼에도 불구하고 전대미문의 주민등록인구 감소는 충격적인 것만큼은 확실하다. 주민등록인구 감소현상이 발생한 주된 원인이 심각한 저출산 현상에 있기 때문이다. 문제는 저출산 현상이 결혼 기피풍조, 기혼 부부의 출산의욕 저하, 좋은 일자리 부족 등 복잡다단한 사회적·경제적 문제와 연결되어 있다는 점이다. 이는 곧 저출산 문제가 단기간에 해결할 수 없는 복잡한 문제라는 것을 의미한다. 그래서 다시 한 번 절대인구 감소가 시작될 날이 머지않았다는 것을 심각하게 받아들여야 하는 것이다.

매월 손쉽게 확인할 수 있는 주민등록인구 숫자 자체가 중요한 것은 아니다. 주민등록이라는 숫자가 담고 있는 의미가 무엇인지를 읽는 것이 진짜 중요하다. 인구감소라는 측면에서 볼 때 우리 대한민국에 주어진 시간이 그리 많지 않다. 추계인구가 아닌 과거 인구 수치를 보여주는 주민등록인구 감소현상이 지속적으로 나타나게 될 시점이 바로 눈앞에 다가와 있기 때문이다. 그만큼 부동산·주식·금융 시장 등 자산시장에 불어 닥칠 부정적 쓰나미 현상도 임박했다는 뜻이다.

그럼에도 불구하고 특히 부동산 시장은 공급, 투기, 정책 등 여러 가지 변수들이 복잡하게 얽혀 버블이 쌓여가고 있다. 버블은 언젠가 반드시 터지게 되어있다. 역사적으로 버블이 붕괴되지 않은 전례가 있을까? 단언컨대 없다. 이번에도 버블에 취한 사람들은 "이번만큼은 다르다."라고 말하고 싶겠지만 안타깝게도 이번에도 다르지 않을 것이다. 결국 부동산 시장에 쌓인 버블은 터지고 말 것이다. 그래서 우리는 2020년 발생한 주민등록인구 감소가 부동산 버블붕괴 시점이 다가오고 있다는 단초를 제공한 것이라는 사실을 읽어내야만 한다. 특히 인구감소가 시작된 지방자치단체들을 눈여겨 볼 필요가 있다. 물론 광역지방자치단체 내에서도 기초지방자치단체에서는 주민등록인구가 증가하는 곳도 있다. 하지만 전체적인 흐름은 감소라는 것에 초점을 맞춰야만 한다.

세종시, 경기도, 충청북도, 제주도를 제외한 모든 광역자치단체에서 주민등록 인구감

행정구역	2013년	2015년	2017년	2019년	2020년	2019년 대비
	총인구수(명)	총인구수(명)	총인구수(명)	총인구수(명)	총인구수(명)	2020년 증감(명)
전국	51,141,463	51,529,338	51,778,544	51,849,861	51,829,023	−20,838
서울특별시	10,143,645	10,022,181	9,857,426	9,729,107	9,668,465	−60,642
부산광역시	3,527,635	3,513,777	3,470,653	3,413,841	3,391,946	−21,895
대구광역시	2,501,588	2,487,829	2,475,231	2,438,031	2,418,346	−19,685
인천광역시	2,879,782	2,925,815	2,948,542	2,957,026	2,942,828	−14,198
광주광역시	1,472,910	1,472,199	1,463,770	1,456,468	1,450,062	−6,406
대전광역시	1,532,811	1,518,775	1,502,227	1,474,870	1,463,882	−10,988
울산광역시	1,156,480	1,173,534	1,165,132	1,148,019	1,136,017	−12,002
세종특별자치시	122,153	210,884	280,100	340,575	355,831	15,256
경기도	12,234,630	12,522,606	12,873,895	13,239,666	13,427,014	187,348
강원도	1,542,263	1,549,507	1,550,142	1,541,502	1,542,840	1,338
충청북도	1,572,732	1,583,952	1,594,432	1,600,007	1,600,837	830
충청남도	2,047,631	2,077,649	2,116,770	2,123,709	2,121,029	−2,680
전라북도	1,872,965	1,869,711	1,854,607	1,818,917	1,804,104	−14,813
전라남도	1,907,172	1,908,996	1,896,424	1,868,745	1,851,549	−17,196
경상북도	2,699,440	2,702,826	2,691,706	2,665,836	2,639,422	−26,414
경상남도	3,333,820	3,364,702	3,380,404	3,362,553	3,340,216	−22,337
제주특별자치도	593,806	624,395	657,083	670,989	674,635	3,646

소현상이 발생했다. 이 중 2013년 대비 2020년 주민등록인구 감소현상이 발생한 서울, 부산, 대구, 광주, 대전, 울산, 전라북도, 전라남도, 경상북도, 경상남도를 좀 더 눈여겨 볼 필요가 있다. 주민등록인구는 다양한 사회적·경제적 변수 때문에 변동한다. 살고 싶은 곳, 살기 편리한 곳, 교육환경이 좋은 곳, 먹고 살 거리가 있는 곳의 주민등록인구는 증가한다. 그 반대인 경우는 감소한다.

그래서 주민등록인구의 변동을 중요하게 고려해야 한다. 주민등록인구 감소현상이 발생했다면 반드시 그 이유를 살펴봐야 한다. 물론 주민등록인구 감소 때문에 위 지역들에서 단기간에 부동산 가격 하락내지는 급락현상이 나타날 가능성은 없다. 다만, 인구 감소의 전조현상으로 주민등록인구 감소현상을 바라 볼 수 있다면 부동산 시장에서 투기에 휩쓸리지 않고 적절한 매입 혹은 매도 의사결정을 할 수 있을 것이다. 주민등록인구 변동을 중요하게 생각하는 이유도 바로 여기에 있다.

2 주민등록인구가 감소하는 지역이 불안하다

서울도 주민등록인구 감소는 오래된 것이라 익숙하다. 하지만 여타 지역의 주민등록인구 감소는 같은 느낌으로 다가오지 않는다. 정도의 차이는 있지만 부산, 대구, 광주, 대전, 울산, 강원, 전북, 전남, 경북, 경남이 그렇다.

● 주민등록인구 및 세대 현황

(단위 : 명, 세대)

행정구역	주민등록인구				세대수			
	2017년	2018년	2019년	감소*	2018년	2018년	2019년	증가**
서울특별시	9,857,426	9,765,623	9,729,107	-128,319	4,220,082	4,263,868	4,327,605	107,523
부산광역시	3,470,653	3,441,453	3,413,841	-56,812	1,467,555	1,480,468	1,497,908	30,353
대구광역시	2,475,231	2,461,769	2,438,031	-37,200	1,006,753	1,021,266	1,031,251	24,498
광주광역시	1,463,770	1,459,336	1,456,468	-7,302	592,818	603,107	616,485	23,667
대전광역시	1,502,227	1,489,936	1,474,870	-27,357	614,639	624,965	635,343	20,704
울산광역시	1,165,132	1,155,623	1,148,019	-17,113	458,547	461,756	468,659	10,112
강원도	1,550,142	1,543,052	1,541,502	-8,640	700,265	707,245	719,524	19,259
전라북도	1,854,607	1,836,832	1,818,917	-35,690	797,916	806,235	816,191	18,275
전라남도	1,896,424	1,882,970	1,868,745	-27,679	851,376	860,303	872,628	21,252
경상북도	2,691,706	2,676,831	2,665,836	-25,870	1,193,261	1,207,351	1,227,548	34,287
경상남도	3,380,404	3,373,988	3,362,553	-17,851	1,406,011	1,425,271	1,450,822	44,811

※* 2017년 대비 2019년 감소 및 증가치(명, 세대) 자료 : 행정안전부

주민등록인구를 뺏기는 지역과 원인에 큰 차이가 있다.

서울은 2017년~2019년에 걸쳐 12만 8,319명의 주민등록인구가 감소했는데 주로 수도권 지역으로 주민등록인구를 빼앗겼다. 내 집 마련 부담, 주거비 부담은 물론 일자리, 가족, 대중교통망 확충으로 인해 인근 지역인 수도권으로 빠져나가는 인구가 많기 때문이다. 서울에서 가장 많이 인구를 빼앗긴 곳은 경기도(고양, 남양주, 용인, 하남, 김포, 시흥, 의정부, 화성, 광주, 수원, 성남, 파주, 양주, 평택, 안양, 구리, 의왕 등)로 전체 순유출의 63.6%를 차지하고 있고 다음으로 인천(중구, 연수구 등)이 7.3%, 강원이 3.6%다. 서울이 자족기능이나 주거편리성, 대중교통망을 고려할 때 거주가치가 감소해 인구유출이 발생한 것은 아니다. 이를 고려할 때 서울은 주민등록인구 감소가 부동산 시장에 부정적 영향을 미칠 가능성이 없다.

부산은 5만 6,812명의 주민등록인구가 감소했다. 더 나아가 2010년 대비 2019년 주민등록인구 감소 규모는 무려 15만 4,069명이었다. 2020년 12월 말 기준 부산 중구와 서구 주민등록인구를 더한 것보다 더 많은 주민등록인구 감소가 발생한 것이다. 부산이 주민등록인구를 빼앗긴 곳은 경남(김해, 양산, 창원, 진주 등)으로 39.3%, 서울(강남, 강도구 등)이 15.3%, 경기(용인, 평택, 화성, 수원, 남양주, 고양 등)가 12.4%였다. 서울, 경기 등 수도권으로 주민등록인구를 빼앗기고 있다는 것은 주거가치 감소에 따른 도시경쟁력 하락을 의미한다.

이런 이유로 머지않아 부산 내에서 상대적으로 경쟁력이 떨어지는 지역과 그렇지 않은 지역 간 가격 양극화 현상이 심화될 것이라고 생각한다. 특히, 최근 3~9년에 걸친 기간 주민등록인구 감소가 두드러지는 사상구, 부산진구, 사하구, 영도구가 위험할 수 있다. 이들 지역은 철저한 분석 후 부동산 매입의사결정할 것을 권한다.

대구는 2017~2019년에 걸친 기간 동안 3만 7,200명의 주민등록인구가 감소했고, 2010년까지 범위를 넓히면 7만 3,645명이 감소했다. 2020년 12월 말 중구 주민등록인구의 96%가 넘는 수준의 주민등록인구 감소현상이 발생한 것이다. 대구가 주민등록인구를 빼앗긴 곳은 경북(경산, 칠곡, 구미, 영천, 예천, 청도, 포항, 군위 등)이 43.3%, 서울이 13.8%, 경기(수원, 화성, 고양, 성남, 평택)가 12.9%였다. 대구 역시 유출된 주민등록인구의 26.7%를 수도권에 뺏겼다.

이런 추세가 이어지게 될 경우 광역시인 대구의 미래가치 역시 매우 불안하다. 인구 감소가 발생하는 지역에서 필연적으로 발생하게 될 부동산 가격 양극화 현상 역시 피해할 수 없다. 특히, 최근 3~9년에 걸친 기간 주민등록인구 감소가 두드러지는 서구, 남구가 위험하다. 또한 주민등록인구 자체는 많으나 감소규모 역시 많은 동구, 수성구, 북구, 달서구 역시 예의주시해야 한다. 다만, 혁신도시 등 양호한 일자리 확보에 따라 주민등록인구가 증가하고 있는 동구, 달성군은 예외다.

광주는 2017~2019년에 걸친 기간 동안 7,302의 주민등록인구가 감소했고, 2013년까지 기간을 좀 더 확장하면 1만 6,442명이 감소했다. 광주가 주민등록인구를 가장 많이 빼앗긴 곳은 크게 전남(장성, 광양, 나주, 담양, 구례, 여수 등)이 46.1%, 서울(서대문 등) 15%, 경기(평택, 화성, 김포, 오산, 안양, 시흥, 성남) 14.3%였다. 광주 역시 수도권에 빼앗긴 비율이 29.3%를 넘는다.

2017년 이후 최근 4년 간 주민등록인구가 감소한 곳은 서구, 남구, 북구이며 소폭 증가한 곳은 동구와 광산구이다. 최근 추세를 보면 아직까지는 인구감소가 본격적으로 부동산시장에 부정적 영향을 주지 않고 있다. 향후 인구감소가 본격화 되면 그 충격이 클 것이라는 뜻이다.

대전은 2017~2019년에 걸친 기간 동안 2만 7,357명의 주민등록인구가 감소했고, 고점이었던 2013년 12월에 비해서는 5만 7,941명이 감소했다. 대전이 주민등록인구를 빼앗긴 곳은 세종 21.4%, 경기(화서, 수원, 성남, 용인, 평택, 오산, 고양 등) 17.2%, 서울(관악, 마포, 강남, 영등포, 성북, 광진, 동작, 서대문, 동대문 등) 15.5%였다. 대전은 주민등록인구의 32.7% 이상을 수도권에 빼앗겼다. 주민등록인구가 감소하고 있는 상황에서 가구수 증가로 버티고 있는 대전 부동산 시장이 수도권으로의 인구유출이라는 한계를 극복하지 못한다면 몇 년 내 대세하락에 직면해도 전혀 이상하지 않다.

2017년 이후 최근 4년 간 주민등록인구 변화에서 두드러지는 것은 유성구를 제외한 모든 구에서 주민등록인구 감소현상이 나타났다는 점이다. 대덕구(9,871명), 중구(8,460명), 서구(6,226명)의 주민등록인구 감소는 우려할 만한 수준이다. 대덕구는 주민등록인구의 5.28%가 감소했고, 중구(3.4% 감소), 서구(1.28% 감소) 역시 감소했다. 비율은 높지 않아 보이지만 절대규모 자체가 크기 때문에 안심할 처지가 아니다. 이런 이유로 부동산 과열현상이 발생한 대전은 실수요자 중심의 신중한 접근이 요구된다.

울산은 2015년(12월 기준 117만 3,534명)이 주민등록인구의 정점이었다. 또한 2017~2019년에 걸친 기간 동안 주민등록인구는 총 1만 7,113명이 감소했다. 울산이 주민등록인구를 빼앗긴 곳은 부산(해운대구, 부산진구, 기장군, 남구, 동래구, 수영구, 사하구 등) 19%, 경북(경주, 양산, 경산 등)16%, 경남(양산, 창원, 김해, 거제 등) 14.5%였다. 상대적으로 수도권으로 주민등록인구를 빼앗기는 비중이 낮다. 이런 점은 울산 부동산 시장의 미래를 예측할 때 긍정적 요소다.

2017년 이후 최근 4년간 주민등록인구 변화에서 주목할 점은 울주군, 북구의 주민등록인구가 증가했고 특히 북구의 주민등록인구 증가폭(1만 8,296명)이 컸다는 점과 더불어 중구(2만1,057명 감소), 남구(1만 5,375명 감소), 동구(12,799명 감소)에서는 주민등록인구 감소 현상이 발생했다는 점이다. 감소 규모나 비율 모두에서 상당한 수준이다. 다만, 울산은 향후 지역경제의 흐름, 주민등록인구 증가 현상이 발생하느냐에 따라 부동산 시장의 미래가 크게 달라질 것이다.

강원은 2017~2019년에 걸친 기간 동안 8,640명의 주민등록인구가 감소했다. 강원도가 주민등록인구를 빼앗긴 곳은 경기(화성, 평택, 고양, 오산, 시흥, 파주, 용인 등) 36.5%, 서울(관악, 강남, 동작, 영등포, 동대문, 광진, 용산, 마포) 26.1%, 인천(중구, 연수 등) 6%였다. 빼앗기는 주민등록인구 68%가 수도권으로 이동한 것이다. 감소규모가 크지 않아서 당장 문제가 되지는 않겠지만 곧 다가 올 인구감소 가속화 현상 발생 이후 부동산 시장에 매우 부정적으로 작용할 것이다.

2017년 이후 최근 4년 간 강원의 주민등록인구 변화에서 주목할 점은 춘천, 원주, 속초, 횡성, 양양의 주민등록인구가 증가한데 비해 강릉, 동해, 태백, 삼척, 홍천, 영월, 평창, 정선, 철원, 화천, 양구, 인제, 고성의 주민등록인구는 감소했다는 점이다.

강원도의 주민등록인구 감소 규모 자체는 크지 않다. 2017년 대비 2019년 주민등록인구 감소 비율은 동해(2.51%), 태백(4.41%), 영월(2.35%), 평창(2.29%), 정선(2.36%), 철원(3.39%), 화천(4.25%), 양구(4.49%), 인제(2.79%), 고성(9.22%)이다. 감소율 측면에서 볼 때 고성, 양구, 화천 부동산 시장이 부정적이다.

전체적으로 볼 때 강원도의 주민등록인구 감소 규모 자체는 지금 당장 우려할 만한 부분은 아니다. 그러나 감소 규모 비율을 간과해서는 안 된다. 여기에 수도권으로의 인구유출을 고려한다면 나는 강원 부동산 시장에 대한 접근에 매우 신중을 기해야 한다고 생각하며 매입 고려 대상도 양극화 현상에서 살아남을 수 있는 곳으로 철저하게 범위를 좁혀야 한다고 생각한다.

전북은 2017~2019년에 걸친 기간 동안 3만 5,690명의 주민등록인구가 감소했다. 2019년 기준 전북이 주민등록인구를 빼앗긴 곳은 경기(수원, 화성, 용인, 평택, 성남, 고양, 안산 등) 24.8%, 서울(관악, 강남, 강서, 동작, 영등포 등) 21.5%, 충남(천안 등) 8.5%였다. 전북이 빼앗긴 주민등록인구의 46.3% 이상이 서울, 경기 등 수도권으로 향했다.

2017년 이후 최근 4년 간 전북의 인구변화를 보면 주민등록인구가 증가한 곳은 전주시 덕진구 1곳에 불과하다. 반면 전주시 완산구, 군산, 익산, 정읍, 남원, 김제, 완주, 진안, 무주, 장수, 임실, 순창, 고창, 부안 모두 주민등록인구가 감소했다. 또한, 감소 규모 측면에서는 특히 전주 완산구(2만 173명), 익산(1만 7,911명) 등이 두드러진다. 전북은 도내 1곳을 제외한 기초자치단체 모두에서 주민등록인구 감소현상이 두드러지고 있다. 절대인구 감소가 이미 현실화되고 있다는 뜻이다.

전북 부동산 시장에 대한 접근은 혁신도시 인근과 같이 자족기능 측면에서 경쟁력을 확보하고 있고 양극화 현상에서 살아남을 수 있는 곳을 중심으로 범위를 좁혀야 한다고 생각한다. 그런 점에서 볼 때 전주시 정도가 눈에 들어온다.

전남은 2017~2019년에 걸친 기간 동안 2만 7,679명의 주민등록인구가 감소했다. 2019년 기준 전남이 주민등록인구를 빼앗긴 곳은 광주(북구, 광산구, 서구, 남구, 동구)38.3% , 경기(수원, 용인, 화성, 고양, 성남, 평택, 부천 등) 16.5% , 서울(관악, 강서, 강남, 송파 등) 14.3%였다. 2017년 이후 최근 4년 간 주민등록인구 변화에서 주목할 점은 순천, 나주, 무안을 제외한 모든 곳에서 주민등록인구가 감소했다는 점이다. 재미있는 사실은 특별히 두드러지는 곳 없이 주민등록인구 감소가 전체 지역에서 골고루 발생하고 있다는 점인데 이는 전형적인 인구감소 현상이 발생한 여파로 보는 것이 타당하다.

따라서 부동산 시장 관점에서 볼 때 전남은 주민등록인구가 감소하고는 있으나 절대인구 규모 자체가 큰 목포, 여수와 주민등록 인구증가 현상이 발생하고 있는 순천, 나주, 무안 지역을 중심으로 범위를 좁혀나가는 것이 필요하다고 본다.

경북은 2017~2019년에 걸친 기간 동안 2만 5,870명의 주민등록인구가 감소했다. 2019년 기준 경북이 주민등록인구를 빼앗긴 곳은 대구(달서구, 수성구, 북구, 동구, 달성군, 남구, 중구, 서구 등) 30.7%, 경기(수원, 용인, 화성, 평택, 고양 등) 16.4%, 서울(관악 등) 13.5%였다.

2017년 이후 최근 4년 간 주민등록인구 변화에서 주목할 점은 포항시 북구, 영천시, 경산시, 예천군의 주민등록인구가 증가했다는 점이다. 특히, 경북도청신도시 효과가 나타난 예천군의 주민등록인구 증가가 두드러졌다. 반면 포항시 남구, 경주시, 김천시, 안동시, 구미시, 영주시, 상주시, 문경시, 군위군, 의성군, 청송군, 영양군, 영덕군, 청도군, 고령군, 성주군, 칠곡군, 봉화군, 울진군, 울릉군의 주민등록인구는 정도의 차이만 있을 뿐 모두 감소했다. 경북 역시 몇몇 곳을 제외하면 인구감소 현상이 보편화된 것이다. 그래서 부동산 시장으로 범위를 좁힐 경우 경북은 도청신도시, 도시 자체의 경쟁력을 확보해 나가고 있는 경산시, 인구감소를 방어해 내고 있는 포항시 북구에 주목해야 한다.

경남은 2017~2019년에 걸친 기간 동안 1만 7,851명의 주민등록인구가 감소했다. 2019

년 기준 경남이 주민등록인구를 **빼앗긴** 곳은 부산(부산진구, 북구, 해운대구, 금정구, 강서구, 사하구, 동래, 남구, 사상구, 수영구, 연제구 등) 33.7%, 서울(관악구 등) 14.0% 경기(수원, 용인 등) 13.8%였다. 3년 간 주민등록인구의 27.8% 이상이 수도권으로 유출되었다.

2017년 이후 최근 4년 간 주민등록인구 변화에서 주목할 점은 창원 의창구, 진주시, 김해시, 양산시의 주민등록인구가 증가했다는 점이다. 반면, 정도의 차이는 있지만 창원시 성산구·마산합포구·마산회원구·진해구, 통영시, 사천시, 밀양시, 거제시, 의령군, 함안군, 창녕군, 고성군, 남해군, 하동군, 산청군, 함양군, 거창군, 합천군의 주민등록인구는 감소했다. 역시 인구감소 현상이 보편화된 것이다. 경남은 부동산 시장 관점에서 볼 때 주민등록인구 증가 현상이 두드러지는 양산, 김해, 창원 의창구, 진주로 관심 대상 범위를 좁히는 것이 필요하다.

주민등록인구의 변화와 관련해 놓쳐서는 안 될 핵심 포인트가 있다. 대개 시·도내에서 인구가 이동하는 이유는 집 문제인 경우가 가장 많고, 시·도간 이동이 발생하는 이유는 직업이 가장 큰 이유가 된다는 점이다. 이는 통계청의 〈2019 연간 국내 이동통계〉에서도 확인할 수 있는 현상이다.

위와 같은 인구이동의 특성 때문에 당장은 부산, 대구, 광주, 대전, 울산, 강원, 전북, 전남, 경북, 경남의 주민등록인구 감소에 따른 부정적 파급효과가 크지 않을 수는 있다. 시차를 두고 천천히 영향을 미치기 때문이다. 하지만, 그럼에도 불구하고 조금 더 긴 호흡으로 볼 때 주민등록인구가 감소하는 지역들에서는 공통적으로 부동산 시장에서의 가격 양극화 현상이 엄청난 수준으로 심화될 것이고 그 정도는 지역 내에서도 큰 편차가 있을 것이다.

그리고 평균적인 관점에서 대구, 광주, 전북, 전남, 경북이 걱정된다. 그렇다고 대구, 광주, 전북, 전남, 경북을 모두 경계해야할 필요가 있다는 의미는 아니다. 이들 지역들 내에도 우량지역과 비우량지역이 존재하고 그에 따라 철저한 가격 양극화 현상이 발생할 것이기 때문이다.

3 2028년 인구 보너스 시대의 종말이 시작된다

우리는 그동안 인구 보너스 시대의 혜택을 누려왔다. 인구 보너스란 전체 인구에서 생산가능인구 비중이 높아지고 그에 따라 노동력이 증가해 경제성장을 이끌어내는 것을 의미한다. 1960년대 이후 한강의 기적으로 불리는 엄청난 경제성장이 가능했던 원동력 가운데 하나가 분명 생산가능인구 증가라는 것을 그 누구도 부인할 수 없을 것이다. 이 같은 사실은 우리나라뿐만 아니라 가까운 일본, 아시아 여러 국가들에게서 나타난 공통적인 현상이기도 하다.

그래서 부유한 사회나 국가, 개인들이 빈곤이라는 개념을 이성으로는 받아들이기 쉬

● 총인구 추계, 1960~2067년

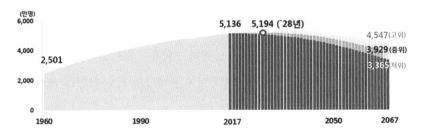

자료 : 장래인구특별추계: 2017~2067년, 통계청

워도 심장으로는 받아들이지 못하는 경우가 많은 것처럼 대한민국이 인구감소 문제를 진심으로 심각하게 받아들이지 못하는 이유 또한 인구 보너스 시대를 살아왔기에 여전히 인구감소 시대를 당면한 현실로 인식하지 못하는 데에 있다. 하지만 우리가 받아들이느냐와 관계없이 안타깝게도 이제 대한민국은 더이상 인구보너스 시대에 기댈 수 없을 것이다. 게다가 그 시점도 10년 전 예상했던 것보다 더 빠르다.

통계청이 2019년 발표한 〈장래인구특별추계(2017-2067)〉에 따르면 대한민국 인구는 2028년 5,194만 명을 정점으로 감소하기 시작해 2067년에는 3,929만 명까지 감소하는 것으로 나타났다. 단순히 인구 보너스 시대의 종말이라는 표현만으로는 충분하지 않을 정도로 엄청난 수준의 인구감소가 발생한다는 것을 뜻한다. 문제는 이것이 전부가 아니라는 점이다. 2028년에 인구정점이 될 것이라는 예측도 중위가정이기 때문에 출산율, 기대수명, 국제 순이동과 같은 인구변동요인이 더 부정적일 경우 즉, 저위가정인 경우의 인구정점은 이미 2019년(5,165만 명)으로 지나갔고, 2067년에는 3,365만 명(1972년 수준)까지 감소할 것으로 예측되었다.

이런 이유로 대한민국 부동산 시장이 머지않아 인구감소의 직격탄을 맞을 것이라고 본다. 의외로 많은 사람들(전문가들을 포함해)이 인구감소 자체가 부동산 시장에 미치는 부정적 파급효과가 크지 않을 것이라고 주장한다. 정말 그들의 주장이 놀랍다. 그들은 과연 부동산 수요가 어디서부터 시작되는지, 그 중요성을 간과하고 있는 것일까? 인구와 가구라는 부동산 수요의 원천을 간과하고 있는 것일까?

아마도 그렇지는 않을 것이다. 그런데도 인구와 가구가 감소함에도 불구하고 부동산 시장에 부정적인 영향을 미치지 않을 것이라고 주장하는 이유를 모르겠다. 부동산 시장에 대한 예상은 늘 있었다. 동시에 그 예상이 정확하게 들어맞은 적도 없었다. 정말 웃픈 현실이 아닌가!

대한민국 부동산 시장이 본격적으로 인구감소의 직격탄을 맞는 원년이 2028년이 될 것이라고 생각한다. 하지만 해지기 전의 노을이 가장 예쁘고 강렬한 것처럼 2021년 이후부터 2028년까지는 상승과 조정장이 반복적으로 찾아 올 것으로 보고 있다. 그 이후 늦어도 2030년~2035년 사이에는 본격적인 대세 하락기에 진입하게 될 것이다. 적어도 절대인구 측면에서 충분히 그럴 수 있다고 본다. 여기에 몇 가지 인구변수, 경제변수들을 좀 더 고려하면 강도나 방향성 정도는 예측할 수 있을 것이다.

여기서 한 가지 짚고 넘어갈 부분이 있다. 대한민국의 모든 부동산이 대세하락에 진입하지는 않을 것이라는 점이다. 2028년 이후 대한민국 부동산 시장을 관통할 키워드가 '철저한 양극화 현상'이 될 것이다. 고대 로마 시대의 키케로도 해변가 고급주택에 투자해 많은 돈을 벌었다는 것은 역사적 사실이다. 하물며 그로부터 2000년 넘게 세월이 흐른 대한민국인데 어찌 불가능하겠는가. 다만, 키케로가 그랬던 것처럼 부자들만이 구입하고 소유할 수 있는 희소성 있는 부동산들만이 가치를 유지할 수 있을 것이다.

강남구, 서초구, 송파구, 마포구, 용산구, 성동구, 광진구 그리고 경기도의 화성시, 하남시, 김포시, 세종시가 될 수도 있지 않을까. 최근 몇 년 정부정책으로 인해 우량지역들에 대한 규제가 강화되면서 비규제지역에 대한 투기적 수요가 몰리면서 이들 지역에 버블이 형성되었다. 감히 그 버블은 결국 꺼질 것이라고 말할 수 있다. 무엇이 현명한 선택이 될지는 투자자들 스스로 판단할 문제다. 나라면 지혜롭게 버블붕괴의 위험으로부터 빠져나오는 선택을 할 것이다.

4 대한민국 인구 보너스 수혜는 수도권이 다 받고 있다

행정안전부의 주민등록 인구통계에 따르면 2020년 12월 말 기준 대한민국 주민등록인구는 5,182만 9,023명이고 세대수는 2,309만 3,108세대이다. 광역자치단체별로 세분하면 다음의 그림과 같다.

● 총인구 추계, 1960~2067년

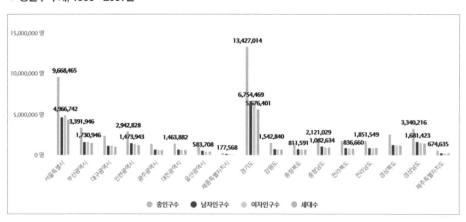

자료 : 장래인구특별추계: 2017~2067년, 통계청

● 광역자치단체 별 총인구수 및 구성비율

광역자치단체 명	총인구수(명)	비율(%)
서울특별시	9,668,465	18.65
경기도	13,427,014	25.91
인천광역시	2,942,828	5.68
수도권	26,038,307	50.24
부산광역시	3,391,946	6.54
대구광역시	2,418,346	4.67
광주광역시	1,450,062	2.80
대전광역시	1,463,882	2.82
울산광역시	1,136,017	2.19
세종특별자치시	355,831	0.69
강원도	1,542,840	2.98
충청북도	1,600,837	3.09
충청남도	2,121,029	4.09
전라북도	1,804,104	3.48
전라남도	1,851,549	3.57
경상북도	2,639,422	5.09
경상남도	3,340,216	6.44
제주특별자치도	674,635	1.30
전국	51,829,023	100

*2020년 12월 말 기준 | 자료 : 행정안전부

　수도권의 인구가 압도적으로 많다는 사실을 어렵지 않게 확인할 수 있다. 광역자치단체별 총인구와 대한민국 전체 인구에서 차지하는 비율을 정리해보자. 경기도, 서울특별시, 인천광역시 세 곳의 인구를 모두 합치면 대한민국 총인구의 50%를 초과하고 있으며, 세대수 역시 대한민국 전체 세대수의 49.2%를 차지하고 있다. 인구 보너스의 혜택을 가장 많이 받고 있는 곳이 바로 수도권이라는 것을 극명하게 보여주는 수치다. 수도권이 이처럼 인구 보너스의 혜택을 가장 많이 받을 수 있었던 배경에는 수도권 이외의 지역에서 인구를 흡수할 수 있었다는 사실이다. 수도권이 인구를 흡수할 수 있었던

● 수도권 VS 비수도권의 주요 인프라 현황

(단위 : 개)

구분	공공기관	대학교	금융기관	병원	종업원 천명 이상 사업체
수도권	116	116	3741	34,449	419
비수도권	190	224	3146	31,867	253

자료 : 통계청, 공공데이터포털, 보건의료 빅데이터 개방시스템, 2019한국도시통계

원동력은 무엇일까?

양질의 일자리와 뛰어난 교육 인프라와 각종 생활편의시설, 전국으로 그물망처럼 연결되는 사통팔달의 대중교통망 등이 갖춰져 있는 수도권에 필적할 수 있는 곳이 과연 대한민국에 있었을까? 그러니 수도권으로 사람이 모이고 돈이 몰렸고 그렇게 모여든 사람과 돈이 수도권 부동산 시장을 떠받쳐왔던 것이다. 이런 흐름은 당분간 큰 변화가 없을 것이다. 확실히 당분간은 그럴 것이다. 사람들은 여전히 강남권을, 서울을, 수도권 우량 지역들을, 각 광역자치단체의 대표 지역들을 선호하고 구입하기를 욕망하기 때문이다.

최근 집값이 가파르게 상승한 경남, 부산, 충남, 광주, 대전을 보라. 사람들이 매력적으로 보고 구입할 마음이 생기도록 하는 요인이 있지 않은가? 매력적으로 보이는 부동산에 버블도 많이 끼기 마련이다. 여기에 보이지 않게 인구 보너스 혜택도 작용하게 되면 본격적으로 버블이 형성된다. 그렇다면 위 지역들은 모두 거품이 형성된 것일까? 위 지역들에 이미 정도의 차이만 있을 뿐 버블이 끼어 있다. 그래서 확실한 이유가 없는 섣부른 지방 부동산 투자는 금물이다. 더군다나 인구 보너스 시대의 종말이 다가오고 있다는 점을 고려한다면 더욱 그렇다. 대한민국 투기꾼들은 부동산 정책을 회피하면서 투기를 한다.

또한 실수요자들의 급한 마음을 적절하게 파고든다. 이들이 노리는 지역들은 하나같이 정책규제에서 벗어난 곳들이라는 공통점이 있다. 그리고 버블을 만든다. 하지만 버블은 반드시 꺼지기 마련이다. 실수요자들이 투기꾼들을 따라가면서 추격매수를 한다면 그 끝은 절망과 고통밖에 없을 것이다. 지금 당장 투기꾼들과 다른 길을 택해야 한다.

5 인구감소에도 불구하고 2030년까지 흔들리지 않을 수도권 부동산 시장

전국 각지에서 사람과 돈이 몰려드는 곳이 수도권이다. 부동산 투자를 할 때마다 가장 먼저 수도권을 고려하는 이유다. 그렇다면 지금 당장이 아닌 10년, 20년 30년 후라면 어떻게 될까? 적어도 수도권과 지방 중심지역에서 발생하고 있는 최근 부동산 시장의 흐

● 시도별 인구성장률, 2017년, 2035년, 2047년

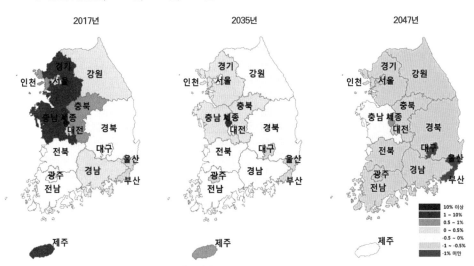

자료 : '장래인구특별추계(시도편): 2017~2047년', 통계청

름과는 다소 다른 모습을 보일 것이다. 시도별 인구성장률 그림을 보면 굳이 어려운 통계적 수치나 전망을 들지 않아도 대한민국 인구감소 문제가 이미 우리 앞에 다가 온 미래라는 것을 알 수 있을 것이다.

수도권 지역 대부분은 수도권이라는 후광에 힘입어 지방에서 부동산 수요를 흡수하고 이를 토대로 꾸준히 가격상승을 이끌어낼 수 있었다. 하지만 인구감소는 지방의 문제인 동시에 수도권의 문제일 수밖에 없을 것이다. 수도권 역시 인구감소 현상과 맞닥뜨리게 될 것이기 때문이다. 총인구 및 총인구 구성비 추계를 통해 보다 분명하게 확인할 수 있다.

● 총인구 및 총인구 구성비 추계

시나리오	연도	총인구(단위 : 만 명)					총인구 구성비(단위 : %)				
		전국	서울	인천	경기	수도권 계	전국	서울	인천	경기	비중
중위추계	2017	5,136	977	292	1,279	2,548	100	19.0	5.7	24.9	49.6
	2020	5,178	960	295	1,341	2,596	100	18.5	5.7	25.9	50.1
	2025	5,191	935	299	1,396	2,630	100	18.0	5.8	26.9	50.7
	2030	5,193	916	303	1,429	2,648	100	17.6	5.8	27.5	50.9
	2035	5,163	895	305	1,445	2,645	100	17.3	5.9	28.0	51.2
	2040	5,086	873	303	1,439	2,615	100	17.2	6.0	28.3	51.5
	2045	4,957	845	298	1,414	2,557	100	17.0	6.0	28.5	51.5
	2047	4,891	832	295	1,399	2,526	100	17.0	6.0	28.6	51.6
저위추계	2017	5,136	977	292	1,279	2,548	100	19.0	5.7	24.9	49.6
	2020	5,164	957	294	1,337	2,588	100	18.5	5.7	25.9	50.1
	2025	5,123	922	295	1,377	2,594	100	18.0	5.8	26.9	50.7
	2030	5,065	890	296	1,393	2,579	100	17.6	5.8	27.5	50.9
	2035	4,971	858	294	1,388	2,540	100	17.3	5.9	27.9	51.1
	2040	4,831	825	289	1,364	2,478	100	17.1	6.0	28.2	51.3
	2045	4,640	785	280	1,320	2,385	100	16.9	6.0	28.4	51.3
	2047	4,551	768	275	1,298	2,341	100	16.9	6.1	28.5	51.5

자료 : 통계청

향후 대한민국의 인구 흐름이 중위가정과 저위가정의 중간 수준 혹은 저위가정 수준에 머무를 것으로 보고 있다. 더 냉정하게 말하자면 저위가정 수준에 머물 것으로 본다. 최근 몇 년 동안 가파르게 하락하고 있는 출산율을 보면서 이 같은 확신은 더 강해지고 있다. 중위가정의 경우 수도권 부동산은 2030년에서 최장 2035년까지 인구 보너스 혜택을 기대할 수 있을 것이다. 반면 저위가정이 현실화 된다면 2025년에서 최장 2030년까지 인구 보너스 혜택을 기대할 수 있을 것이다.

어떤 경우가 되었든 수도권이 대한민국 부동산 시장에서 차지하는 위상은 적어도 2047년까지는 지방과 비교했을 때 상대적인 측면에서 비교우위일 것으로 보인다. 여전히 총인구의 절반이 넘는 인구(51.5%~51.6%)가 거주할 것이기 때문이다. 다만 그 강도는 이전과는 사뭇 다를 것이다.

대한민국 총인구 중 수도권에 거주하게 될 인구비중은 상승하겠지만 절대 인구 자체는 감소할 것이고 특히 저위가정이 현실화 될 경우 2025년 대비 수도권 인구는 2030년 15만 명, 2035년 54만 명, 2040년 116만 명이 감소하며 2047년에는 2025년 대비 209만 명이 감소할 것이기 때문이다. 그래서 상승과 조정을 반복한 이후 2030년~2035년 사이에 수도권 부동산 시장이 대세하락기에 진입할 것으로 예상한다. 이런 관점에서 볼 때 우리에게 주어진 시간은 10년~15년 남았다.

6 2025년 인구감소 충격이 지방 부동산 시장을 집어 삼킨다

가장 먼저 인구감소 문제의 직격탄을 맞을 곳은 지방이다. 수도권보다는 지방이 압도적으로 취약할 것이고 그 중에서도 대도시권이 아닌 지역들이 집중적으로 타격을 받을 것이다. 광역자치단체별로 구분한 중위 가정에 따른 총인구 추계자료는 냉혹한 미래 인구모습을 보여준다.

군이 저위가정을 언급하지 않더라도 낙관적인 가정으로 본 중위가정에 따른 추계임에도 불구하고 2047년에는 전국적으로 2017년 대비 245만 명이 감소한다. 주목할 부분은 수도권은 22만 명 감소하는 데 비해 지방은 무려 223만 명이나 감소할 것이라는 점이다.

인구감소의 직격탄이 상대적으로 지방에 집중될 것이라는 의미다.

수도권 인구는 2030~2035년 사이에 걸쳐 서서히 인구가 감소하기 시작한다. 그 때까지 인구감소가 불러올 부정적 파급효과는 제한적일 것이다. 반면 부산, 대구, 광주, 대전, 울산, 전북, 전남, 경북은 2017년 대비 최저 10.3%에서 최대 21.7%에 달하는 엄청난 인구감소 현상이 나타난다. 2017년 대비 2047년 인구는 각각 부산 74만 명, 대구 인구 46만 명, 광주 23만 명, 대전 20만 명, 울산 19만 명, 전북 25만 명, 전남 18만 명, 경북 29만 명, 경남 30만 명 감소하게 된다. 다시 한 번 말하지만 중위 가정에 따른 추계는 상대적으로 낙관적인 인구추계다.

● 중위 가정에 따른 총인구 추계

(단위 : 만 명)

지역/연도	2017년	2020년	2025년	2030년	2035년	2040년	2045년	2047년	'17년 대비 '47년	
									증감	증감률(%)
전국	5,136	5,178	5,191	5,193	5,163	5,086	4,957	4,891	-245	-4.8
부산	342	334	321	311	301	289	274	268	-74	-21.7
대구	246	242	235	228	222	214	204	200	-46	-18.6
광주	150	149	145	142	138	134	129	126	-23	-15.5
대전	153	150	146	144	142	139	134	133	-20	-13.3
울산	116	114	112	110	107	103	99	97	-19	-16.5
세종	27	35	42	48	53	56	59	59	33	124.0
강원	152	152	151	152	152	151	149	147	-5	-3.2
충북	161	163	165	167	168	168	165	163	3	1.6
충남	215	220	227	232	235	236	234	232	16	7.6
전북	183	179	175	172	169	165	161	158	-25	-13.4
전남	180	176	173	172	170	167	163	161	-18	-10.3
경북	268	266	262	259	256	250	242	238	-29	-10.9
경남	334	335	334	332	328	320	309	304	-30	-9.0
제주	63	67	72	75	78	79	79	78	15	23.5
수도권	2,548	2,596	2,630	2,648	2,645	2,615	2,557	2,526	-22	-0.9
중부권	708	720	732	744	751	750	741	734	27	3.8
호남권	575	571	565	560	555	545	531	523	-51	-8.9
영남권	1,306	1,291	1,264	1,241	1,213	1,176	1,129	1,107	-199	-15.2

자료 : 통계청

위와 같은 총인구 추계를 기초로 지방지역들의 본격적인 대세하락 시기를 예상하면 다음과 같다.

부산은 가격 양극화 현상이 심화되는 모습을 보일 것이다. 지역 전체 적인 측면에서의 대세하락기는 2017년 기준 총인구의 5%가 감소하는 2025~2030년 사이에 1차, 그 이후 10%가 감소하게 되는 2030~2035년 사이에 2차 대세하락기를 거쳐 2040년까지 소폭 하락하는 모습을 보인 후 2047년까지 약세장이 형성될 것이다.

대구도 가격 양극화 현상이 심화된다. 대세하락기는 2017년 기준 총인구의 5% 수준의 감소 현상이 발생하는 2025~2030년 사이가 될 것이다. 그 이후 10% 수준의 총인구 감소 현상이 발생하게 될 2035년까지 2차로 대세 하락하는 모습을 보인 후 2047년까지 약세장이 형성될 것이다.

광주는 2017년 기준 총인구의 5% 감소가 되는 2030년 1차, 10%가 감소되는 2035~2040년 2차 대세하락기를 거쳐 2047년까지 하락할 것이다. 물론 광주 역시 부동산 가격 양극화 현상이 갈수록 심화될 것이다.

대전은 2017년 기준 총인구의 5%가 감소되는 2025~2030년 1차, 10%가 감소되는 2040~2045년 2차 대세하락기에 진입할 것이다. 부동산 가격 양극화 현상도 피할 수 없을 것이다.

울산은 2020년 이후 가격이 서서히 하락하다 2017년 기준 총인구의 5%가 감소되는 2030년 1차, 10%가 감소되는 2035~2040년 2차 대세하락기에 진입한다. 물론 부동산 가격 양극화 현상이 함께 발생할 것이다.

전북은 부동산 가격 양극화 현상이 심화된다. 2017년 기준 총인구의 5%가 감소되는 2025~2030년 1차, 10%가 감소되는 2040~2045년 2차 대세하락기에 진입할 것이다. 다만, 비도시지역은 보다 큰 폭의 가격하락 현상이 발생한다.

전남은 역시 부동산 가격 양극화 현상이 보다 더 심각해 질 것이다. 2017년 기준 총인구의 5%가 감소되는 2030~2035년 1차, 10%가 감소되는 2040~2045년 2차 대세하락기에 진입한다. 전북과 마찬가지로 비도시지역의 가격하락은 충격적인 수준이 될 것이다.

경북은 2017년 기준 총인구의 5%가 감소되는 2035~2040년 1차, 10%가 감소되는 2045~2047년 2차 대세하락기에 진입한다. 전북, 전남과 마찬가지로 비도시지역은 보다 더 충격적인 가격하락이 발생한다.

경남은 2020년 기준 총인구의 약 4.5%가 감소되는 2040년 대세하락기 진입 후 2045

년 이후 하락세를 지속할 것이다. 가격 양극화 현상과 비도시지역의 충격적인 가격 하락현상 또한 동반된다.

총인구 변수 외에 외생변수로서 정부의 부동산 정책 및 부동산 세제 및 공급 등이 대세하락기 형성에 중요한 변수로 작용할 것이고 그에 따라 대세하락기 진입 시점 역시 변동의 여지가 매우 클 것이다. 다양한 변수를 종합적으로 분석해야 한다. 그렇다고 너무 어려워 할 필요는 없다. 매일 접할 수 있는 다양한 부동산 정책자료, 뉴스, 분석기사 등이 훌륭한 데이터가 될 수 있다.

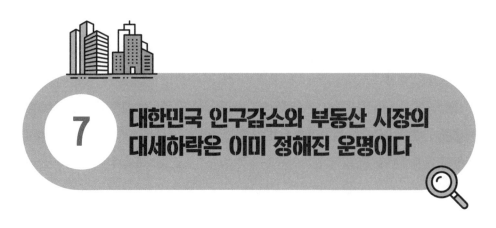

7 대한민국 인구감소와 부동산 시장의 대세하락은 이미 정해진 운명이다

0.977 → 0.92 → 0.8?

위 숫자들은 2018~2020년 대한민국의 합계출산율이다. 2020년은 0.8명대 수준이 될 것이라는 전망치이다. 그야말로 충격적인 수준이다. 대한민국에 앞서 심각한 인구감소 문제를 경험했고 인구감소를 저지하기 위해 가능한 모든 방법을 동원하고 있는 이웃나

● 세계 · 주요 대륙 및 대한민국의 합계출산율

(단위 : 명)

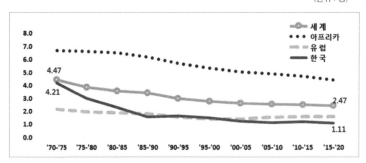

● 주요국가들과 대한민국의 합계출산율

프랑스	호주	미국	영국	일본	대한민국
1.85	1.83	1.78	1.75	1.42	0.977

자료 : 국가통계포털

라 일본의 합계출산율이 1.42명이다. 일본보다 그 정도가 심각한 수준이다. 세계 평균이나 아프리카, 유럽 등과 비교했을 때도 무시무시한 수준이다.

합계출산율은 여성 1명이 가임기간(15~49세)에 낳을 것으로 기대되는 평균 출생아 수를 말한다. 어떤 국가의 미래 인구가 증가 혹은 감소할 것인지를 파악할 수 있는 보편적인 지표다. 그런데 단순히 합계출산율이라는 개념만으로는 인구감소 문제의 심각성을 제대로 인식하지 못할 수 있다. 그 이유가 합계출산율이라는 개념 자체가 잘 전달되지 않기 때문이다.

합계출산율은 '여성 1명이 가임기간에 낳을 것으로 기대되는 평균 출생아수'로 정의된다. 당연히 개념측면에서 문제가 되는 부분은 전혀 없다. 다만, 합계출산율이라는 단어 자체가 피부에 와 닿지 않는다는 점이 문제다. 인구학자도 아닌데 합계출산율이라는 개념을 중요하게 받아들일 사람이 과연 얼마나 될까? 그래서 국민들이 인구 감소문제를 당면한 현실로 받아들이는 데 도움을 줄 수 있도록 합계출산율이 1이라는 의미가 두 사람이 부부가 되어 1명의 아이를 출산하기 때문에 그 다음 세대 인구는 절반으로 감소하게 된다는 의미라고 전달하는 것이 필요하다. 인구감소와 인구구조의 변화는 노동시장, 소비, 저축 그리고 경제성장률 등 다방면에 걸쳐 엄청나게 부정적인 영향을 끼친다. 하지만 대한민국 미래 인구가 감소할 수밖에 없다는 것은 태양이 동쪽에서 떠오르는 것처럼 바꿀 수 없는 진리다.

가장 현실적인 대한민국 인구 추계는 중위가정과 저위가정 중간의 어느 지점이다. 그

● 중위/저위 가정에 따른 총인구 추계

가정/연도	2017년	2020년	2025년	2030년	2035년	2040년	2045년	2047년
중위가정 총인구	5,136	5,178	5,191	5,193	5,163	5,086	4,957	4,891
저위가정 총인구	5,136	5,164	5,123	5,065	4,971	4,831	4,640	4,551

자료 : 통계청

래서 보수적인 측면에서 저위가정에 기초한 총인구를 중요하게 고려해야 한다. 어차피 미래 인구감소가 정해졌다면 과제는 얼마나 감소폭을 줄여나가느냐가 되어야만 한다. 그럼에도 불구하고 여전히 일부 정치인이나 언론들은 마치 지금이라도 출산율을 높이면 인구감소 문제를 해결할 수 있을 것처럼 호도하고 있다.

총인구 감소가 평균측면에서 대한민국 부동산 시장에 부정적 영향을 미치게 되는 시점은 2025~2030년이 될 것이고 본격적으로 마이너스 효과가 나타나는 시기는 2035년 이후부터가 될 것이다. 계속 말하지만 전국의 모든 부동산이 같은 시기에 비슷한 수준의 가격현상이 발생하지는 않을 것이다. 하지만 부동산 가격 양극화 현상은 지금까지 우리가 경험하지 못한 수준으로 엄청날 것이다. 그 정도가 얼마나 될지는 대한민국이 인구감소를 얼마나 저지할 수 있느냐에 달려 있다. 그러니 부동산 의사결정을 하고자 한다면 반드시 총인구를 중요하게 고려해야 한다고 본다.

8 대한민국의 현재 가구 현황은 가까운 미래 부동산 시장 폭락의 경고다

2020년 현재까지 대한민국의 총가구는 증가하고 있다. 가구는 인구와 함께 부동산 수요의 기초 단위다. 많은 사람들이 인구감소에도 불구하고 부동산 시장이 대세하락기에 진입하지 않을 것이라는 근거로 가구수 증가현상을 말한다. 과연 그럴까? 가구수 증가현상이 부동산가격 대세하락을 막는 보루가 될 수 있을까? 그것을 알고 싶다면 현재 현황을 분석해야 한다. 통계청 가구추계자료에 따르면 2020년 기준 대한민국 전체 가구수는 2,035만 가구다.

가구원수 별 구성비를 보면 1인 가구 30.1%, 2인 가구 28.9%, 3인 가구 21%, 4인 가구

● 총가구 및 가구원수 별 가구 현황

(단위 : 천 가구, %)

연도	계	가구원수											
		1인		2인		3인		4인		5인		6인 이상	
		가구수	구성비	가구수	구성비	가구수	구성비	가구수	구성비	가구수	구성비	가구수	구성비
2017	19,571	5,583	28.5	5,218	26.7	4,161	21.3	3,469	17.7	885	4.5	255	1.3
2018	19,871	5,804	29.2	5,382	27.1	4,207	21.2	3,387	17.0	848	4.27	243	1.22
2019	20,116	5,987	29.8	5,537	27.5	4,249	21.1	3,302	16.4	811	4.03	230	1.14
2020	20,350	6,166	30.1	5,696	28.9	4,283	21.0	3,212	15.78	774	3.80	219	1.08

자료 : 통계청

● 광역자치단체별 가구수 현황(추계)

(단위 : 천가구)

연도	총가구																	
	전국	서울	부산	대구	인천	광주	대전	울산	세종	경기	강원	충북	충남	전북	전남	경북	경남	제주
2017	19,571	3,804	1,351	944	1,074	574	595	428	100	4,563	619	625	828	727	732	1,084	1,286	237
2018	19,871	3,823	1,358	953	1,088	578	601	430	114	4,698	628	637	847	733	737	1,094	1,305	246
2019	20,116	3,839	1,363	957	1,102	585	605	432	126	4,825	633	648	859	734	738	1,101	1,316	251
2020	20,350	3,850	1,366	963	1,117	590	610	434	133	4,940	640	659	875	737	741	1,108	1,329	258
순증감	779	46	15	19	43	16	15	6	33	377	21	34	47	10	9	24	43	21

자료 : 통계청

15.8%, 5인 가구 3.8%, 6인 이상 가구 1.08%다. 1인 가구와 2인 가구 비중이 전체 가구의 59%에 달한다. 결론은 대한민국 전체 가구의 59%가 1인 가구와 2인 가구로 구성되어 있는 것이다. 최근 4년 간 추계 가구수는 총 77만 9,000가구 증가했다. 재미있는 점은 1인 가구와 2인 가구는 106만 1천 가구 증가한 데 비해 3인·4인·5인·6인 이상 가구는 28만 2천 가구 감소했다는 것이다. 그 결과 2017년 55.2%였던 1인 가구·2인 가구 비중이 불과 4년만에 3.8%나 증가했다. 이 수치만 보면 인구감소 문제를 가구수 증가로 상쇄할 수 있을 것으로 보는 것도 충분히 설득력이 있다. 하지만 광역자치단체별 가구수 순증감을 보면 다른 모습을 확인할 수 있다.

가구수 증가현상이 서울, 인천, 경기, 충남, 경남 지역에 집중된 것으로 나타났다. 4년 동안 증가한 77만 9천 가구 가운데 약 71.4%인 556만 가구 증가가 서울, 인천, 경기, 충남, 경남 지역에서 발생했다.

그렇다면 가구원수는 어떻게 구성되어 있을까? 가구원수는 소비지출액과 같은 경제변수들은 물론 생산가능인구, 학령인구, 고령인구 등과 같은 인구구조 변수들과도 밀접하게 연결되어 있다. 예를 들어 특정 지역이 다른 지역에 비해 평균적으로 가구원수가 많으면 각종 경제지출이나 수입도 많고 인구 역시 많다고 볼 수 있다. 그래서 평균 가구원수는 중요하다.

2020년 기준 전국의 가구당 평균 가구원수는 2.4명이다. 이 중 평균 가구원수를 웃도는 지역은 인천, 세종, 경기, 제주다. 평균가구원수가 중요한 이유는 여러 가지가 있다. 그 중 하나로 부동산 수요자들이 부동산 시장 그 중에서도 주택시장에서 선택하는 주택의 규모에 영향을 준다는 점을 들 수 있다.

● 평균 가구원수 현황(추계)

(단위 : 명)

연도	평균 가구원수																
	전국	서울	부산	대구	인천	광주	대전	울산	세종	경기	강원	충북	충남	전북	전남	경북	경남	제주
2017	2.48	2.44	2.43	2.51	2.60	2.48	2.44	2.56	2.53	2.64	2.31	2.40	2.39	2.37	2.31	2.31	2.44	2.55
2018	2.45	2.41	2.40	2.47	2.58	2.46	2.40	2.54	2.53	2.61	2.28	2.37	2.37	2.34	2.28	2.28	2.42	2.52
2019	2.43	2.39	2.37	2.45	2.55	2.43	2.37	2.51	2.52	2.58	2.26	2.34	2.34	2.32	2.26	2.26	2.39	2.49
2020	2.40	2.36	2.34	2.42	2.52	2.40	2.34	2.48	2.52	2.55	2.23	2.31	2.32	2.30	2.24	2.24	2.37	2.47

자료 : 통계청

마지막으로 2020년 기준 전체 가구에서 고령자 가구가 차지하는 비중을 검토해야 한다. 고령자 가구가 많으면 경제나 부동산 시장에 미치는 영향이 부정적일 수밖에 없으니까. 특히, 주택수요에 치명적이다.

통계청 추계를 보면 2020년 기준 고령자 가구가 가장 많은 곳은 서울(82만 6천 가구)과 경기(90만 4천 가구)이고, 고령가구 비중은 전남(34.28%) → 전북(29.99%) → 경북(29.96%) → 강원(28.13%) → 부산(27.3%) → 충남(25.94%) → 경남(25.21%) → 충북(24.43%) →대구(23.57%) → 제주(21.71%) → 서울(21.5%) → 광주(19.66%) → 인천(19.52%) → 대전(19.18%) → 경기(18.3%) → 울산(18.2%) → 세종(12.78%)의 순이다. 고령자 가구비중이 높은 곳은 각종 부동산 취득 수요에 비해 처분 수요가 많다. 그래서 특히 고령자 가구비중이 높은 전남, 전북, 경북, 강원은 부동산 처분 수요가 과도해질 수 있기 때문에 주의를 기울여야 한다. 부동산과

● 고령자 가구

(단위 : 명)

연도	지역																	
	전국	서울	부산	대구	인천	광주	대전	울산	세종	경기	강원	충북	충남	전북	전남	경북	경남	제주
2017	3,998	718	319	195	180	101	99	64	13	735	156	140	203	202	238	299	290	48
2018	4,205	752	337	207	192	106	104	69	14	788	164	146	210	208	244	310	305	51
2019	4,388	783	352	215	203	110	110	73	15	837	171	152	217	213	247	320	317	53
2020	4,642	826	373	227	218	116	117	79	17	904	180	161	227	221	254	332	335	56

자료 : 통계청

관련된 경우라면 모든 것을 다 망라해서 그렇다. 가구 데이터는 위 지역들에서 전방위적인 부동산 가격 폭락이 발생할 가능성이 매우 높다는 점을 경고하고 있다. 이를 가볍게 넘겨서는 큰일난다.

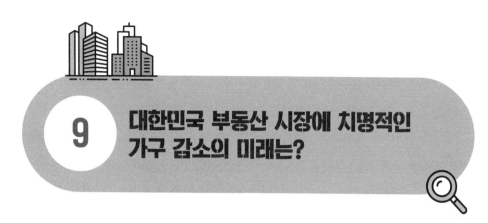

9 대한민국 부동산 시장에 치명적인
가구 감소의 미래는?

원론적으로 보면 총인구가 감소해도 가구수가 꾸준히 증가한다면 주택수요 자체가 감소하지 않을 것이라는 주장이 틀린 것은 아니다. 증가된 가수수가 주택에 대한 실질적 구매력이 동반되는 유효수요를 창출할 수만 있다면. 그렇다면 과연 가구수 증가는 유효수요를 창출할 수 있을까? 질문에 대한 답을 통계청 가구추계 자료에서 찾을 수 있다.

● 총가구 및 가구증가율, (2000-2047)

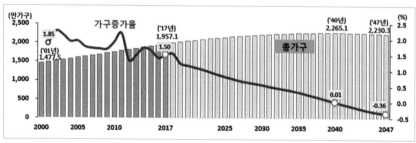

자료 : 통계청

대한민국 가구수는 2017년 기준 1,957만 1천 가구다. 가구수가 수치상으로 정점을 찍게 되는 시점은 2040년이고, 그 시점에서의 총가구 규모는 2,265만 1천 가구가 될 것이다. 그 이후로는 마지막 버팀목 역할을 하던 가구수 감소의 충격파가 대한민국 부동산 시장을 덮칠 것이다. 가구 증가로 총인구 감소에 따른 부정적 효과를 차단할 수 있을 것이라는 주장이 가구수가 2040년까지 증가한다는 점에 기초한다고 생각한다.

하지만 우리나라 총가구는 2041년부터 감소한다. 각 지역별로 총가구가 감소되는 시점을 보면 서울 2030년, 부산 2033년, 대구 2035년, 인천 2046년, 광주 2036년, 울산 2035년, 경기 2043년, 전북 2036년, 전남 2042년, 경북 2040년, 경남 2039년이다. 앞서

● 고령자 가구

(단위 : 명)

연도	전국	서울	부산	대구	인천	광주	대전	울산	세종	경기	강원	충북	충남	전북	전남	경북	경남	제주
2017	19,571	3,804	1,351	944	1,074	574	595	428	100	4,563	619	625	828	727	732	1,084	1,286	237
2020	20,350	3,850	1,366	963	1,117	590	610	434	133	4,940	640	659	875	737	741	1,108	1,329	258
2030		3,909																
2031		3,906																
2032		3,901																
2033		3,895	1,383															
2034		3,888	1,381															
2035		3,881	1,379	987				453										
2036		3,872	1,376	985		611		453						755				
2037		3,863	1,372	983		610		452						754				
2038		3,852	1,367	981		608	638	451						753				
2039		3,841	1,361	978		606	637	449						751		1,461		
2040		3,830	1,354	974		604	636	447						750		1,176	1,460	
2041	22,638	3,817	1,346	970		601	635	445						748		1,174	1,457	
2042	22,612	3,803	1,338	965		598	633	442						745	791	1,171	1,454	
2043	22,572	3,788	1,328	960		595	631	439		6,129				743	790	1,168	1,449	
2044	22,520	3,771	1,319	954		591	629	436		6,123				740	789	1,164	1,444	
2045	22,456	3,752	1,308	948		588	627	433		6,113				736	788	1,160	1,438	
2046	22,384	3,733	1,298	941	1,318	584	625	429		6,100				733	786	1,155	1,431	
2047	22,303	3,712	1,287	934	1,316	580	623	425	255	6,083	741	795	1,104	729	784	1,150	1,423	362

자료 : 통계청

살펴 본 것처럼 부산, 대구, 광주, 대전, 울산, 전북, 전남, 경북의 2047년 총인구는 2017년 대비 최저 10.3%에서 최대 21.7%까지 감소한다. 여기에 가구수 감소까지 더해진다.

과연 부동산 시장은 인구감소에도 불구하고 가구수 증가에 기대 대세하락기를 피해 갈 수 있을까? 다가올 미래 대한민국 부동산 시장에서 가장 확실한 키워드는 철저한 양극화가 된다. 그것도 아주 철저한, 처절할 정도로 무지막지한 양극화 현상이 될 것이다. 예를 들어 수도권 내에서도 한쪽에서는 빈집문제로 골머리를 앓는 반면 다른 한쪽에서는 3.3㎡ 기준 2억 원을 호가하는 집들이 출현하게 된다. 올 것 같지 않은 잔인한 양극화가 일단 본격화되면 문제를 근본적으로 해결할 수 있는 방법도 없을 것이다.

서울의 경우처럼 높은 주거비 부담, 서울 인근 지역에서 서울로의 철도접근성 확보, 수도권 일자리 확충 등의 영향으로 인구·가구 감소현상이 나타나는 경우라면 부정적 영향을 무시해도 좋다. 문제는 대한민국 모든 지역이 그럴 수는 없다는 점이다. 그래서 총가구를 기초로 부동산투자의 미래가치를 분석할 경우 두 가지를 먼저 검토해야 한다.

첫째, 해당 지역의 총가구의 증감의 정도와 그 시기 및 평균 가구원수는 어떻게 되나?

둘째, 해당 지역의 우량지역(자족기능과 교육인프라 기준)과 비우량지역은 존재하고 우량지역은 어디인가?

Section

2

여성인구 변화가
대한민국 부동산
투자 지형도를 바꾼다

한 가지 관점으로만 가임여성인구 추계를 따져 보는 것은 매우 조심스럽다. 하지만 미래 부동산의 경제적 관점에서 여성인구는 도시의 소멸과 직결되는 중요한 변수라는 것은 분명하다. 국내와 연구자들이 지방소멸이나 절멸을 논할 때마다 빠지지 않고 여성인구를 중요하게 고려한 이유를 놓쳐서는 안 된다. 그렇다면 가임여성인구라는 변수로 바라 본 수도권 부동산 미래는 어떤 모습일까?

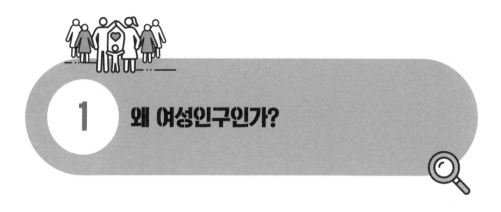

1 왜 여성인구인가?

생산가능인구 및 고령인구 증가로 여성인구의 사회참여 확대가 불가피하다. 2020년 12월 기준 대한민국 여성인구는 2,598만 7,994명이다. 전체 인구의 50.14%가 여성인구다.

● 대한민국 총인구와 여성인구

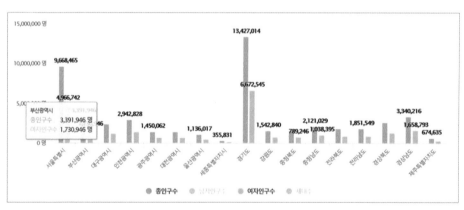

자료 : 행정안전부(mois.go.kr)

전국적으로는 여성인구가 조금 더 많은데 서울, 부산, 대구, 광주, 대전, 세종, 전북은 여성인구가 그 외 광역자치단체는 남성인구가 더 많다.

● 2019년12월 기준 총인구 및 성별인구, 세대당 인구, 남여비율

행정기관	총인구수	세대수	세대당인구	남자 인구	여자 인구	남여 비율
전국	51,829,023	23,093,108	2.24	25,841,029	25,987,994	0.99
서울특별시	9,668,465	4,417,954	2.19	4,701,723	4,966,742	0.95
부산광역시	3,391,946	1,530,431	2.22	1,661,000	1,730,946	0.96
대구광역시	2,418,346	1,056,627	2.29	1,193,109	1,225,237	0.97
인천광역시	2,942,828	1,267,956	2.32	1,473,943	1,468,885	1
광주광역시	1,450,062	633,582	2.29	717,348	732,714	0.98
대전광역시	1,463,882	652,783	2.24	730,699	733,183	1
울산광역시	1,136,017	476,893	2.38	583,708	552,309	1.06
세종특별자치시	355,831	144,275	2.47	177,568	178,263	1
경기도	13,427,014	5,676,401	2.37	6,754,469	6,672,545	1.01
강원도	1,542,840	736,301	2.1	776,505	766,335	1.01
충청북도	1,600,837	745,644	2.15	811,591	789,246	1.03
충청남도	2,121,029	983,153	2.16	1,082,634	1,038,395	1.04
전라북도	1,804,104	836,660	2.16	896,874	907,230	0.99
전라남도	1,851,549	893,152	2.07	930,615	920,934	1.01
경상북도	2,639,422	1,254,662	2.1	1,329,211	1,310,211	1.01
경상남도	3,340,216	1,484,601	2.25	1,681,423	1,658,793	1.01
제주특별자치도	674,635	302,033	2.23	338,609	336,026	1.01

자료 : 행정안전부

누구나 여성인구가 중요하다고 말한다. 남성인구에 비해 더 많은 여성인구 비중, 고령인구 증가, 생산연령인구 감소 등 경제에 직접적으로 영향을 끼치게 될 모든 변수들이 여성인구의 중요성을 보여주고 있다. 그런데 정작 현실은 여성인구의 중요성을 뼈저리게 받아들이지 못한다. 육아와 가족을 돌보기 위한 휴직·퇴직하면 먼저 여성을 떠올리고 그것을 당연시 하는 분위기가 아직도 사회 곳곳에 만연하다, 비정규직 문제, 불평등한 소득구조도 빼놓을 수 없다.

〈2018 통계로 보는 여성의 삶〉 자료는 대한민국 여성들의 현실을 분명하게 보여준 바

● 성별 소득구간 분포

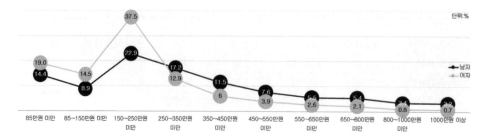

단위:%

| 85만원 미만 | 85~150만원 미만 | 150~250만원 미만 | 250~350만원 미만 | 350~450만원 미만 | 450~550만원 미만 | 550~650만원 미만 | 650~800만원 미만 | 800~1000만원 미만 | 1000만원 이상 |

─●─남자
─○─여자

19.0 / 14.4 / 8.9 / 14.5 / 37.5 / 22.9 / 17.2 / 12.9 / 11.5 / 6 / 7.6 / 3.9 / 5.5 / 2.6 / 5.4 / 2.1 / 0.8 / 2.2 / 0.7

있다. 이에 따르면 2017년 8월 기준 여성 임금 근로자는 881만 8,000명이고 이 중 정규 직 근로자는 518만 6,000명, 비정규직 근로자는 363만 2,000명이었다. 전체의 41.2%가 비정규직 근로자인 것이다.

남성 비정규직 근로자와 비교해보면 얼마나 심각한지 알 수 있다. 남성 임금근로자 가 운데 비정규직 근로자는 294만 6,000명으로 전체의 26.3%였다. 반면 여성 비정규직 근로 자 비중은 무려 14.9%(68만 6,000명) 더 높다. 소득격차 문제도 여전히 심각한 수준이다. 통 계청이 발표한 〈2018년 임금근로일자리 소득(보수)〉 결과에 따르면 2018년 기준 남녀 월 평균 소득은 각각 347만 원, 225만 원으로 전년 대비 9만원(2.7%), 12만원(5.5%) 증가했다.

전 연령대에서 남성에 비해 여성 소득이 낮다는 것을 알 수 있다. 물론 2018년 여성 의 월평균 소득 증가율은 남성보다 높았다. 하지만 남녀 소득 격차는 2016년 120만 원 (남성 326만 원, 여성 206만 원), 2017년 124만 원(남성 337만 원, 여성 213만 원), 2018년 122만 원으로 큰 차이가 없다. 비록 2018년 여성의 월평균 소득 증가율이 남성보다 높기는 했지만 여 전히 소득격차는 1.5나 된다는 것이 팩트다.

생산연령인구(15세~64세)가 감소하게 되면 사회·경제적으로 엄청난 타격이 발생하는 데 이 타격을 완화시켜 줄 수 있는 가장 강력한 원천이 여성인구다. 그래서 여성인구의 사회·경제 참여를 적극 확대하고 불평등하고 불공정한 처우를 개선해야만 한다. 여성인구의 사회·경제참여를 획기적으로 확대하지 않는다면 대한민국 경제의 미래도 없을 것이다. 부동산 시장 역시 마찬가지다.

부동산 버블이 심하면 마치 경제와 별개로 부동산 시장이 움직이는 것처럼 보인다. 소비자들이 부동산 시장에 진입할 때 보이는 인식도 그렇다. 계속 오를 것 같고 남보다 빨라야 이익을 빼앗기지 않을 것으로 생각한다. 하지만 이런 현상은 전형적인 버블이다. 버블이 버블로 끝나지 않기 위해서는 그것을 뒷받침해 줄 수 있는 큰 흐름의 개선이 있어야 한다. 나는 그것이 여성의 사회·경제 참여 확대라고 생각한다. 그래서 여성이 오늘날 대한민국에서 부동산 시장에서 중요한 것이다.

2 인구문제에서 중요한 가임여성인구, 그러나 그것이 전부는 아니다

가임여성인구는 적어도 인구문제와 관련해서는 상당히 중요한 개념이다. 가임여성인구란 가임기에 있는 여성의 수를 말한다. 여성의 가임기는 15~49세로 정의된다. 실제로 출산을 하느냐와 관계없이 가임기 연령대의 여성인구가 많으면 출산할 수 있는 잠재력은 충분하다고 해석할 수 있다. 아무리 개인의 의지가 있고 사회적 노력이 더해진다 할지라도 출산할 수 있는 여성의 절대규모가 작다면 자연출산 증가에 기인한 인구문제 해결은 불가능하기 때문이다.

지난 7년 간 가임기 여성으로 정의되는 15~49세 연령대의 여성인구는 드라마틱한 변화를 보였다. 가임기 여성인구가 무려 123만 5,638명이나 감소했다. 같은 기간 전체 여성인구는 43만 4,867명이 증가했음에도 불구하고 충격적이라는 표현이 딱 들어맞는 경우다. 군이 이런 저런 이론적·논리적 근거를 들 필요조차 없다. 숫자만 놓고 보면 누구든 15~49세 연령대 여성인구의 감소가 출산율 저하로 연결되었다는 주장이 설득력을

● 대한민국의 15세~49세 연령대 여성 및 총 여성인구 추이

구분\시점	2013년 12월	2015년 12월	2017년 12월	2019년 12월	2020년 12월
가임여성인구	13,060,499	12,831,407	12,516,864	12,065,205	11,824,861
총여성인구	25,553,127	25,771,152	25,922,625	25,985,045	25,987,994

● 대한민국의 여성인구

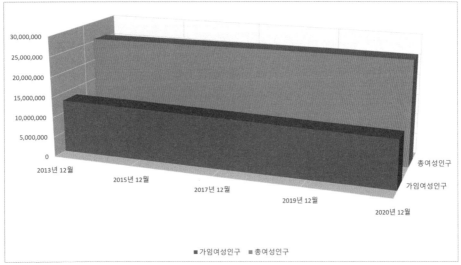

자료 : 행정안전부

갖는다고 생각할 수 있을 정도다.

　그렇다. 분명 가임여성인구의 감소가 출생아수 감소에 적지 않은 원인 제공을 했을 것이다. 하지만 그럼에도 불구하고 인구감소 문제를 가임여성인구를 기초로 접근하는 것에 대해서만큼은 신중을 기울여야만 한다. 가임기 여성의 규모가 얼마나 되는지 어느 지역에 몇 명의 가임기 여성이 있는지를 계산하면, 자칫 저출산 문제의 원인이 여성에게 있다는 인식을 심어줄 수 있기 때문이다. 인구감소 문제의 책임을 가임여성인구라는 잣대를 밀면서 여성의 책임으로 떠넘겨서는 안 된다. 여성으로 하여금 출산을 꺼리게 하고 있는 원인을 선제적으로 제거하는 것이 중요하다. 예를 들어, 현재 여성들이 출산과 관련된 의사결정을 할 때 가장 큰 고민거리는 경력단절이다. 1960년 이전 출생 여성들은 경력단절의 원인이 주로 결혼이었다.

　그러나 1960년생 이후 출생한 여성들부터 큰 변화가 시작되었다. 경력단절의 주요 원인이 결혼에서 '임신·출산'으로 옮겨가더니 1978년 출생 이후 여성들은 '임신·출산'을 가장 큰 원인으로 지목하고 있다. 이래서는 저출산에 따른 인구감소 문제를 해결할 뾰족한 방법이 없다. 문제는 있는데 해법은 모호한 상황, 그것이 인구감소 문제에 직면하게 될 대한민국의 현재, 그리고 가까운 미래 모습이다.

가임여성인구는 대한민국 부동산 시장에 어떤 영향을 주게 될까? 가임여성인구 규모가 직접적으로 부동산 시장에 영향을 줄 것이라고 생각하지 않는다. 오히려 수요나 공급, 정책과는 다르게 직접적이기보다 다른 변수들에 영향을 미친 후 그 변수가 다시 또 다른 변수 내지는 부동산 시장에 영향을 주게 될 것이라고 생각한다. 문제는 이런 과정이 서서히 진행되다 어느 한 순간 폭발적인 영향을 주게 된다는 점이다.

그래서 가임여성인구의 감소는 서서히 부동산 시장에 부정적인 영향을 주다 그 누적된 부정적 총량이 임계치를 넘어서는 순간 갑자기 폭발할 것이다. 가임여성인구 관점에서 볼 때 아직 대한민국 부동산 시장은 아직 임계치에 도달하지 않았다. 아직 기회가 있다는 뜻이다. 다만, 언제까지 그 기회가 남아 있을지를 정확히 예측하기는 쉽지 않다. 예측은 언제나 편차를 수반하기 때문이다.

3 미래 지방절멸, 도시절멸은 결국 가임여성인구의 규모에 달려 있다.

가임여성인구 규모를 출생아수 감소나 인구감소의 원인으로 지목하는 데 신중해야 한다. 하지만 지방절멸과 도시절멸 문제를 극복하기 위해서라면 가임여성인구는 매우 중요하다. 상당히 이율배반적이기는 하다. 한국고용정보원이 2016년, 2018년 두 번에 걸쳐 발간한 《한국의 지방소멸 보고서》는 지방소멸 문제의 심각성을 사실상 국내에 최초로 일깨워주었는데, 일본의 마스다 히로야가 《지방소멸》에서 소개한 분석기법에 기초해 개발한 소멸위험지수를 분석방법으로 활용했다.

소멸위험지수는 20~39세 여성인구수를 65세 이상 고령인구수로 나누어 구하며 그 값이 0.5~1.0미만은 주의단계, 0.2~0.5미만은 소멸위험진입 단계, 0.2미만은 소멸 고위

● 소멸위험지수 구분

명칭		소멸위험지수	
소멸위험 매우 낮음		1.5 이상	
소멸위험 보통		1.0~1.5 미만	
주의단계		0.5~1.0 미만	
소멸위험지역	소멸위험진입 단계	0.2~0.5 미만	
	소멸고위험 지역	0.2 미만	

자료 : 한국고용정보원

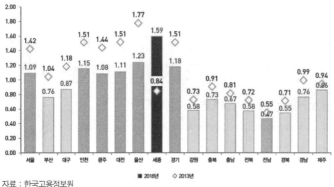

● 시도별 지방소멸위험지수 변화 추이

자료 : 한국고용정보원

험지역으로 구분한다.

한국고용정보원의 분석결과에 따르면, 2018년 6월 기준 전국의 비수도권 '도'지역이 소멸주의단계에 진입했고, 비수도권 '광역시' 중에서도 부산, 대구도 소멸주의 단계에 진입했다. 전남은 소멸위험지수가 0.47로 전국 최저였고 세종은 1.59로 가장 높았다.

마스다 히로야와 한국고용정보원은 물론 비슷한 분석방법을 제시했던 건국대 유선종 교수 모두 분석과정에서, 소멸위험지수가 얼마인지 수치 자체보다 가임여성인구 규모를 매우 중요하게 고려하고 있다는 점을 주목해야 한다. 지방절멸, 도시절멸이라는 대참사를 막기 위해서는 가임여성인구의 규모가 중요하다는 이율배반적인 결론에 도달할 수밖에 없기 때문이다. 그렇다. 결국 대한민국에서 일본과 같은 지방소멸 혹은 지방절멸, 도시절멸 문제가 현실화되느냐 여부는 어쩌면 가임여성인구에 달려 있을지도 모른다. 그래서 가임여성인구 규모를 향후 부동산 시장 분석이나 미래가치 분석에 중요하게 고려해야 한다.

4 새로운 가임여성인구의 계산방식이 필요하다

가임여성은 15~49세 연령대의 여성으로 정의된다. 하지만 현실적으로 15세부터를 가임여성으로 정의하는 것은 문제가 있다. 한국고용정보원, 마스다 히로야, 건국대 유선종 교수가 분석을 위해 사용한 연령대는 20~39세 연령대 여성인구 규모다. 대한민국에서 15세~20세 연령대 여성인구 가운데 출산을 하는 경우는 제한적이기 때문에 통계적으로 큰 의미를 부여하기 어렵다.

● 모(母)의 연령별 출산율 및 합계출산율 2009-2019

(단위: 가임 여자 1명당 명, 해당연령 여자인구 1천 명당 명, %)

		2009	2010	2011	2012	2013	2014	2015	2016	2017	2018	2019	증감	증감률
합계출산율		1.15	1.23	1.24	1.30	1.19	1.21	1.24	1.17	1.05	0.98	0.92	-0.06	-6.0
연령별 출산율	15-19세	1.7	1.8	1.8	1.8	1.7	1.6	1.4	1.3	1.0	0.9	0.8	-0.1	-10.8
	20-24세	16.5	16.5	16.4	16.0	14.0	13.1	12.5	11.5	9.6	8.2	7.1	-1.1	-13.4
	25-29세	80.4	79.7	78.4	77.4	65.9	63.4	63.1	56.4	47.9	41.0	35.7	-5.3	-12.9
	30-34세	100.8	112.4	114.4	121.9	111.4	113.8	116.7	110.1	97.7	91.4	86.2	-5.2	-5.7
	35-39세	27.3	32.6	35.4	39.0	39.5	43.2	48.3	48.7	47.2	46.1	45.0	-1.1	-2.4
	40-44세	3.4	4.1	4.6	4.9	4.8	5.2	5.6	5.9	6.0	6.4	7.0	0.6	9.6
	45-49세	0.2	0.2	0.2	0.2	0.1	0.1	0.2	0.2	0.2	0.2	0.2	0.0	3.6

통계청의 〈2019년 출생통계〉에 따르면 출산을 한 **대한민국 모(母)의 연령별 출산율(**
해당 연령 여자 인구 1천 명당 출생아수)은 30대 초반이 86.2명으로 가장 높고, 30대 후반이 45.0
명, 20대 후반이 35.7명 순이었는데, 특이할 점은 20대 · 30대 출산율은 감소한 반면, 40
대 초반 출산율은 높아졌다는 점이다.

● **모(母)의 연령별 출산율, 2005, 2015, 2019**

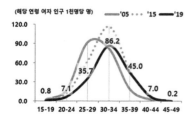

● **주요 연령층 출산율 추이, 2013-2019**

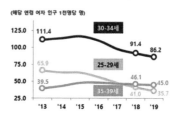

단순하게 보면, 15~20세 연령 여성인구의 출산율(해당 연령 여성인구 1천 명당 출생아수)은
2019년 기준 0.8명이었다. 따라서 이 연령대 여성을 제외하는 것이 보다 현실적인 가임
여성인구 규모를 반영하는 것이라고 볼 수 있다. 반면 40~44세 연령 여성인구의 출산율
(해당 연령 여성인구 1천 명당 출생아수)은 2019년 기준 7명이다. 2009년 이후 2019년까지 꾸준
히 상승했음을 알 수 있다. 통계청이 조사한 객관적인 통계데이터를 보면 가임여성인구
의 연령대를 20~44세로 범위확장을 하는 것이 필요한 이유다.

그래서 한국고용정보원, 마스다 히로야, 건국대 유선종 교수가 정의한 가임여성인구
의 범위를 20~44세까지로 좀 더 확장한 후 이를 '닥터 김의 가임여성인구'로 지칭하고
자 한다. 따라서 소멸위험지수 계산식은 다음과 같다.

※닥터 김 가임여성인구 = 20 ~ 44세

$$※소멸위험지수 = \frac{65세 이상 고령인구}{20\sim44세 여성인구}$$

소멸위험지수 = 0.2 미만 : 소멸위험낮음 지역

= 0.2~0.5미만 : 소멸위험 보통 지역

= 0.5~1.0미만 : 소멸위험 주의 지역

= 1.0~1.5미만 : 소멸위험 진입 지역

= 1.5 이상 : 소멸 위험 매우 높음지역

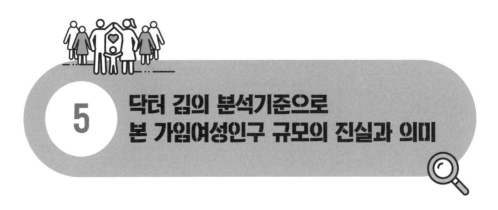

5 닥터 김의 분석기준으로 본 가임여성인구 규모의 진실과 의미

현실에 맞게 제시한 가임여성인구(20~44세 여성인구) 계산 방법에 따라 2020년 12월 말 기준 대한민국의 가임여성인구 규모를 시·도별로 이해하기 쉽도록 그림으로 나타냈다.

이어서 다음은 2020년 12월 말 기준 주민등록인구를 토대로 계산된 65세 이상 고령인구를 닥터 김의 가임여성인구로 나눈 닥터 김의 소멸위험지수이다.

소멸위험지수 분석결과 2020년 말 기준 전체 광역자치단체 가운데 5곳이 소멸위험 매우 높음 지역이고, 7곳이 소멸위험 진입지역, 7곳은 소멸위험 주의지역이었다. 세종시만 유일하게 소멸위험보통지역에 가까울 뿐이었다. 충격적인 결과다. 소멸위험지수

● 2020년 12월 기준 닥터 김의 가임여성인구

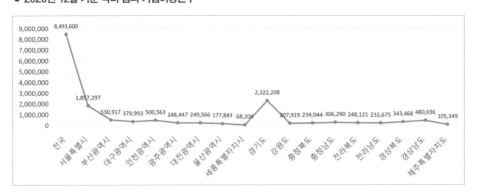

● 닥터 김의 소멸위험지수

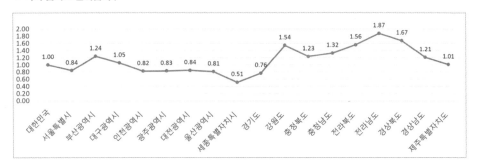

측면에서 볼 때 가장 위험한 지역은 전남과 경북이다. 특히 전남은 다가 올 미래도 아닌 2020년 말 이미 소멸위험 매우 높음 지역(1.87)이다. 정도만 덜할 뿐 경북 역시 소멸위험 매우 높음 지역(1.67)이기는 마찬가지다.

'닥터 김의 가임여성인구' 계산방식은 다른 분석방식에 비해 계산과정에 산입되는 가임여성인구 숫자가 더 많다. 가임여성인구에 포함된 연령대가 20~44세까지로 다른 계산방식에 비해 더 많이 포함되기 때문이다. 그런데도 이미 지나온 과거가 되어버린 2020년 12월 말 기준 대한민국의 소멸위험지수는 끔찍한 수준이다.

부동산 시장 측면에서 볼 때 소멸위험 매우 높음 지역인 전남과 경북은 평균적으로 이미 위험하다. 소멸위험 진입지역인 제주, 충남, 충북, 경남, 부산, 대구 역시 평균적으로 신중한 접근이 필요한 지역이 되었다. 물론 평균적으로 '위험하다' 혹은 '신중한 접근이 필요하다'는 것이 즉각적인 가격 폭락현상을 의미하는 것은 아니다. 하지만 분석에 사용된 가임여성인구는 실제 출산을 한 주요 연령대의 통계자료를 사용했기 때문에 가임여성인구가 곧 수요의 기초 단위인 가구의 대용변수가 될 수 있을 것이다. 이런 이유로 소멸위험지수가 높은 지역은 수요에 비해 공급이 부족한 지역이 아닌 이상 외부수요유입 내지는 투기적 수요의 개입으로 버블이 형성되었을 수 있다.

그래서 소멸위험지수에 근거해 평균적인 측면에서 진단한 최근 몇 년의 부동산 시장은,

첫째, 전남, 전북은 버블이 위험한 수준일 것이고

둘째, 강원, 전북은 버블이 위험한 수준에 근접하고 있을 것으로 보이며

셋째, 충남, 부산, 충북, 경남은 일정수준 이상 버블이 이미 발생했을 것이고

넷째, 대구, 제주는 버블이 진행되고 있는 중이며

다섯째, 서울을 비롯한 수도권과 나머지 지역들은 버블이 존재하나 당장 폭락이 발생할 가능성은 높지 않은 수준이다.

다만, 각각의 지역 전체를 평균적으로 바라본다는 대전제 위에 기초한다. 그렇기 때문에 각 지역, 예를 들어 전북 혹은 충남지역 내에서 특정지역은 버블이 위험한 수준이 아니거나 버블이 아직 발생하지 않은 지역일 수도 있다. 각 광역자치단체 내 기초자치단체 별로 각각 분석을 하면 보다 정확한 기초자치단체별 버블형성 여부를 진단할 수 있을 것이다.

● 닥터 김의 가임여성인구로 계산한 소멸위험지역 분석(2019 12월 기준)

(단위 : 명)

지역명	총인구	65세이상 인구	20~44여성인구	소멸위험지수
서울특별시	9,668,465	1,561,139	1,857,297	0.84
부산광역시	3,391,946	657,711	530,917	1.24
대구광역시	2,418,346	400,494	379,993	1.05
인천광역시	2,942,828	411,483	500,563	0.82
광주광역시	1,450,062	205,666	248,447	0.83
대전광역시	1,463,882	210,784	249,566	0.84
울산광역시	1,136,017	143,367	177,843	0.81
세종특별자치시	355,831	34,881	68,204	0.51
경기도	13,427,014	1,775,315	2,322,208	0.76
강원도	1,542,840	319,691	207,919	1.54
충청북도	1,600,837	288,148	234,044	1.23
충청남도	2,121,029	405,188	306,290	1.32
전라북도	1,804,104	386,203	248,121	1.56
전라남도	1,851,549	435,880	232,675	1.87
경상북도	2,639,422	573,715	343,468	1.67
경상남도	3,340,216	580,258	480,696	1.21
제주특별자치도	674,635	106,154	105,349	1.01

자료 : 행정안전부

6 가임여성인구로 본 서울특별시 아파트 배별 진단

닥터 김의 가임여성인구로 분석한 2020년 12월 말 기준 서울시의 소멸위험지수를 그림으로 정리해보았다.

2020년 12월 말 기준 서울시 자치구 가운데 소멸위험지수가 가장 낮은 곳은 마포구 (0.65)였다. 성동구(0.78), 광진구(0.68), 강서구(0.75), 영등포구(0.77), 동작구(0.82), 강남구(0.69), 관악구(0.71), 서초구(0.72), 강남구(0.69), 송파구(0.69), 강동구(0.82) 역시 서울시 평균보다 유

● 서울시 구별 닥터 김의 소멸위험지수

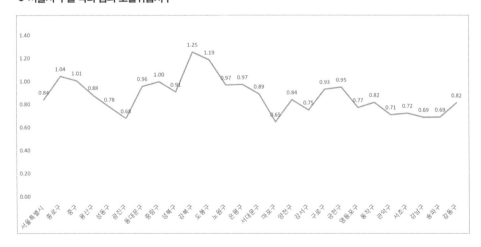

의미하게 낮은 수준이었다. 그래서 만약 지방절멸, 도시절멸이라는 관점에서 가임여성 인구를 주요 변수로 고려한다면 적어도 2020년까지 특히, 광진구, 강남구, 성동구, 송파 구, 서초구, 관악구에서 진행되었거나 진행되고 있는 아파트 가격상승을 버블로 속단해 서는 안 된다고 본다. 이들 지역은 철저하게 수요와 공급 논리로 접근하는 것이 필요하다.

반면, 소멸위험지수가 소멸위험 진입지역인 강북구(1.25), 도봉구(1.19), 종로구(1.04), 중 구(1.01), 중랑구(1.00)는 일정수준 버블이 이미 발생했을 것으로 본다. 인근 지역의 부동산 가격 상승이 저금리, 부동산 정책에 따른 틈새시장 선호현상 등이 복합적으로 작용하면 서 강북구, 도봉구에 버블이 형성된 것이다. 그러므로 소멸위험 진입지역인 강북구, 도 봉구 등은 지금 당장은 아니겠지만 장기적으로는 신중한 접근이 필요하다.

또한 서울특별시 평균에 비해 소멸위험지수가 높고 그 수치가 소멸위험 진입지역 수 준에 육박하는 소멸위험 주의단계인, 노원구(0.97), 은평구(0.97), 동대문구(0.96), 금천구(0.95), 구로구(0.93)는 초기 버블형성 단계일 가능성이 높다고 본다. 소멸위험 주의지역들은 버 블에 취약하다. 버블에 취약하다는 것은 쉽게 버블이 형성되기도 하고 갑자기 꺼지기도 한다는 것을 의미한다. 그렇기 때문에 이들 지역은 수급논리보다 어떤 종류의 부동산 정 책이 발표되느냐가 더 중요한 곳들에 속한다고 볼 수 있다.

'닥터 김의 가임여성인구'를 아파트 가격에 버블이 형성되었는지를 진단하기 위한 도 구로 사용했고 앞으로도 그럴 것이다. 물론 버블 여부를 가임여성인구 하나만으로 논 한다는 것은 어불성설이다. 다만, '닥터 김의 가임여성인구' 분석결과가 '2020년 아파트 핫 플레이스'와 유의미하게 연결되고 있다는 점은 상당한 의미가 있다. '닥터 김의 가임 여성인구'는 출산가능 여성인구이고 이들은 결혼을 해 이미 가구를 구성하고 있거나 향 후 구성하게 될 연령인구이다. 다시 말해 주택수요 계층인 것이다. 그러므로 가임여성 인구는 지방절멸, 도시절멸을 예측하는 유용한 변수인 동시에 부동산 수요의 기초 단위 인 가구의 대용변수가 될 수 있다. 가임여성인구는 아파트 시장의 버블 여부를 진단하기 위해 사용하는 근거이다.

● 닥터 김의 가임여성인구로 계산한 서울특별시 소멸위험지역 분석

(단위 : 명)

지역명	총인구	65세이상 인구	20~44여성인구	소멸위험지수
서울특별시	9,668,465	1,561,139	1,857,297	0.84
종로구	149,384	28,311	27,098	1.04
중구	125,240	24,174	24,019	1.01
용산구	230,040	39,779	45,239	0.88
성동구	293,556	45,435	58,415	0.78
광진구	346,682	50,311	74,293	0.68
동대문구	342,837	61,612	64,307	0.96
중랑구	394,702	69,341	69,508	1.00
성북구	437,153	73,613	80,999	0.91
강북구	308,055	63,313	50,459	1.25
도봉구	325,257	62,009	52,218	1.19
노원구	523,037	85,420	88,194	0.97
은평구	479,835	85,010	87,343	0.97
서대문구	312,173	53,756	60,265	0.89
마포구	371,890	54,002	83,159	0.65
양천구	454,251	65,541	77,818	0.84
강서구	580,185	88,733	117,942	0.75
구로구	404,408	69,201	74,225	0.93
금천구	231,733	39,314	41,353	0.95
영등포구	379,480	60,663	78,514	0.77
동작구	391,220	64,928	79,386	0.82
관악구	495,060	78,430	110,183	0.71
서초구	425,126	60,072	82,933	0.72
강남구	539,231	74,959	108,717	0.69
송파구	667,960	93,309	134,959	0.69
강동구	459,970	69,903	85,751	0.82

자료 : 행정안전부

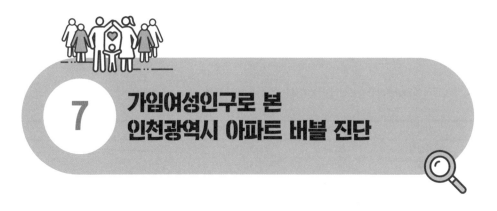

7 가임여성인구로 본 인천광역시 아파트 배별 진단

2020년 12월 기준 인천광역시의 소멸위험지수는 매우 분명하게 위험지역과 비위험지역을 보여준다. 인천광역시 전체의 소멸위험지수(0.82)는 당장 부동산 시장에 엄청난 부정적 후폭풍을 불러올 수준은 아니다. 평균적으로 그렇다는 말이다. 하지만 인천광역시

● **인천광역시 구군별 닥터 김의 소멸위험지수**

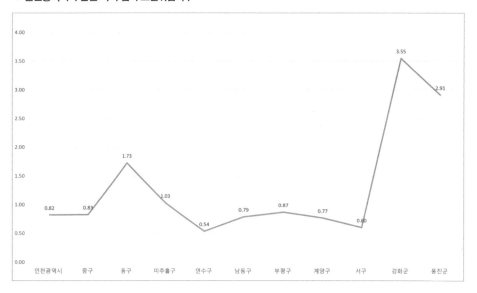

내 구·군으로 범위를 좁혀보면 얘기가 달라진다.

 '닥터 김의 가임여성인구'에 근거할 때 가장 눈에 띄는 곳은 연수구(0.54))와 서구(0.60) 인데, 이들 지역은 최근 몇 년에 걸쳐 주택시장이 상승세를 보인 곳들이다. 특히 2020년 급등으로 인해 버블이 있다는 주장이 상당하지만 당분간 연수구나 서구는 버블을 우려 하지 않아도 된다고 생각한다. 연수구와 서구의 소멸위험지수가 소멸위험주의지역이기 는 하지만 사실상 소멸위험 보통지역 수준에 가깝기 때문이다.

 한편, 부정적인 측면에서 경계해야 할 곳은 강화군(3.55), 옹진군(2.91), 동구(1.73)인데 이 들 지역은 부동산 시장에 진입하고자 하는 목적이 투자수익이라면 매우 위험한 소멸위 험 매우 높음 지역에 속하기 때문이다. 확실한 콘셉트나 개발, 활용이 동반되지 않은 채 단순투자를 하면 안 되는 지역들이다.

 한편, 계양구(0.77), 남동구(0.79), 부평구(0.87)는 소멸위험지수가 소멸위험 주의단계이기

● 닥터 김의 가임여성인구로 계산한 인천광역시 소멸위험지역 분석

(단위 : 명)

지역명	총인구	65세이상 인구	20~44여성인구	소멸위험지수
인천광역시	2,942,828	411,483	500,563	0.82
중구	139,729	20,531	24,846	0.83
동구	62,542	14,453	8,373	1.73
미추홀구	404,343	69,074	66,903	1.03
연수구	387,450	38,190	71,297	0.54
남동구	525,354	71,468	90,635	0.79
부평구	494,962	73,424	84,379	0.87
계양구	296,750	37,947	49,421	0.77
서구	542,040	58,087	96,402	0.60
강화군	69,203	22,824	6,423	3.55
옹진군	20,455	5,485	1,884	2.91

*기준시점은 2020 12월 말 | 자료 : 행정안전부

는 하지만 호재요인들이 있는 곳들이다. 수도권 제3기 신도시가 조성됨에 계양구나 GTX 등 교통편의성이 개선될 따라 부평구, 남동구는 가임여성인구 규모가 크게 증가할 것으로 예상되는 만큼 연수구, 서구와 마찬가지로 당분간 버블을 우려하지 않아도 될 것이다. 소멸위험지수가 소멸위험 주의단계인 중구(0.83)는 인천공항 배후도시인 영종신도시 주변을 제외한 구도심은 신중한 접근이 필요하다.

또한 소멸위험지수가 소멸위험 진입단계인 미추홀구(1.03)는 급속도로 진행되고 있는 재개발·재건축 등 도시재생사업의 성공여부에 따라 향후 미래가 결정될 것이다. 다만 최근 미추홀구 주택시장은 큰 폭의 가격상승 현상이 발생했다. 일정 부분 버블이 형성되었을 가능성이 있는 만큼 신중한 접근을 해야 한다고 생각한다.

8 가임여성인구로 본 경기도 아파트 버블 진단

닥터 김의 가임여성인구에 따라 경기도의 소멸위험지수를 분석했다. 경기도는 다양한 스펙트럼을 보였다. 분석결과 소멸위험지수가 소멸위험 보통 단계인 곳은 수원시 영통구(0.35), 화성시(0.47) 2곳이었다. 이들 지역은 소멸위험지수 측면에서 안정적인 지역들이다. 수원시 영통구, 화성시 소재 아파트들은 평균적으로 버블 문제를 크게 고민하지 않아도 된다.

소멸위험지역 보통지역과 안성시(1.20), 동두천시(1.47), 포천시(1.63), 여주시(1.68), 양평군(2.21), 가평군(2.35), 연천군(2.38)을 제외한 경기도내 모든 지역은 소멸위험 주의단계 지역들이다. 동두천시, 안성시, 양주시는 소멸위험지수가 '소멸위험 진입지역'에 속하는 지역들이고 포천·여주·양평·가평·연천군은 '소멸위험 매우 높음 지역'에 속한다. 따라서 단순 투자목적의 아파트 구입은 위험한 지역이라고 본다.

소멸위험 주의단계 지역가운데 오산시(0.52), 시흥시(0.53), 수원시 권선구(0.61), 안산시(0.64), 안양시 동안구(0.68), 성남시 분당구(0.66), 김포시(0.67), 하남시(0.67)는 소멸위험지수가 '소멸위험 보통지역'과 큰 차이가 없다. 이들 지역 역시 평균적으로 아파트 가격 버블 문제에서 상대적으로 자유로운 곳들이다.

정도의 차이는 다소 있겠지만 소멸위험지수가 주의단계임에도 불구하고 일산동구

● 경기도 시군별 닥터 김의 소멸위험지수

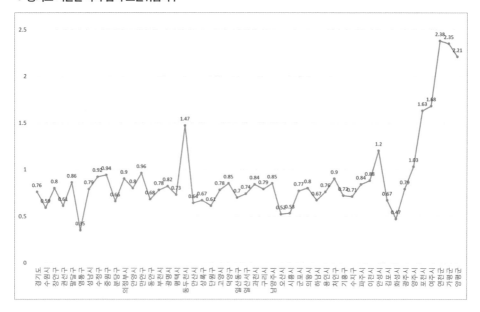

(0.70), 일산서구(0.74), 용인시 기흥구(0.72), 용인시 수지구(0.71), 군포시(0.77), 부천시(0.78), 평택시(0.73), 구리시(0.79), 광주시(0.79), 수원시 장안구(0.80) 역시 평균적으로 크게 버블을 두려워 할 필요는 없는 지역이라고 할 수 있다. 광명시(0.82), 의왕시(0.80), 남양주시(0.85), 파주시(0.84), 과천시(0.84)가 소멸위험 주의단계 수준이다. 쇼킹하며 정말 의외의 결과다.

하지만 놀랄 필요는 없다. 소멸위험지수가 주의단계이기는 하지만 재건축·재개발이 진행되고 있거나, 신도시가 자리 잡는 등 하나 같이 여전히 호재가 충분하고 경쟁력을 갖춘 지역들이라는 점을 생각해야 한다. 소멸위험지수로는 표현할 수 없는 요소들로 인해 위 지역들은 버블을 두려워할 필요가 없다. 더 나아가 전체적으로 경기도는 아파트 측면에서 충분한 기회의 문을 열어 놓고 있다. 게다가 버블을 크게 걱정하지 않아도 되는 지역도 많다. 아파트 시장으로 범위를 좁힐 경우 경기도는 당분간 핫 플레이스로 남게 될 것이다.

마지막으로 오해를 피하기 위해 한 가지 짚고 넘어가야 할 것이 있다. 버블이 없다는 표현을 단기적인 관점에서도 아파트 가격 자체에 버블이 전혀 없다는 것으로 받아들여서는 안 된다는 점이다. 단기적인 관점에서 볼 때 주택을 포함한 모든 부동산 시장에서는 늘 수요와 공급 논리, 저금리 기조, 부동산 정책에 따른 풍선효과 등 다양한 변수에 따라 가격이 상승하는 현상이 발생한다. 단기적으로는 버블이 발생하더라도 장기적인 측면에서 볼 때 충분히 지역 내에서 버블이 형성되어 있는 그 가격수준을 수용할 수 있다면 그 지역은 버블을 걱정할 필요가 없다고 말할 수 있는 것이다. 그렇기 때문에 버블이 없다거나 버블을 걱정할 필요가 없다는 것을 단기적으로도 무조건 버블이 없다고 단정해서 받아들이지 않기를 바란다.

다음은 2020년 12월 말 기준 주민등록인구를 기초로 경기도 시군별 소멸위험지수를 분석한 것이다.

● **닥터 김의 가임여성인구로 계산한 경기도 소멸위험지역 분석**

(단위 : 명)

지역명	총인구	65세이상 인구	20~44여성인구	소멸위험지수
경기도	13,427,014	1,775,315	2,322,208	0.76
수원시	1,186,078	131,936	222,274	0.59
장안구	273,661	36,657	45,799	0.80
권선구	368,645	41,407	68,424	0.61
팔달구	174,930	26,837	31,196	0.86
영통구	368,842	27,035	76,855	0.35
성남시	940,064	133,221	169,556	0.79
수정구	241,701	38,440	41,956	0.92
중원구	216,131	34,383	36,771	0.94
분당구	482,232	60,398	90,829	0.66
의정부시	461,710	70,369	78,074	0.90
안양시	550,027	75,581	94,962	0.80
만안구	239,413	38,180	39,881	0.96
동안구	310,614	37,401	55,081	0.68

지역명	총인구	65세이상 인구	20~44여성인구	소멸위험지수	
부천시	818,383	111,952	143,312	0.78	
광명시	298,599	41,683	50,869	0.82	
평택시	537,307	66,486	91,120	0.73	
동두천시	94,353	19,397	13,185	1.47	
안산시	654,915	71,620	111,816	0.64	
상록구	351,888	39,813	59,719		0.67
단원구	303,027	31,807	52,097		0.61
고양시	1,079,216	145,710	187,875	0.78	
덕양구	476,962	69,933	82,388		0.85
일산동구	299,716	37,760	53,838		0.70
일산서구	302,538	38,017	51,649		0.74
과천시	63,231	8,994	10,716	0.84	
구리시	197,454	26,962	34,051	0.79	
남양주시	713,321	100,537	117,685	0.85	
오산시	229,725	22,060	42,684	0.52	
시흥시	500,895	46,782	88,047	0.53	
군포시	273,791	36,416	46,998	0.77	
의왕시	163,795	22,280	27,968	0.80	
하남시	293,452	37,573	55,736	0.67	
용인시	1,074,176	143,096	188,996	0.76	
처인구	257,498	37,579	41,645		0.90
기흥구	440,835	56,743	78,363		0.72
수지구	375,843	48,774	68,988		0.71
파주시	465,617	64,915	77,310	0.84	
이천시	218,388	31,134	35,531	0.88	
안성시	187,012	32,844	27,305	1.20	
김포시	473,970	58,124	86,753	0.67	
화성시	855,248	76,180	161,396	0.47	
광주시	382,054	51,079	64,623	0.79	
양주시	230,359	36,245	35,205	1.03	
포천시	147,274	29,314	18,018	1.63	
여주시	111,897	24,475	14,591	1.68	
연천군	43,516	11,490	4,830	2.38	
가평군	62,377	16,324	6,935	2.35	
양평군	118,810	30,536	13,787	2.21	

*기준시점은 2020년 12월 말 | 자료 : 행정안전부

9 가임여성인구의 미래와 대한민국 부동산 투자 지형도

통계청의 인구추계 결과를 토대로 닥터 김의 소멸위험지수를 계산해 이를 그래프로 표시했다. 2035년까지 대한민국의 소멸위험지수는 가파르게 상승한다. 이 같은 결과는 부동산 시장에 매우 분명한 시그널을 준다. 일본과 같은 버블붕괴는 없을 것이라는 환상이 무너지고 집이나 땅을 공짜로 줘도 갖겠다는 사람이 없는 현실이 되며, 도심과 비도

● 대한민국 닥터 김의 소멸위험지수 추계

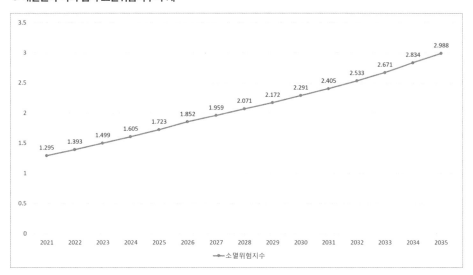

심의 양극화가 당연한 것으로 받아들여지고, 도심 내에서 또 다시 우량지역과 비우량지역 사이의 극심한 양극화를 숙명처럼 받아들여야 하는 그런 끔찍한 미래가 기다리고 있을 것이라는 경고를 하고 있다.

닥터 김의 소멸위험지수에 따르면 대한민국은 2021년 이미 평균적으로 소멸진입지역에 도달한다. 그리고 2024년 마침내 국가 전체가 소멸위험 매우 높음 지역이 된다. 그 후 2035년 마침내 소멸위험지수는 2.99라는 충격적인 수준에 이르게 된다. 이런 가혹한 현실 앞에 과연 부동산 시장이, 주택시장이 최근 수십 년 간 그래왔던 것과 같은 고도성장을 지속할 수 있을까?

단언컨대 불가능할 것이다.

● 닥터 김의 가임여성인구로 계산한 인천광역시 소멸위험지역 분석

연도	65세 이상 인구(명)	닥터 김의 가임여성인구(명)	닥터 김의 소멸위험지수
2021	8,534,249	6,587,923	1.30
2022	8,971,187	6,438,317	1.39
2023	9,442,719	6,299,248	1.50
2024	9,940,255	6,193,256	1.61
2025	10,506,500	6,098,579	1.72
2026	11,109,216	5,997,625	1.85
2027	11,583,151	5,912,794	1.96
2028	12,110,544	5,846,536	2.07
2029	12,509,173	5,758,729	2.17
2030	12,970,374	5,661,510	2.29
2031	13,410,989	5,576,127	2.41
2032	13,829,916	5,459,664	2.53
2033	14,261,679	5,339,772	2.67
2034	14,769,920	5,212,514	2.83
2035	15,221,148	5,093,246	2.99

자료 : 통계청의 2017년 전국 장래 인구추계인구 기준

"이번만은 다를 것이다."

"경제 기초가 튼튼하기 때문에 부동산 시장은 문제다!"

"우리나라는 일본 같은 부동산 버블 붕괴는 없다."

"폭락이 아닌 폭등을 경계해야 한다."

"부동산 불패 신화는 계속된다."

항상 그래왔던 것처럼 이번에도 잠깐의 기우에 그치고 지나갈 것이라고 생각할 것이다. 그렇게 되기를 소망한다. 하지만 이번에도 다르지 않을 것이다. 결국 대한민국 부동산 시장은 약화되고 상상하기 힘들 정도로 가혹한 양극화 현상이 나타나게 될 것이며, 버블붕괴의 후유증에 고통받을 것이다. 폭등에 따른 규제가 아닌 폭락을 막기 위한 부양책이 남발될 것이지만 결국 수요축소에 따른 냉혹한 시장논리를 이겨내지는 못할 것이다.

10 소멸위험지수가 말해주는 수도권 부동산 시장의 미래

대한민국의 소멸위험지수는 전체 지방자치단체를 평균한 것이다. 그래서 적어도 각 광역자치단체별 소멸위험지수 정도는 추가로 살펴보는 것이 좋다. 여기서 잠깐 광역자치단체별 소멸위험지수를 검토해보자. 대한민국 내에서 어떤 지역이 좀 더 위험하고 덜 위험한지를 가늠해 볼 필요가 있을 것이다. 먼저 수도권이다.

● 닥터 김의 수도권 소멸위험지수 추계

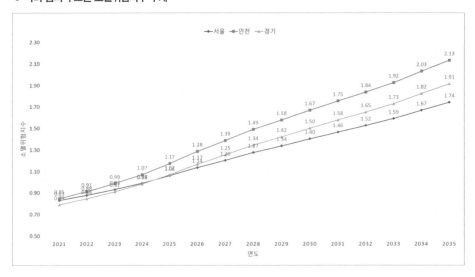

닥터 김의 소멸위험지수 추계에 따르면, 소멸위험지수는 서울이 가장 낮고 그 다음으로 경기도, 인천의 순서가 될 것이다. 수도권은 2035년까지 소멸위험지수가 상승한다는 공통점을 보이겠지만 그 정도는 서로 차이가 있을 것으로 분석되었다. 서울시는 2032년 소멸위험 매우 높음 지역(소멸위험지수 1.5이상)에 진입한다. 이에 비해 인천은 2029년 소멸위험지수(1.58)가 '소멸위험 매우 높음 지역'에 진입할 것이고, 경기도는 2030년 소멸위험지수(1.50)가 '소멸위험 매우 높음 지역'이 될 것이다.

소멸위험지수가 매우 높음 지역이 된다는 것은 곧 가임여성인구는 감소하는 데 비해 65세 이상 고령인구는 증가하는 지역이 된다는 것을 뜻한다. 다시 말해 평균적으로 가구 단위 주택수요가 감소하는 지역이 된다는 의미이다.

서울에 비해 경기도와 인천은 분명하게 도·농 복합지역이 존재한다. 도시지역에 비해 농촌지역은 가임여성인구는 적고 고령인구 비중은 높다. 경기도와 인천이 서울에 비해 평균적으로 소멸위험지수가 높을 수밖에 없는 이유이다. 그런 점을 감안하더라도 오는 2035년 경기도(1.91)와 인천(2.13)의 소멸위험지수는 서울(1.74)에 비해 매우 높을 것이다. 이런 격차가 존재한다는 것은 수도권 내에서 그리고 서울, 경기, 인천 지역 내에서 조차도 그만큼 엄청난 부동산 가격 격차가 발생할 것이라는 의미가 된다.

11 소멸위험지수가 말해주는 부산, 대구, 대전 부동산 시장의 미래

부산, 대구, 대전, 울산, 광주는 수도권에 비해 대체로 소멸위험지수가 높다. 평균적으로 소멸위험지수가 높다는 것은 지역에 따라 높은 곳과 낮은 곳이 공존할 수 있다는 것을 뜻한다.

세부적으로 소멸위험지수를 살펴보면 가장 먼저 **부산은** 2021년 소멸위험지수(1.25)가

● 주요 광역시의 닥터 김의 소멸위험지수 추계

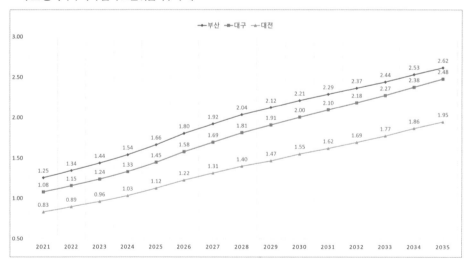

이미 '소멸위험 진입 지역'에 속하고 있고, 2024년 소멸위험 매우 높음 지역이 될 것이다. 대구 역시 2021년 이미 소멸위험 진입지역이고, 2026년에는 소멸위험지수(1.58)가 '소멸위험 높음 지역'에 진입하게 된다. 대전은 2030년 소멸위험지수(1.55)가 '소멸위험 매우 높음 지역'에 진입하게 될 것이다. 공통적으로 가까운 미래에 소멸위험지수가 모두 '소멸위험 매우 높음 지역'에 진입하게 됨을 알 수 있다.

소멸위험지수 측면에서 볼 때 부동산 시장이 가장 충격을 받을 곳은 평균적으로 부산, 대구, 대전의 순서가 될 것이다. 수도권과 비교했을 때 충격의 정도 역시 보다 분명할 것이 확실하다. 다만, 부산, 대구나 대전 역시 수도권과 마찬가지로 일괄적으로 동일한 타격을 받을 가능성은 극히 희박하다. 그보다는 지역별 양극화 현상이 매우 심화될 가능성이 높다. 소멸위험지수가 높은 곳일수록 그만큼 지역 내에서 부동산 시장 양극화에 따른 가격 격차가 커지게 될 것이다. 따라서 소멸위험지수가 높은 곳일수록 그 지역 내에서 부동산을 매입할 경우 소멸위험지수를 신중하게 고려해야만 한다.

12 소멸위험지수가 말해주는 세종, 강원, 충북, 충남, 제주 부동산 시장의 미래

소멸위험지수 측면에서 볼 때 세종과 강원, 충북, 충남, 제주는 비교불가 수준이다. 세종은 2035년에도 소멸위험지수(1.44)가 '소멸위험 매우 높음 지역'에 진입하지 않는다. 반면, 제주는 2028년에 소멸위험지수(1.54)가 '소멸위험 매우 높음 지역'에 진입하고, 충북

● 닥터 김의 소멸위험지수 추계(세종, 강원, 충북, 충남, 제주)

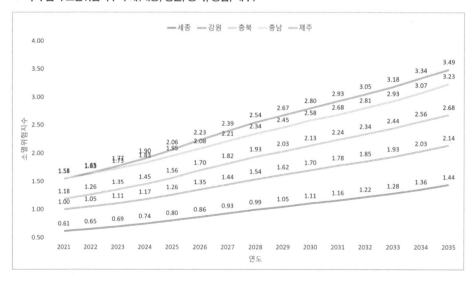

은 2025년에 소멸위험지수(1.56)가 '소멸위험 매우 높음 지역'에 진입하며, 충남은 2021년 이미 소멸위험지수(1.55)가 '소멸위험 매우 높음 지역'에 진입한 상태이고, 강원 또한, 2021년 소멸위험지수(1.54)가 '소멸위험 매우 높음 지역'에 진입한 상태이다.

소멸위험지수 측면에서 볼 때 부동산 시장이 가장 큰 타격을 받을 것으로 보이는 곳은 단연코 강원이다. 그 뒤를 이어서 다소 정도의 차이는 있지만 충남, 충북 역시 큰 충격을 받을 것이 확실하다. 제주는 소멸위험지수 관점에서 외에 고려해야 할 부분이 있다. 충남, 충북과 제주는 다른 관점에서 접근할 필요가 있다는 뜻이다. 제주는 관광, 국제도시 성격을 고려해야 할 필요가 있다고 생각한다.

소멸위험지수가 높아지더라도 외국인 투자 비중이 높아질 경우 소멸위험지수 상승에 따른 부정적 효과를 충분히 상쇄할 수 있을 것이다. 이는 제주 부동산 시장이 외국인 투자와 밀접하게 연결되어 있다는 것을 의미한다. 따라서 제주 부동산 시장은 적어도 두 가지 요소 즉, 소멸위험지수와 외국인 투자 추이를 관찰해나가는 것이 필요하다고 본다. 강원, 충남, 충북은 분명 부동산 시장이 평균적으로 세종이나 제주와는 결이 다른 미래를 경험하게 될 것이다.

하지만 여러 차례 강조했던 것처럼, 아니 좀 더 정확하게 말하자면 앞으로 최소 10년간은 수없이 강조하겠지만 강원, 충남, 충북 역시 각 지역 내에서 상당한 양극화 현상이 발생할 것이다. 예를 들어 충남이라면 천안과 여타 지역 간 격차가 있을 것이고 천안 내에서도 서북구와 여타 지역간 격차가 지속적으로 심화 될 것이다.

13 소멸위험지수가 말해주는 영남, 호남 부동산 시장의 미래

소멸위험지수 관점에서 볼 때 영남과 호남 부동산 시장의 미래는 암울하다. 물론 평균적인 측면에서 그렇다는 뜻이다. 호남과 영남은 모두 2021년 이미 소멸위험지수가 '소멸위험 매우 높음 지역'에 진입한 상태가 된다. 게다가 소멸위험지수 역시 모두 압도적으로 높다.

● 닥터 김의 소멸위험지수 추계 : 영남, 호남

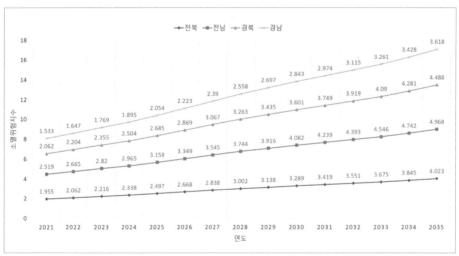

자료 : 통계청의 2017년 전국 장래 인구추계인구 기준

위와 같은 소멸위험지수라면 영·호남 부동산 시장은 모두 대도시 일부지역을 제외하면 끔찍한 미래를 경험하게 될 것이다. 이들 지역에서는 넘쳐나는 빈 집과 방치된 토지들이 사회문제가 될 것이 분명하다. 2035년 전남의 소멸위험지수(4.968)는 엄청난 수준이 될 것이다. 2035년 경북의 소멸위험지수(4.488) 역시 전남의 경우와 크게 다르지 않을 것이다. 2035년 전북의 소멸위험지수(4.023)는 전남이나 경북에 비해서는 덜하지만 부동산 시장에 치명적인 수준이라는 것은 분명하다. 한편, 2035년 경남의 소멸위험지수(3.618)는 전남, 경북, 전북에 비해 덜한 수준이 될 것이다. 하지만 강원을 제외하면 가장 위험한 수준이라는 것은 변함이 없다.

위와 같은 추계를 바탕으로 다음과 같은 결론을 도출할 수 있다.

첫째, 대한민국 가임여성인구의 감소와 노인인구의 증가에 따라 부동산 시장에서 충격이 발생할 것이고 그 중심에는 영·호남, 강원 지역이 자리 잡게 될 것이다.

둘째, 평균적으로 광역시 지역의 부동산 시장은 향후 시차를 두고 수요 감소에 따라 본격 하락하게 될 것이다.

셋째, 세종과 수도권은 2035년까지 일정수준 이상 경쟁력을 확보할 수 있겠으나 수도권은 철저하게 도심을 중심으로 부동산 시장이 강세를 유지할 것이다.

14 가임여성인구로 읽는 서울시 강남특별시와 수도권 투자전략 미래

가임여성인구를 부동산 시장의 흐름과 밀접한 관계가 있다. 그래서 늘 강남의 미래를 가임여성인구로 읽어야 한다. 물론 우리가 미래의 강남 가임여성인구를 정확히 안다는 것은 불가능하다. 하지만 일정 수준 오차를 감안할 경우 통계청과 서울시 추계자료를 활용해

● 서울시 강남구 닥터 김의 가임여성인구 추계

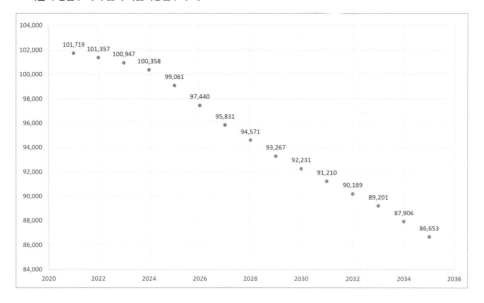

강남의 미래 가임여성인구를 예측할 수 있다. 추계자료를 활용해 강남의 미래 가임여성인구를 추정함으로써 강남 부동산 시장의 미래를 예측하는 것이 의미가 있다고 생각한다.

강남구의 가임여성인구는 2035년까지 지속적으로 감소한다. 수치로는 2020년부터 2028년까지 7천 148명이 감소 한 이후 2035년까지 추가로 7천 918명이 감소할 것이다. 따라서 2021년부터 2035년까지 강남구에서만 닥터 김의 가임여성인구가 1만 5,066명이 감소할 것이다. 하지만 2035년에도 2021년 닥터 김의 가임여성인구의 85.19% 수준을 유지하게 될 것이라는 의미를 갖는 것이기도 하다. 강남은 가임여성인구의 감소 규모나 속도가 완만하게 진행될 것으로 보인다. 따라서 가임여성인구 감소의 충격파가 한 순간에 부동산 시장에 영향을 줄 가능성은 희박하다고 보아야 한다. 가임여성인구 측면에서 볼 때도 적어도 2035년까지는 강남의 불패신화는 깨지지 않을 것이라는 예측이 가능하다. 그래서 강남의 미래는 여전히 밝을 것으로 본다.

● 닥터 김의 가임여성 추계 : 강남

2021	2022	2023	2024	2025	2026	2027	2028
101,719	101,357	100,947	100,358	99,061	97,440	95,831	94,571

2029	2030	2031	2032	2033	2034	2035
93,267	92,231	91,210	90,189	89,201	87,906	86,653

서울특별시, 경기도, 인천광역시의 소멸위험지수를 기초로 수도권 각 시·군·구별 아파트 투자전략을 제시하면 다음과 같다. 먼저 서울특별시 각 구별 소멸위험지수를 기초로 정리한 아파트 투자전략이다.

● 서울시 구별 닥터 김의 소멸위험지수 기반 아파트 투자전략

순위	구분	소멸위험지수 (2021년)	순위	구분	소멸위험지수 (2035년)	투자전략
1	강북구	1.24	1	도봉구	2.77	☞ 매수 광진구, 관악구 서초구, 관악구, 광진구
2	도봉구	1.21	2	강북구	2.57	
3	중랑구	1.01	3	금천구	2.32	
4	구로구	1.00	4	중랑구	2.25	
5	금천구	0.99	5	구로구	2.18	
6	은평구	0.99	6	노원구	2.15	
7	노원구	0.97	7	은평구	2.02	☞보유 송파구, 용산구, 성동구, 동작구, 강서구, 성북구, 종로구, 양천구, 서대문구, 중구, 동대문구,강동구
8	강동구	0.93	8	강동구	1.93	
9	양천구	0.89	9	양천구	1.87	
10	중구	0.87	10	중구	1.81	
11	종로구	0.86	11	동대문구	1.81	
12	동대문구	0.84	12	종로구	1.80	
13	성북구	0.83	13	성북구	1.70	
14	영등포구	0.82	14	서대문구	1.66	
15	용산구	0.80	15	영등포구	1.65	
16	동작구	0.78	16	강서구	1.64	
17	강서구	0.77	17	동작구	1.63	☞유보 은평구, 노원구, 구로구, 중랑구, 금천구, 강북구, 도봉구
18	서대문구	0.77	18	성동구	1.57	
19	서초구	0.73	19	용산구	1.56	
20	강남구	0.71	20	송파구	1.54	
21	성동구	0.70	21	광진구	1.45	
22	송파구	0.70	22	관악구	1.42	
23	관악구	0.68	23	서초구	1.39	☞매도 없음
24	광진구	0.66	24	강남구	1.34	
25	마포구	0.61	25	마포구	1.17	

* 매수, 보유, 유보, 매도는 모두 장기적 관점에서의 투자전략임

다음으로 경기도 시·군별 소멸위험지수를 기초로 아파트 투자전략을 정리하면 다음과 같다.

● 경기도 시·군별 닥터 김의 소멸위험지수 기반 아파트 투자전략

순위	구분	소멸위험지수 (2021년)	순위	구분	소멸위험지수 (2035년)	투자전략
1	연천군	2.48	1	가평군	5.15	☞ 매수 화성시, 오산시 수원시, 김포시 시흥시, 하남시 평택시, 성남시 용인시
2	가평군	2.30	2	연천군	5.13	
3	양평군	2.20	3	양평군	5.04	
4	여주시	1.65	4	여주시	4.02	
5	동두천시	1.43	5	포천시	3.84	
6	포천시	1.43	6	동두천시	3.31	
7	안성시	1.07	7	안성시	2.87	☞ 보유 파주시, 광명시 안양시, 구리시 광주시
8	양주시	1.06	8	의왕시	2.51	
9	과천시	0.96	9	양주시	2.51	
10	의정부시	0.93	10	군포시	2.18	
11	남양주시	0.91	11	이천시	2.18	
12	의왕시	0.89	12	의정부시	2.15	
13	광명시	0.86	13	부천시	2.07	
14	고양시	0.85	14	남양주시	2.07	☞ 유보 안산시, 과천시 고양시, 남양주시 부천시, 의정부시 이천시, 군포시 의왕시, 양주시
15	이천시	0.85	15	고양시	2.07	
16	파주시	0.84	16	과천시	2.06	
17	성남시	0.84	17	안산시	2.05	
18	군포시	0.83	18	광주시	2.01	
19	안양시	0.82	19	구리시	1.97	
20	부천시	0.82	20	안양시	1.95	
21	구리시	0.82	21	광명시	1.95	
22	광주시	0.81	22	파주시	1.93	
23	용인시	0.77	23	용인시	1.84	☞ 매도 가평군, 연천군 양평군, 여주시 포천시, 동두천시 이천시
24	평택시	0.73	24	성남시	1.83	
25	하남시	0.73	25	평택시	1.80	
26	김포시	0.71	26	하남시	1.74	
27	안산시	0.67	27	시흥시	1.67	
28	수원시	0.61	28	김포시	1.67	
29	시흥시	0.55	29	수원시	1.57	
30	오산시	0.54	30	오산시	1.38	
31	화성시	0.47	31	화성시	1.18	

* 매수, 보유, 유보, 매도는 모두 장기적 관점에서의 투자전략임

마지막으로 인천광역시 구·군별 소멸위험지수를 기초로 아파트 투자전략을 정리한 것이 다음의 표이다.

● **인천광역시 구·군별 닥터 김의 소멸위험지수 기반 아파트 투자전략**

순위	구분	소멸위험지수 (2021년)	순위	구분	소멸위험지수 (2035년)	투자전략
1	강화군	3.72	1	강화군	8.40	☞ **매수** 연수구, 서구
2	옹진군	2.98	2	옹진군	6.67	
3	동구	1.68	3	동구	3.34	
4	미추홀구	1.04	4	계양구	2.47	☞ **보유** 중구, 남동구 부평구, 미추홀구 계양구
5	부평구	0.90	5	미추홀구	2.40	
6	남동구	0.82	6	부평구	2.20	
7	계양구	0.82	7	남동구	2.11	☞ **유보** 동구
8	중구	0.80	8	중구	2.00	
9	서구	0.63	9	서구	1.71	☞ **매도** 강화군, 옹진군
10	연수구	0.56	10	연수구	1.52	

* 매수, 보유, 유보, 매도는 모두 장기적 관점에서의 투자전략임

Section

3

생산가능인구 변화가
대한민국 부동산
투자 지형도를 바꾼다

제아무리 가치 있는 부동산이라 할지라도 그 부동산을 구매할 수 있는 경제적 능력이 수반되는 사람이 줄어든다면 미래가치도 감소하기 마련이다. 생산가능인구는 소득을 창출할 수 있는 사람들의 규모를 알려주는 인구변수이다. 따라서 2020년 부동산 시장, 특히 아파트 시장에서 발생한 가격폭등 현상을 생산가능인구 관점에서 분석해 보는 것도 의미가 깊다.

1 생산가능인구와 대한민국 아파트 시장의 함수관계

생산가능인구는 소득을 창출하기 위한 경제활동을 할 수 있는 연령대의 인구를 말한다. 보통 만15세 이상에서 64세까지의 인구를 가리켜 생산가능인구라고 정의한다. 그런데 생산가능인구를 15~64세 연령 인구로 정의하는 전통적인 방식을 그대로 적용해 생산가능인구를 산정할 경우 생산가능인구가 과대평가 될 수밖에 없다. 대학 진학률이 70.4%나 되는 현실을 적절하게 고려할 수 없기 때문이다. 그래서 종전의 생산가능인구에 산입되는 연령대 인구를 20~64세까지로 범위를 좁히고자 한다. 또한 이를 가리켜 닥터 김의 생산가능인구라고 명명할 것이다.

● 2019년 기준 고등학교 졸업 후 상황

	졸업자	진학자	취업자	입대자	기타	진학률(%)	취업률(%)
고등학교	568,736	400,218	41,660	1,461	125,397	70.4	24.9

자료 : 한국교육개발원 교육통계서비스

2020년 12월 말 기준 대한민국의 닥터 김의 생산가능인구는 3,456만 9,540명이었고 총인구의 66.70%를 차지하고 있다. 생산가능인구가 전체 인구의 67% 수준에 육박하고

있어 2017년 이후 2020년까지 발생한 아파트 가격 상승현상의 배경에 탄탄한 생산가능
인구가 자리 잡고 있음을 알 수 있다.

● 주민등록인구 기준 총인구 및 닥터 김의 생산가능인구 분포(2012.12기준)

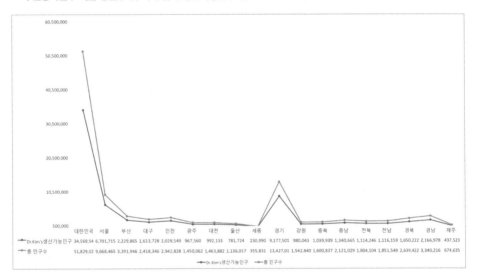

한편, 2020년 12월 기준 총인구에서 닥터 김의 생산가능인구가 차지하는 비중이 대한
민국 평균(66.70%)보다 높은 곳은 7곳(서울 → 인천 → 울산 → 경기 → 대전 → 대구·광주)이었고 낮
은 곳은 10곳(부산 → 충북 → 세종 → 경남 → 제주 → 강원 → 충남 → 경북 → 전북 → 전남)이었다. 이제
닥터 김의 생산가능인구 비율과 아파트 매매가격지수 추이를 비교함으로써 아파트 가
격에 버블이 있는지를 살펴볼 준비가 끝났다. 대한민국 평균보다 생산가능인구 비중이
높은 지역들의 최근 4년 간 아파트 매매가격지수 흐름을 분석한 것이 다음의 그림이다.
이 그림을 보면 조선경기 침체의 직격탄을 맞아 하락을 경험했던 울산을 제외한 서울,
인천, 경기, 대전, 대구 모두 정도의 차이만 있을 뿐 아파트 매매가격지수가 지속적으로
상승했음을 확인할 수 있다. 특히 2020년의 상승폭이 두드러짐을 알 수 있다.

● 아파트 매매가격지수 추이(서울, 인천, 울산, 경기, 대전, 대구)

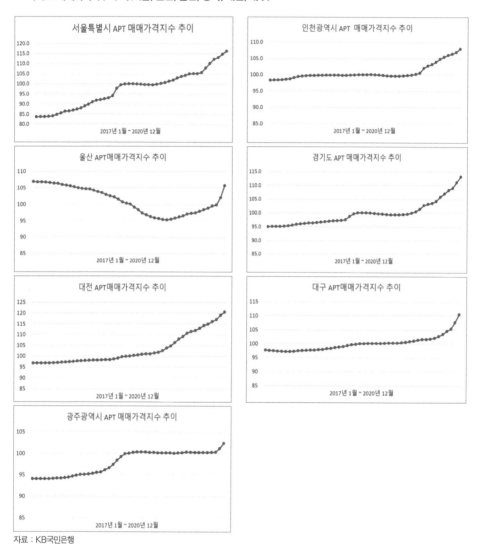

자료 : KB국민은행

　　생산가능인구 측면에서 볼 때 이유 있는 가격상승현상이라고 보아도 좋다. 다음으로 닥터 김의 생산가능인구 비중이 대한민국 평균보다 낮은 지역들(부산, 충북, 세종, 경남, 제주,

강원, 충남, 경북, 전북, 전남)의 아파트 매매가격지수를 분석했다.

● 아파트 매매가격지수 추이(부산, 충북, 세종, 경남, 제주, 강원)

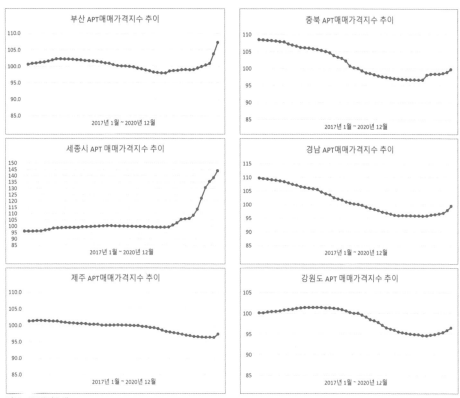

자료 : KB국민은행

　　충북, 경남, 제주, 강원 아파트 매매가격지수는 정도의 차이만 있을 뿐 꾸준히 하락하다 2020년 반등하는 모습을 보였다. 반면 부산과 세종시 아파트 매매가격지수는 2020년 폭발적인 상승현상이 나타났다. 확장적 재정정책과 글로벌 저금리기에 더해 부동산 규제정책의 여파로 시장에서 패닉바잉 현상이 발생한 결과였다. 내재가치 자체가 본질적으로 변하지 않았음에도 불구하고 부산과 세종시 아파트 시장에서 폭등현상이 발생한 것은 생산가능인구 관점에서 볼 때 일정 수준 이상 버블이 형성되어 있음을 보여주는 것이고 생각한다.

한편, 전남은 닥터 김의 생산가능인구 비중이 대한민국 꼴찌였음에도 불구하고 2017년 이후 아파트 매매가격지수가 완만하게 상승한 것으로 나타났다. 이런 흐름이야말로 생산가능인구 측면에서 볼 때 분명한 버블이라고 해석한다. 전북 아파트 매매가격지수는 2017년 이후 꾸준히 하락하는 모습을 보이다 2020년 소폭 반등한 것으로 분석되었다. 충남, 경북의 아파트매매가격지수 역시 꾸준히 하락하는 모습을 보이다 2020년 이후부터 확실한 반등을 보였음을 알 수 있다. 생산가능인구 관점에서 볼 때 일정 수준 이상 버블이 있는 것이 확실하다.

● 아파트 매매가격 지수 추이(충남, 경북, 전북, 전남)

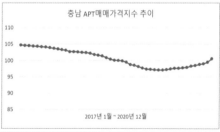
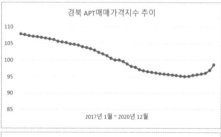
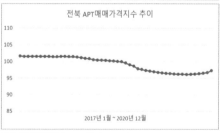

자료 : KB국민은행(www.kbstar.com)

생산가능인구는 소득에 영향을 주고 소득은 다시 주택수요와 밀접하게 연결된다. 그래서 닥터 김의 생산가능인구가 아파트 시장에 버블이 있는지를 진단할 수 있는 변수가 될 수 있다고 생각한다. 지혜로운 투자자들이 생산가능인구를 중요하게 고려해야 하는 이유다.

● 대한민국 총인구, 닥터 김의 생산가능인구 및 닥터 김의 생산가능인구 비중

구분	총 인구(1)	닥터 김의 생산가능인구(2)	닥터 김의 생산가능인구비중(%) =(2)/(1)
전국	51,829,023	34,569,540	66.70
서울특별시	9,668,465	6,701,715	69.32
부산광역시	3,391,946	2,229,865	65.74
대구광역시	2,418,346	1,613,728	66.73
인천광역시	2,942,828	2,028,549	68.93
광주광역시	1,450,062	967,560	66.73
대전광역시	1,463,882	992,133	67.77
울산광역시	1,136,017	781,724	68.81
세종특별자치시	355,831	230,990	64.92
경기도	13,427,014	9,177,501	68.35
강원도	1,542,840	980,043	63.52
충청북도	1,600,837	1,039,939	64.96
충청남도	2,121,029	1,340,665	63.21
전라북도	1,804,104	1,114,246	61.76
전라남도	1,851,549	1,116,159	60.28
경상북도	2,639,422	1,650,222	62.52
경상남도	3,340,216	2,166,978	64.88
제주특별자치도	674,635	437,523	64.85

2 생산가능인구로 진단한 서울시 자치구별 아파트 시장 배블 분석

서울시 아파트 시장은 스펙트럼이 매우 다양하다. 그래서 서울시 아파트 시장에 버블이 있는지 를 확인하고 싶다면, 서울시 전체가 아닌 좀 더 세분된 지역 단위를 기준으로 접근하는 것이 필요하다. 그래서 서울시를 좀 더 세분해 구 단위로 버블 여부를 진단하기 위해 각 구별 닥터 김의 생산가능인구를 산출한 후 각 구별 인구에서 차지하는 비중을 계산했다.

● 서울 자치구별 총인구, 닥터 김의 생산가능인구 및 총인구 대비 비중

	총 인구수(1)	닥터 김의 생산가능인구(2)	닥터 김의 생산가능인구 비중(%) = (2)/(1)
서울특별시	9,668,465	6,701,715	69.32
종로구	149,384	102,533	68.64
중구	125,240	87,457	69.83
용산구	230,040	161,156	70.06
성동구	293,556	207,857	70.81
광진구	346,682	250,868	72.36
동대문구	342,837	236,790	69.07
중랑구	394,702	275,538	69.81
성북구	437,153	297,573	68.07

강북구	308,055	207,001	67.20
도봉구	325,257	218,846	67.28
노원구	523,037	351,200	67.15
은평구	479,835	326,445	68.03
서대문구	312,173	214,620	68.75
마포구	371,890	264,617	71.15
양천구	454,251	306,286	67.43
강서구	580,185	407,198	70.18
구로구	404,408	276,819	68.45
금천구	231,733	165,202	71.29
영등포구	379,480	268,703	70.81
동작구	391,220	273,907	70.01
관악구	495,060	365,658	73.86
서초구	425,126	285,874	67.24
강남구	539,231	368,372	68.31
송파구	667,960	464,839	69.59
강동구	459,970	316,356	68.78

자료 : 행정안전부(2020년 12월 말 주민등록인구)

서울시 전체 닥터 김의 생산가능인구 비중 평균은 69.32%였는데 구별로 보면 그 비중이 평균보다 높은 곳은 12곳(관악구 → 광진구 → 금천구 → 마포구 → 성동구 → 영등포구 → 강서구 → 용산구 → 동작구 → 중구 → 중랑구 → 송파구)이었고, 낮은 곳이 13곳(동대문구 → 강동구 → 서대문구 → 종로구 → 구로구 → 강남구 → 성북구 → 은평구 → 양천구 → 도봉구 → 서초구 → 강북구 → 노원구)이었다.

 서울시 평균보다 닥터 김의 생산가능인구 비중이 높은 자치구 분석

서울시 각 구별 아파트 매매가격지수 추이를 검토했다. 먼저 닥터 김의 생산가능인구 비중이 높은 곳들의 아파트매매가격지수 추이다.

● 아파트 매매가격지수 추이 : 관악, 광진, 금천, 마포, 성동, 영등포, 강서, 용산구

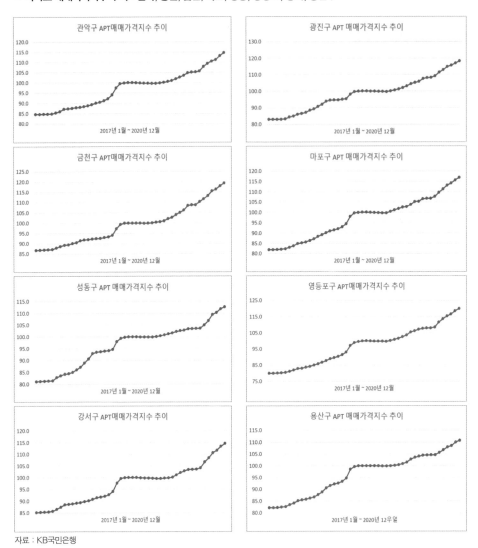

자료 : KB국민은행

　　정도의 차이만 있을 뿐 관악구, 광진구, 금천구, 마포구, 성동구, 영등포구, 강서구, 용산구 모두 2017년 이후 아파트 매매가격지수가 상승했는데 2020년에는 그 정도가 더욱

두드러졌음을 확인할 수 있다. 아파트 가격이 크게 상승했다는 의미다. 동작구, 중구, 송파구, 용산구의 아파트 매매가격지수 추이 역시 정도의 차이만 있을 뿐 지속적으로 상승했으며 2020년에는 그 상승 추세가 더욱 강력했음을 보여준다. 이 같은 아파트 매매가격지수 추이는 닥터 김의 생산가능인구 비중 관점에서 볼 때 당연한 흐름이라고 생각한다. 다만, 저금리에 풍부한 유동성 그리고 충분하지 못했던 부동산 정책이 복합적으로 더해져 2020년의 폭등세가 이어진 측면을 간과해서는 안 될 것이다.

● 아파트 매매가격지수 추이 : 동작, 중구, 중랑, 송파구

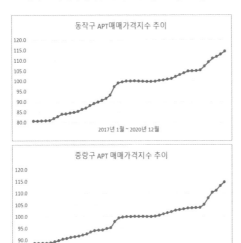

자료 : KB국민은행(www.kbstar.com)

 서울시 평균보다 생산가능인구 비중이 낮은 자치구 분석

이번에는 닥터 김의 생산가능인구 비중이 서울 평균보다 낮은 곳들의 아파트 매매가격

지수 추이를 분석했다.

● 아파트 매매가격지수 추이 : 동대문, 강동, 서대문, 종로구

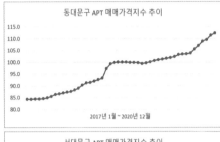

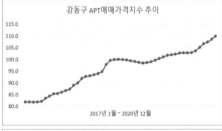

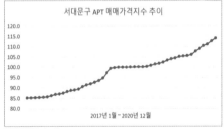

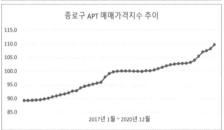

자료 : KB국민은행(www.kbstar.com)

전체적인 추세는 닥터 김의 생산가능인구 비중이 높은 구들과 비슷하다.

● 아파트 매매가격지수 추이 : 구로, 강남, 성북, 은평, 양천, 도봉, 서초, 강북, 노원구

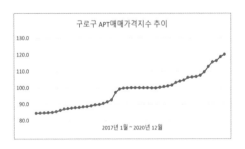

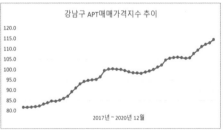

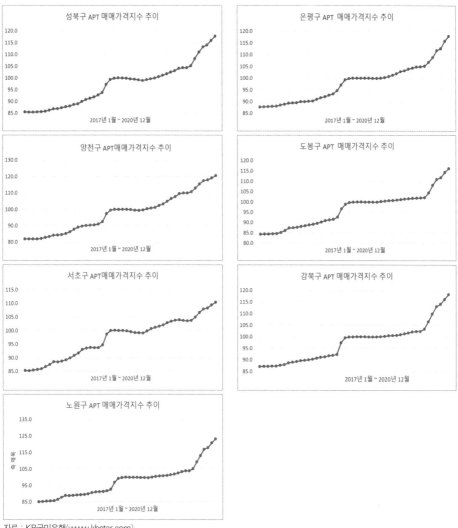

성북구 APT 매매가격지수 추이

은평구 APT 매매가격지수 추이

양천구 APT매매가격지수 추이

도봉구 APT 매매가격지수 추이

서초구 APT매매가격지수 추이

강북구 APT 매매가격지수 추이

노원구 APT 매매가격지수 추이

2017년 1월 ~ 2020년 12월

자료 : KB국민은행(www.kbstar.com)

동대문구, 강동구, 서대문구, 종로구, 구로구, 강남구, 성북구, 은평구, 양천구, 도봉구, 서초구, 강북구, 노원구 등 모든 구에서 아파트매매가격지수가 상승했다. 특히, 성북구, 은평구, 도봉구, 강북구, 노원구 아파트 매매가격지수의 상승이 두드러졌는데 닥터 김의 생산가능인구 비중 측면에서 볼 때 버블 가능성이 있다. 한 번 더 검증하기 위해 2017년 1월 ~ 2020년 12월에 걸친 기간 동안 서울시 각 구별 아파트 가격상승률을 검토해 볼 필요성이 있다.

서울 각 구별 실제 아파트 가격 상승률과 생산가능인구 비율 비교

KB국민은행의 〈KB 주택가격동향 시계열〉 자료에 따르면 2017년 1월 대비 2020년 12월 서울시 아파트매매가격지수 상승률은 39.06%였다. 그 중 서울시 아파트 매매가격지수 상승률 평균을 초과하는 자치구는 9곳(영등포구, 양천구, 노원구, 송파구, 마포구, 광진구, 구로구, 동작구, 강남구)이었다.

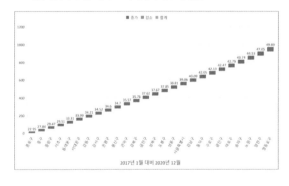

● 서울특별시 구별 아파트 매매가격지수 상승률

2017년 1월 대비 2020년 12월

위 자치구들 가운데 2020년 12월 말 기준 아파트 매매가격지수 상승률이 서울시 평균 이상이면서 닥터 김의 생산가능인구 비율이 서울시 평균을 하회하는 곳은 4곳(노원구, 구로구, 강남구, 양천구)이었는데 이 지역들에 버블이 끼어 있다고 말하기 어렵다. 흔히 말하는 호재요인이 확실하기 때문이다. 특히, 강남구는 노원구나 구로구, 양천구에 비해 보다 더 수요층이 탄탄하다. 버블을 논하는 것이 큰 의미가 없다는 뜻이다.

요약하면 서울시 각 자치구의 아파트 가격상승 현상은 닥터 김의 생산가능인구 비율

● 서울시 아파트 매매가격지수 상승률*, 닥터 김의 생산가능인구비율**

순위	구분	상승률(%)	구분	닥터 김의 생산가능인구비율
1	영등포구	49.89	관악구	73.86
2	양천구	47.05	광진구	72.36
3	노원구	44.53	금천구	71.29
4	송파구	43.74	마포구	71.15
5	마포구	42.79	영등포구	70.81
6	광진구	42.47	성동구	70.81
7	구로구	42.13	강서구	70.18
8	동작구	42.05	용산구	70.06
9	강남구	40.09	동작구	70.01
10	서울특별시	39.06	중구	69.83
11	성동구	38.81	중랑구	69.81
12	도봉구	37.85	송파구	69.59
13	성북구	37.67	서울특별시	69.32
14	금천구	37.62	동대문구	69.07
15	강북구	35.76	강동구	68.78
16	관악구	35.57	서대문구	68.75
17	용산구	34.7	종로구	68.64
18	은평구	34.6	구로구	68.45
19	강서구	34.52	강남구	68.31
20	강동구	34.21	성북구	68.07
21	서대문구	33.99	은평구	68.03
22	동대문구	33.31	양천구	67.43
23	서초구	29.51	도봉구	67.28
24	중랑구	29.47	서초구	67.24
25	중구	27.84	강북구	67.20
26	종로구	22.95	노원구	67.15

*2017년 1월 대비 2020년 12월 아파트매매가격지수상승률
**2020년 12월 말 기준 주민등록인구 대비 닥터 김의 생산가능인구비율

이 높은 지역들의 아파트 매매가격지수 상승률이 서울시 평균을 하회하고 있는 경우가 많다는 점에서 버블을 우려할 수준은 아니라고 생각한다. 물론 버블이 아니라고 해서

다양한 경제 요인에 의한 가격조정 현상이 발생하지 않을 것이라고 단정해서는 곤란하다. 부동산 시장은 본질적으로 경기변동의 종속변수이기 때문이다.

3 생산가능인구로 진단한 경기도 아파트 시장 버블 분석

경기도는 도시와 농촌 기능이 혼재되어 있는 광역자치단체이다. 생산가능인구 비중의 편차가 서울에 비해 매우 큰 이유도 경기도가 도농복합 광역자치단체라는 특징 때문이다. 그래서 경기도 아파트 시장의 버블 여부 진단을 위해서는 서울에 비해 보다 더 신중한 접근이 필요하다. 경기도 전체의 닥터 김의 생산가능인구 비율은 68.53%인데 서울보다 다소 낮은 수준이다. 또한 경기도 내 닥터 김의 생산가능인구 비율의 최고·최저 편차(12.49%)도 서울(6.71%)에 비해 더 크다.

2020년 12월 말 현재 주민등록인구 기준 경기도의 닥터 김의 생산가능인구 비율(68.35%)을 초과하는 시·군은 13곳(안산시→시흥시→수원시→부천시→안양시→구리시→의왕시→군포시→오산시→성남시→고양시→광주시→평택시)이고 못 미치는 곳은 18곳(하남시→의정부시→광명시→과천시→화성시→이천시→용인시→김포시→파주시→남양주시→포천시→안성시→양주시→동두천시→여주시→가평군→양평군→연천군)이다.

● 경기도 총인구, 닥터 김의 생산가능인구와 생산가능인구 비율

구 분	총인구(1)	Dr. Kim's 생산가능인구(2)	비율(%) = (2) / (1)	
경기도	13,427,014	9,177,501	68.35	
수원시	1,186,078	838,699	70.71	
수원시 장안구	273,661	190,012		69.43
수원시 권선구	368,645	261,247		70.87
수원시 팔달구	174,930	124,770		71.33
수원시 영통구	368,842	262,670		71.21
성남시	940,064	650,169	69.16	
성남시 수정구	241,701	169,827		70.26
성남시 중원구	216,131	151,901		70.28
성남시 분당구	482,232	328,441		68.11
의정부시	461,710	314,349	68.08	
안양시	550,027	382,795	69.60	
안양시 만안구	239,413	166,814		69.68
안양시 동안구	310,614	215,981		69.53
부천시	818,383	578,631	70.70	
광명시	298,599	203,052	68.00	
평택시	537,307	368,454	68.57	
동두천시	94,353	60,054	63.65	
안산시	654,915	474,618	72.47	
안산시 상록구	351,888	254,087		72.21
안산시 단원구	303,027	220,531		72.78
고양시	1,079,216	746,376	69.16	
고양시 덕양구	476,962	326,934		68.55
고양시 일산동구	299,716	211,471		70.56
고양시 일산서구	302,538	207,971		68.74
과천시	63,231	42,743	67.60	
구리시	197,454	137,142	69.46	
남양주시	713,321	470,590	65.97	
오산시	229,725	159,008	69.22	
시흥시	500,895	355,649	71.00	
군포시	273,791	190,091	69.43	
의왕시	163,795	113,757	69.45	
하남시	293,452	200,546	68.34	
용인시	1,074,176	709,144	66.02	
용인시 처인구	257,498	173,814		67.50

용인시 기흥구	440,835	290,461	65.89
용인시 수지구	375,843	244,869	65.15
파주시	465,617	307,326	66.00
이천시	218,388	146,200	66.95
안성시	187,012	122,121	65.30
김포시	473,970	312,870	66.01
화성시	855,248	577,834	67.56
광주시	382,054	262,166	68.62
양주시	230,359	150,117	65.17
포천시	147,274	97,138	65.96
여주시	111,897	70,416	62.93
연천군	43,516	26,103	59.98
가평군	62,377	38,075	61.04
양평군	118,810	71,268	59.98

자료 : 행정안전부(2020년 12월 기준 주민등록인구 기준)

 경기도 평균보다 생산가능인구 비율이 높은 시 분석

경기도 각 시·군별 아파트 매매가격지수 추이를 검토했다. 먼저 닥터 김의 생산가능인구 비율이 경기도 평균보다 높은 곳들의 아파트 매매가격지수 추이를 분석한 결과이다.

● **아파트 매매가격지수 추이 : 안산, 시흥, 수원, 부천, 안양, 구리시**

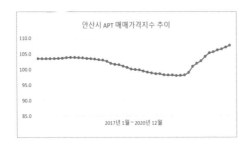

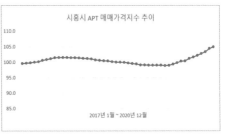

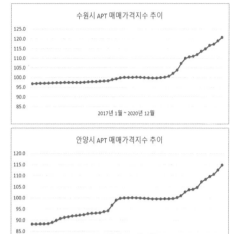
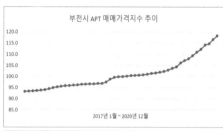
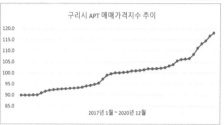

자료 : KB국민은행

　닥터 김의 생산가능인구 비율이 경기도 평균보다 높은 곳은 앞서 언급한 것처럼 안산, 시흥, 수원, 부천, 안양, 구리시, 의왕, 군포, 오산, 성남, 고양, 광주, 평택시이다.

● 아파트 매매가격지수 추이 : 의왕, 군포, 오산, 성남, 고양, 광주, 평택시

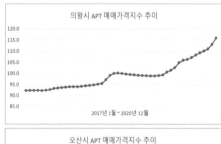
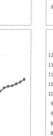
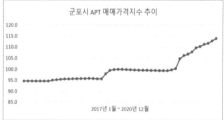
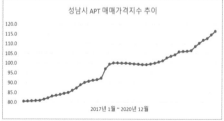

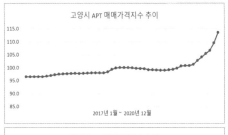

고양시 APT 매매가격지수 추이

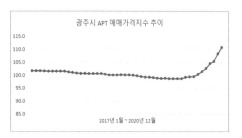

광주시 APT 매매가격지수 추이

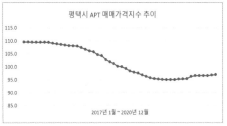

평택시 APT 매매가격지수 추이

자료 : KB국민은행(www.kbstar.com)

안산시, 오산시, 평택시, 광주시는 닥터 김의 생산가능인구 비율이 경기도 평균에 비해 높음에도 불구하고 아파트 매매가격지수가 조정을 받았다. 그래서 버블문제에서 상대적으로 자유로운 곳들이라고 본다. 특히, 평택시와 화성시가 그렇다. 그 외 지역들은 모두 정도의 차이만 있을 뿐 꾸준히 아파트 매매가격이 상승했음을 아파트 매매가격지수를 통해 확인할 수 있다. 꾸준히 상승했지만 이들 지역은 생산가능인구 비율이 높다는 공통점이 있다. 따라서 닥터 김의 생산가능인구 측면에서 볼 때 버블을 우려할 정도는 아니라고 생각한다. 아파트 매매가격지수가 조정되는 모습을 보인 평택과, 화성시, 광주시는 더욱 그렇다. 경기상황에 따른 가격하락 현상이 아닌 이상 말이다.

 경기도 평균보다 생산가능인구 비율이 낮은 시 · 군 분석

이번에는 닥터 김의 생산가능인구 비중이 경기도 평균보다 낮은 곳들의 아파트 매매가

격지수 추이를 분석했다.

닥터 김의 생산가능인구 비율이 경기도 평균보다 낮은 곳은 18곳(하남시, 의정부시, 광명

● **아파트 매매가격지수 추이 : 하남, 의정부, 광명, 과천, 화성, 이천, 용인, 김포시**

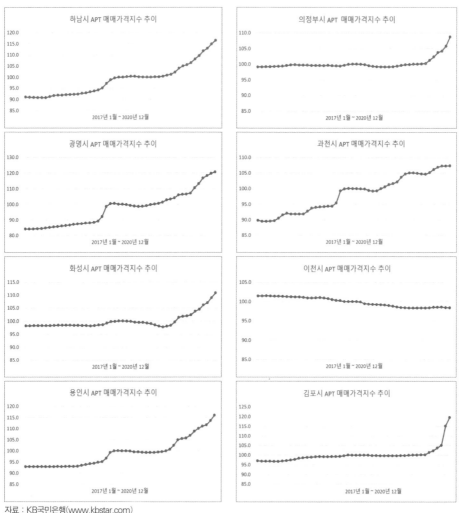

자료 : KB국민은행(www.kbstar.com)

시, 과천시, 화성시, 이천시, 용인시, 김포시, 파주시, 남양주시, 포천시, 안성시, 양주시, 동두천시, 여주시, 가평군, 양평군, 연천군)이다. 그 중에서 KB국민은행의 아파트 매매가격지수 정보가 제공되지 않는 곳은 분석대상에서 제외하였다. 하남시, 광명시 과천시, 용인시는 대체로 꾸준히 아파트 매매가격지수가 상승하는 모습을 보였는데 2020년에는 그 정도가 유의하게 컸음을 확인할 수 있다.

이에 비해 의정부시나 화성시는 아파트 매매가격지수의 가파른 상승세 없이 보합세를 유지하다 2020년 급등세를 보인 것으로 분석되었다. <u>가격상승을 고려하면 하남시 광</u>

● 아파트 매매가격지수 추이 : 파주, 남양주, 안성, 양주, 동두천

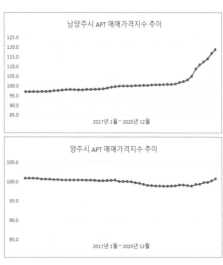

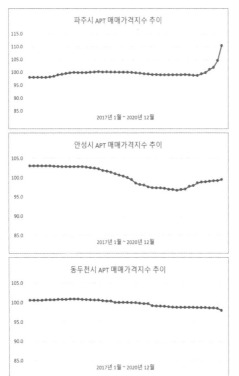

자료 : KB국민은행

명시, 과천시, 용인시 아파트시장에 버블가능성을 완전히 배제하기는 어려워 보일 수 있다. 하지만 지난 4년 동안 아파트 매매가격지수 상승현상만으로 버블여부를 속단하기는 이르다. 충분한 호재요인들이 있는 지역들이라는 공통점이 있는 만큼 버블문제에서 상대적으로 자유로운 곳들이기 때문이다. 한편, 이천시는 수도권 아파트 매매가격지수 상승랠리에서 다소 동떨어지는 모습을 보인 것으로 나타났다. 다만, 2020년 의정부시, 화성시, 용인시, 김포시, 파주시, 남양주시의 아파트 매매가격지수 상승폭이 상당했었기에 투기적 수요에 노출되었던 것은 틀림없다고 본다. 이런 부분들은 향후 아파트 매매가격 조정국면에서 조정폭이나 기간에 중요한 변수가 될 것이다.

 경기도 각 시군별 실제 아파트 가격 상승률과 생산가능인구 비율 비교

2017년 1월 대비 2020년 12월 말 기준 경기도 아파트 매매가격지수 상승률 평균은 19.1% 였다. 경기도 평균 아파트 매매가격지수 상승률을 초과한 시·군은 13곳(성남시, 광명시, 구리시, 안양시, 하남시, 부천시, 의왕시, 용인시, 수원시, 김포시, 남양주시, 군포시, 과천시)이었다. 경기도 시·군 중에서 아파트 매매가격지수 상승률이 경기도 평균 이상이면서 닥터 김의 생산가능인구 비율이 경기도 평균을 하회하는 곳은 5곳(광명시, 하남시, 용인시, 김포시, 남양주시)이었는데 이들 중 버블 존재가능성이 있는 곳은 없다.

위 5곳 가운데 2017년 1월 대비 2020년 12월 아파트 매매가격지수 상승률이 가장 높았던 광명시 그리고 용인시는 상대적으로 충분한 경쟁력을 자랑하는 우량지역이고 상승폭 역시 우려할 정도가 아닌 데다 수요층까지 탄탄하다는 점을 주목할 필요가 있다. 다음으로 하남시 남양주시, 김포시는 최근 GTX 등 호재요인이 있는 데다 향후 도시 경쟁력 강화와 더불어 탄탄한 수요가 돋보일 것이라는 점에서 이유 있는 상승현상이라고 평가할 수 있다.

　그래서 닥터 김의 생산가능인구 관점에서 볼 때 광명시, 하남시, 용인시, 김포시, 남양주시 아파트 시장에서 버블을 걱정해야 할 필요는 없다고 본다. 다만, 2020년의 급등현상은 저금리로 인한 과유동성이 재정정책 완화 축소 및 글로벌 금리인상으로 완화될 것으로 예상되는 2022년 이후 수도권 아파트 시장이 숨고르기 국면에 진입하게 되면 조정을 거치게 될 가능성까지 배제하는 것은 아니라는 점을 유의해야 한다.

　2017년 1월 대비 2020년 12월 기준 경기도 내 각 시·군에서 나타났던 아파트 매매가격지수 상승 현상을 닥터 김의 생산가능인구와 연결하여 해석하면 다음과 같다.

● 경기도 시군별 아파트 매매가격지수 상승률

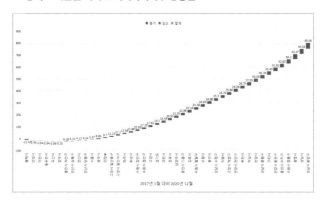

　첫째, 닥터 김의 생산가능인구 비율이 높은 지역들의 2017년 1월 대비 2021년 12월 아파트 매매가격지수 상승률이 경기도 평균 아파트 매매가격지수 상승률을 하회하고 있는 경우가 많다.

　둘째, 닥터 김의 생산가능인구 비중이 높은 지역들의 아파트 매매가격지수 상승률이 경기도 평균 아파트 매매가격지수 상승률보다 높다.

　셋째, 경기도 주요 지역에서 발생했던 아파트 매매가격지수 상승률 현상을 버블의 전조로 보기 어렵다.

　그러므로 경기도 내 주요 지역 아파트 시장에 버블이 형성되어 있지 않거나 있더라도 우려할 수준은 아니라고 생각한다. 다만, 과거 발생했던 아파트 가격에 버블이 없다할지라도 경기변동에 따른 가격하락 내지 폭락현상은 얼마든지 발생할 수 있다는 점은 기억해두도록 하자.

부동산 시장은 본질적으로 경기변동의 종속변수이다.

● **경기도 아파트매매가격지수상승률*, 닥터 김의 생산가능인구비율****

순위	구분	상승률(%)	구분	닥터 김의생산가능인구 비율
1	성남시 분당구	49.36	안산시 단원구	72.78
2	성남시	44.53	안산시	72.47
3	광명시	43.47	안산시 상록구	72.21
4	수원시 영통구	36.20	수원시 팔달구	71.33
5	용인시 수지구	32.82	수원시 영통구	71.21
6	안양시 동안구	31.92	시흥시	71.00
7	구리시	31.43	수원시 권선구	70.87
8	성남시 중원구	30.78	수원시	70.71
9	안양시	30.03	부천시	70.70
10	하남시	27.95	고양시 일산동구	70.56
11	부천시	26.75	성남시 중원구	70.28
12	안양시 만안구	26.06	성남시 수정구	70.26
13	고양시 덕양구	25.86	안양시 만안구	69.68
14	의왕시	25.76	안양시	69.60
15	성남시 수정구	25.30	안양시 동안구	69.53
16	용인시	24.88	구리시	69.46
17	수원시	24.63	의왕시	69.45
18	수원시 팔달구	24.28	수원시 장안구	69.43
19	김포시	23.18	군포시	69.43
20	용인시 기흥구	22.86	오산시	69.22
21	남양주시	22.35	성남시	69.16
22	군포시	20.53	고양시	69.16
23	과천시	19.49	고양시 일산서구	68.74
24	경기도	19.10	광주시	68.62

25	고양시	17.62	평택시	68.57
26	수원시 권선구	17.25	고양시 덕양구	68.55
27	수원시 장안구	15.59	경기도	68.35
28	화성시	12.88	하남시	68.34
29	파주시	12.56	성남시 분당구	68.11
30	고양시 일산서구	12.20	의정부시	68.08
31	고양시 일산동구	12.13	광명시	68.00
32	의정부	9.70	과천시	67.60
33	광주시	8.86	화성시	67.56
34	시흥시	5.37	용인시 처인구	67.50
35	안산시 단원구	4.14	이천시	66.95
36	안산시	4.12	용인시	66.02
37	안산시 상록구	4.11	김포시	66.01
38	용인시 처인구	0.18	파주시	66.00
39	양주시	-0.15	남양주시	65.97
40	오산시	-2.06	포천시	65.96
41	동두천시	-2.64	용인시 기흥구	65.89
42	이천시	-3.04	안성시	65.30
43	안성시	-3.44	양주시	65.17
44	평택시	-11.47	용인시 수지구	65.15
45	–	–	동두천시	63.65
46	–	–	여주시	62.93
47	–	–	가평군	61.04
48	–	–	양평군	59.98
49	–	–	연천군	59.98

*2017년 1월 대비 2020년 12월 아파트매매가격지수상승률
**2020년 12월 말 기준 주민등록인구 대비 닥터 김의 생산가능인구비율

4 생산가능인구로 진단한 인천광역시 아파트 시장 버블 분석

인천광역시는 서울이나 경기도에 비해 상대적으로 많이 저평가되어 있는 곳이다. 경기도와 마찬가지로 도농복합광역자치단체라는 특성으로 인해 생산가능인구 비율의 편차가 클 수밖에 없는 곳이다. 그래서 인천광역시 아파트 시장의 버블여부 진단을 위해서는 신중한 접근이 필요하다. 2020년 12월 말 주민등록인구 기준 인천광역시 전체의 닥터 김의 생산가능인구 비중(68.93%)은 경기도 보다 조금 높은 수준이다.

그러나 인천광역시 닥터 김의 생산가능인구 비율의 최고·최저 편차(16.45%)는 경기도 (12.49%)나 서울(6.71%)에 비해 두드러지게 크다. 2020년 12월 말 주민등록인구 기준 인천광역시의 닥터 김의 생산가능인구 비율(68.93%)을 초과하는 곳은 5곳(계양구→부평구→서구→연수구→남동구)이고, 평균에 못 미치는 곳은 5곳(미추홀구→중구→옹진군→동구→강화군)이다.

행정기관	총인구수(1)	닥터 김 생산가능인구(2)	비중(%) = (2) / (1)
인천광역시	2,942,828	2,028,549	68.93
중구	139,729	94,654	67.74
동구	62,542	39,318	62.87
미추홀구	404,343	276,418	68.36
연수구	387,450	268,133	69.20
남동구	525,354	362,220	68.95

부평구	494,962	345,423	69.79
계양구	296,750	213,607	71.98
서구	542,040	377,419	69.63
강화군	69,203	38,428	55.53
옹진군	20,455	12,929	63.21

 인천광역시 평균보다 닥터 김의 생산가능인구 비율이 높은 시 분석

인천광역시 아파트 가격에 버블이 있는지를 알아보기 위해 인천광역시 각 구·군별 아파트 매매가격지수 추이를 분석했다. 먼저 닥터 김의 생산가능인구 비율이 높은 곳들의 아파트 매매가격지수 추이다.

● **아파트 매매가격지수 추이 : 계양구, 부평구**

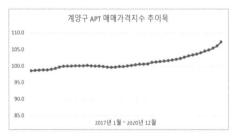

자료 : KB국민은행(www.kbstar.com)

계양구와 부평구는 확실한 호재요인들이 있어 아파트 매매가격지수가 완만하지만 꾸준히 상승하는 모습을 보였다. 2020년을 제외할 경우 상승폭이 가파르지 않은 데다 이유 있는 상승인 만큼 버블이 있다고 보기 어렵다. 반면 서구와 연수구, 남동구는 아파트 매매가격지수가 보합세를 보이다 2020년 한 해 동안 가파르게 상승하는 모습을 보였다.

투기적 수요가 일정 부분 개입된 것이 분명하다.

● 아파트 매매가격지수 추이 : 서구, 연수구, 남동구

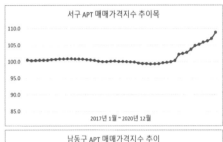

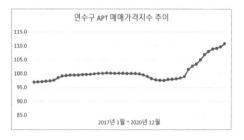

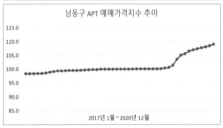

자료 : KB국민은행(www.kbstar.com)

 인천광역시 평균과 생산가능인구 비율이 낮은 구·군 분석

이번에는 닥터 김의 생산가능인구 비율이 인천광역시 평균 보다 낮은 곳(미추홀구, 중구, 옹진군, 동구, 강화군)들의 아파트 매매가격지수 추이를 분석했다. KB국민은행의 아파트 매매가격지수 정보가 제공되지 않는 옹진군과 강화군은 분석 대상에서 제외하였다.

미추홀구와 중구의 아파트 매매가격지수는 일정 기간 보합세를 보이다 2020년 한 해 동안 완만한 상승세를 보였다. 반면 동구 아파트 매매가격지수는 2020년에도 보합세에 머물러 있는 모습을 보였다. 요약하면 미추홀구와 중구는 아파트 매매가격지수의 상승

● 아파트 매매가격지수 추이 : 미추홀구, 중구, 동구

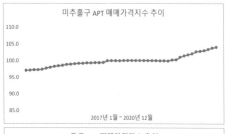

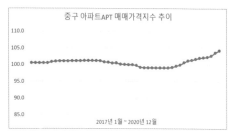

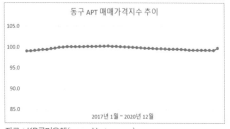

자료 : KB국민은행(www.kbstar.com)

폭이 크지 않고 완만했고, 동구는 아파트 매매가격지수가 유의미한 상승이 없었다는 점에서 버블을 걱정할 필요가 없다.

 3 인천광역시 시군별 실제 아파트 가격 상승률과 생산가능인구 비율 비교

2017년 1월 대비 2020년 인천광역시의 아파트 매매가격지수 상승률은 9.8%였다. 한편, 구·군별로 인천광역시 아파트 매매가격 상승률 평균을 초과한 시·군은 3곳(연수구, 부평구, 남동구)이었다.

　인천광역시 구·군중에서 아파트 매매가격 상승률이 인천시 평균 이상이면서 닥터 김의 생산가능인구 비율이 인천시 평균을 하회하는 곳은 없었다. 오히려 계양구와 서구는 생

● 인천시 구군별 아파트 매매가격지수 상승률

■ 증가 ■ 감소 ■ 합계

2017년 1월 대비 2020년 12월

산가능인구 비율이 인천시 평균보다 높았음에도 불구하고 아파트 매매가격지수 상승률은 인천시 평균에 미치지 못한 것으로 분석되었다. 한편, 미추홀구는 주변 지역에 신규 아파트 공급이 집중되면서 분양가 상승이 기존 아파트 가격을 끌어올린 측면이 있다. 계양구, 부평구는 닥터 김의 생산가능인구 측면이나 3기신도시 효과, GTX라는 교통호재가 돋보이기 때문에 아파트 가격 상승 현상이 어색하지 않을 지역에 속한다. 그런데도 아파트 매매가격지수 상승폭이 크지 않다.

그래서 전체적에서 볼 때 인천광역시는 아파트 매매가격지수 상승폭이 전혀 우려스러운 수준이 아니고 따라서 버블을 논할 수준이 못된다고 생각한다.

● 인천시 아파트매매가격지수상승률*, 닥터 김의 생산가능인구비율**

순위	구분	상승률(%)*	구분	닥터 김의생산가능인구비율**
1	연수구	14.28	계양구	71.98
2	부평구	11.19	부평구	69.79
3	남동구	10.84	서구	69.63
4	인천시	9.8	연수구	69.20
5	계양구	8.82	남동구	68.95
6	서구	8.27	인천시	68.93
7	미추홀구	7.25	미추홀구	68.36
8	중구	3.73	중구	67.74
9	동구	0.73	옹진군	63.21

10			동구	62.87
11			강화군	55.53

*2017년 1월 대비 2020년 12월 아파트매매가격지수상승률
**총인구 대비 Dr.Kim′s생산가능인구비율

Section

4

생산가능인구 변화가
대한민국 아파트
투자 지형도를 바꾼다

수도권의 생산가능인구도 결국 감소하게 될 것이다. 과연 어디서 얼마나 생산가능인구가 감소하게 될 것인가? 그리고 부동산 시장에는 얼마나 영향을 주게 될까? 한 가지 분명한 것은 생산가능인구의 감소는 부동산 시장을 포함한 자산시장에 장기적으로 부정적인 영향을 주게 될 것이다. 문제는 그 시기가 언제 이며, 그 여파는 어느 정도의 수준일까만 남았다.

1

대한민국 부동산 시장을 좌우할 미래 생산가능인구 분포

생산가능인구를 도구로 대한민국 아파트 시장에 버블이 있는지를 분석했다. 생산가능 인구는 소득과 직결되고 소득은 다시 부동산 같은 자산시장과 연결되기 때문에 그 변화를 예측함으로써 미래 자산시장이 어떤 방향으로 움직일지를 추정할 수 있다. 어떤

● 대한민국 총인구, 닥터 김의 생산가능인구 비중 감소 규모 추계

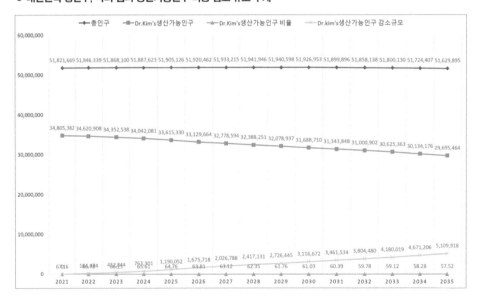

● 대한민국 총인구, 닥터 김의 생산가능인구·비중·감소 규모 추계

연도	총인구(1)	닥터 김의 생산가능인구 (2)	생산가능인구 비중(%) 〔 = (2) / (1) 〕	2021년 대비 생산가능인구 절대감소 규모(명)
2021	51,821,669	34,805,382	67.16	0
2022	51,846,339	34,620,908	66.78	184,474
2023	51,868,100	34,352,538	66.23	452,844
2024	51,887,623	34,042,081	65.61	763,301
2025	51,905,126	33,615,330	64.76	1,190,052
2026	51,920,462	33,129,664	63.81	1,675,718
2027	51,933,215	32,778,594	63.12	2,026,788
2028	51,941,946	32,388,251	62.35	2,417,131
2029	51,940,598	32,078,937	61.76	2,726,445
2030	51,926,953	31,688,710	61.03	3,116,672
2031	51,899,896	31,343,848	60.39	3,461,534
2032	51,858,138	31,000,902	59.78	3,804,480
2033	51,800,130	30,625,363	59.12	4,180,019
2034	51,724,407	30,134,176	58.28	4,671,206
2035	51,629,895	29,695,464	57.52	5,109,918

자료 : 통계청

방식에 따라 계산하든 생산가능인구와 관련해 가장 중요한 팩트는 대한민국의 생산가능인구가 지속적으로 감소할 것이라는 점이다. 또한 문제는 얼마나 감소할 것이냐인데 **통계청 추계에 따르면 오는 2035년 닥터 김의 생산가능인구는 약 2,969만 명이다. 2021년 대비 약 510만 명이 감소한다는 것이다.**

총인구는 19만 1,774명 감소하는데 생산가능인구는 무려 510만 명이 감소한다면 과연 어떤 일이 발생할까? 통계청 인구총조사에 기초한 평균 가구원수 자료를 보면 그 단초를 찾을 수 있다. 2018년 기준 대한민국의 가구당 평균 가구원수는 2.4명이었는데 2019년에는 2.31명, 2020년에는 2.24까지 감소한 것으로 나타났다. 지속적으로 평균 가구원수가 감소하는 추세를 보이고 있는 것이다. 가장 최근의 평균 가구원수인 2.24명을 적용

하여 계산할 경우 생산인구 510만 명 감소는 곧 약 227만 가구 감소를 의미하는 것이라고 추정해도 무방하다. 가장 기초적인 부동산 수요 단위인 가구가 이 정도 규모로 감소한다면 아파트 시장 역시 큰 영향을 받을 것이다.

2 생산가능인구로 본 서울특별시 아파트 시장의 미래

생산가능인구는 부동산 수요에 가장 중요한 영향을 미치는 소득을 결정하는 변수이다. 따라서 닥터 김의 생산가능인구는 현재 부동산 시장에 버블이 있는지를 진단하는 것은 물론 미래 아파트 시장이 어떻게 변화할 것인지를 예측하는 데 있어서도 매우 중요한 의미가 있다. 그래서 서울의 미래 생산가능인구를 분석했다.

● 서울 기존 생산가능인구 vs 닥터 김의 생산가능연구

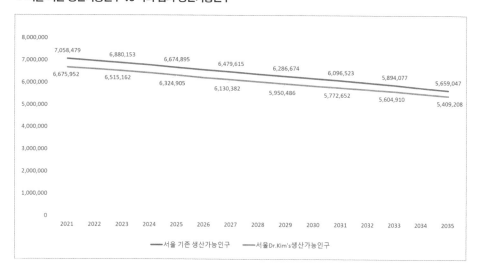

파란색은 종전방식으로 계산한 서울시의 2021년~2035년까지의 생산가능인구 추계이고 오렌지색은 닥터 김의 생산가능인구 추계이다. 생산가능인구 감소가 경제에 미치는 후폭풍을 과소평가하면 안 되는 데도 불구하고 이런 저런 이유로 생산가능인구 감소를 중요하게 고려하지 않는 것은 위험하다. 생산가능인구 감소 수치를 보면 팩트가 보인다.

기존의 방식대로 계산한 2021년 대비 오는 2035년 생산가능인구는 무려 139만 9,432명이나 감소한다. 닥터 김의 생산가능인구로 계산해도 감소 규모 역시 무려 126만 6,744명에 달하는 것으로 분석되었다. 비율로 따지면, 어떤 방식으로 계산해도 2021년 대비 2035년에는 생산가능인구가 자그마치 19%나 감소하게 된다. 이 정도 감소규모라면 서울시 아파트 시장에 미치는 효과 또한 결코 무시할 수 없다.

2020년 12월 말 기준 서울시 주민등록인구(966만 8,465명)의 13.1%에 달하는 생산가능인구(닥터 김의 생산가능인구 기준)가 감소하는 데도 부정적 효과를 무시해도 괜찮을까? 그렇지 않다고 생각한다. 절대로 그럴 수 없기 때문이다. 물론 서울은 전국에서 인구가 유입되고 투자수요도 안정적인 곳이기는 하다. 하지만 서울시 모든 곳이 인구유입이 지속되고 투자수요도 안정적이라고 보면 곤란하다. 지방에 비해 덜하기는 하겠지만 서울시 역시 시간이 지남에 따라 2020~2021년 대비 아파트 시장의 가격 양극화가 가파르게 진행될 것이 분명하다.

2035년 강남아파트가 3.3㎡ 기준 2억 원 시대를 맞이하게 될 가능성이 매우 높지만 서울시내 비우량지역은 가격 상승폭이 과거 보였던 양상과는 크게 달라질 것이다. 오를 곳만 오르고 나머지 지역은 보합 내지는 소폭 상승에 그칠 것이라는 뜻이다. 여기서 우리는 서울시내 자치구 가운데 어느 곳에 주목해야 하는지를 검토할 필요가 있다.

아래 그림을 보면서 순차적으로 검토해보자. 우선, 종로구, 중구, 용산구, 성동구, 광진구, 동대문구, 중랑구, 성북구를 보자.

닥터 김의 생산가능인구 감소 규모면에서 볼 때 광진구, 중랑구, 성북구의 장기적인

● 종로구, 중구, 용산구, 성동구

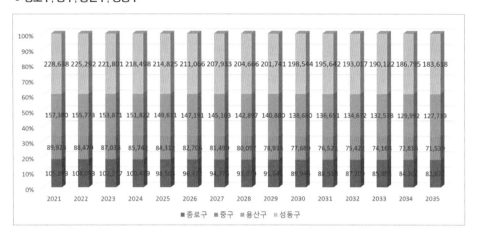

● 광진구, 동대문구, 중랑구, 성북구

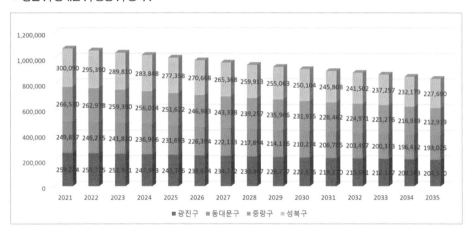

미래 아파트 가격흐름이 다소 불안해 보인다. 한편, 2021년부터 2035년까지 닥터 김의 생산가능인구 감소율 측면에서 볼 경우에는 종로구, 중구, 성동구, 광진구, 성북구의 아파트 시장이 불안해 보인다. 다음으로 강북구, 도봉구, 노원구, 은평구, 서대문구, 마포구, 양천구, 강서구, 구로구를 보자. 닥터 김의 생산가능인구 감소면에서 볼 때 노원구와 구로구의 미래 아파트 시장의 흐름이 불안해 보인다. 2021년 대비 2035년 닥터 김의 생산가능인구 감소비율 측면에서 볼 경우에는 '노·도·강'으로 불리는 노원구, 도봉구, 강북구와 구로구 미래 아파트 시장의 흐름이 불안해 보인다. 노원구는 특히 더 그렇다.

마지막으로 금천구, 영등포구, 동작구, 관악구, 서초구, 강남구, 송파구, 강동구 차례

● **강북구, 도봉구, 노원구, 은평구, 서대문구**

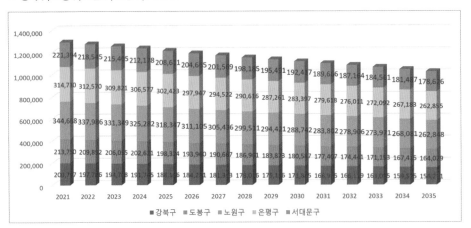

● **마포구, 양천구, 강서구, 구로구**

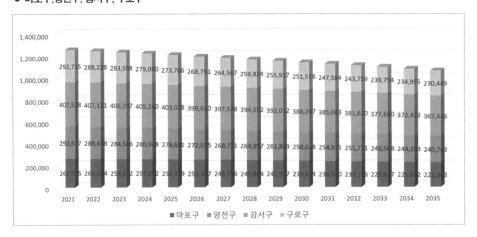

다. 닥터 김의 생산가능인구 감소 규모면에서 볼 때 <u>관악구, 영등포구, 송파구, 강동구</u>가 요주의 지역으로 분석되었다. 2021년 대비 2035년 닥터 김의 생산가능인구 감소비율을 보면 금천구와 영등포구, 동작구, 관악구, 강동구의 아파트 가격이 장기적인 관점에서 볼 때 불안해 보인다.

● **금천구, 영등포구, 동작구, 관악구**

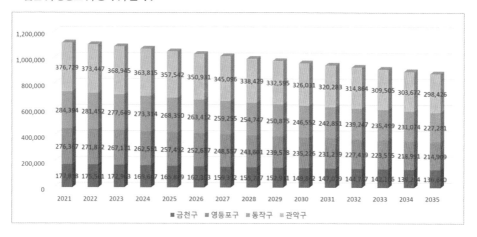

● **서초구, 강남구, 송파구, 강동구**

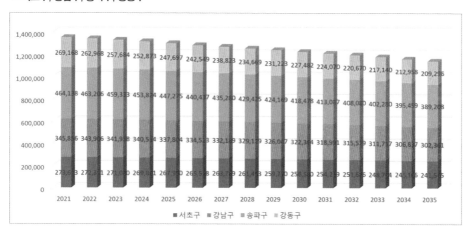

지금까지 서울시 자치구별 미래 아파트 시장이 어떻게 될 것인지 예측하기 위해서 닥터 김의 생산가능인구를 규모와 감소율 두 가지 측면에서 각각 분석했다. 지금부터는 생산가능인구 추계 규모와 감소율을 종합적으로 고려해 장기적인 관점에서의 서울시

● **서울시 구별 닥터 김의 생산가능인구 기반 아파트 투자전략**

순위	구분	감소규모	구분	감소율	투자전략
1	노원구	-81,820	성북구	-24.13	☞ 매수 송파구, 강남구, 서초구, 양천구, 성동구, 은평구, 마포구, 용산구, 강서구, 서대문구
2	관악구	-78,303	노원구	-23.74	
3	송파구	-74,930	도봉구	-23.26	
4	성북구	-72,400	금천구	-23.15	
5	구로구	-62,266	동대문구	-22.75	
6	영등포구	-61,458	강동구	-22.24	
7	강동구	-59,872	영등포구	-22.24	☞ 보유 종로구, 중구, 관악구, 광진구, 성북구, 동작구, 영등포구
8	동작구	-57,113	강북구	-22.19	
9	동대문구	-56,832	종로구	-21.81	
10	광진구	-54,674	구로구	-21.27	
11	중랑구	-53,611	광진구	-21.09	
12	은평구	-51,875	관악구	-20.78	
13	양천구	-51,784	중구	-20.44	
14	도봉구	-49,721	중랑구	-20.11	☞ 유보 구로구, 금천구, 중랑구, 강북구, 도봉구, 강동구, 동대문구, 노원구
15	성동구	-45,020	동작구	-20.08	
16	강북구	-44,566	성동구	-19.69	
17	강남구	-43,495	서대문구	-19.32	
18	서대문구	-42,768	용산구	-18.83	
19	금천구	-41,158	양천구	-17.70	
20	강서구	-40,082	은평구	-16.48	☞ 매도
21	마포구	-39,792	송파구	-16.14	
22	서초구	-32,058	마포구	-15.18	
23	용산구	-29,641	강남구	-12.58	
24	종로구	-23,121	서초구	-11.72	
25	중구	-18,384	강서구	-9.84	

*매수, 보유, 유보, 매도는 모두 장기적 관점에서의 투자전략임

자치구별 아파트 투자전략을 검토할 차례다. 이를 위해 닥터 김의 생산가능인구 추계에 따른 서울시 주요 구별 장기적인 아파트 투자전략을 표로 정리했다.

서울시 전체 자치구 가운데 오는 2035년까지 장기적 관점에서 불패의 투자 유망지역은 강서구, 서초구, 강남구, 마포구, 송파구, 은평구, 양천구, 용산구, 서대문구, 성동구이다. 여기서 재미있는 점은 서초구, 강남구는 아파트 시장을 조금이라도 알고 있는 사람이라면 누구나 예측 가능한 곳이지만, 서대문구, 강서구, 은평구는 강남이나 서초구에 비해 상대적으로 저평가된 곳이었다는 점에서 향후 주목하면 좋은 결과가 있을 지역이다.

3 생산가능인구로 본 경기도 아파트 시장의 미래

경기도는 아파트 시장에서 매우 핫하다. 물론 서울과 맞먹을 뜰만큼은 못되지만. 경기도 자체는 대한민국 아파트 시장에서 누구도 무시할 수 없는 매력적인 곳이라는 것을 부인할 수 있는 사람은 아무도 없을 것이다. 그럼에도 불구하고 경기도 역시 생산가능인구의 변화라는 큰 흐름을 거역할 수는 없다. 적어도 대한민국에서 실제적인 경제소득 창출능력을 보여줄 수 있는 기준이 20세 이상이라는 점을 감안할 때 보다 더 설득력이 있는 기준이기 때문이다.

다만, 분석의 출발은 기존 생산가능인구 추계와 닥터 김의 생산가능인구 추계를 비교하면서 시작한다. 파란색은 종전방식으로 계산한 경기도의 2021년~2035년 생산가능인구 추계를 보여주는 것이고, 오렌지색은 닥터 김의 생산가능인구 추계를 보여주는 것이다. 종전방식으로 계산했을 때 2021년 대비 2035년 경기도의 생산가능인구는 52만 8천 명이 감소하게 된다. 같은 기간 닥터 김의 생산가능인구 계산방식에 따른 생산가능인구 감소 규모는 71만 2천 명이 될 것으로 분석되었다.

2020년 12월 기준 경기도 전체 주민등록 인구는 1,342만 7,014명이다. 통계청 추계에 따르면, 2035년 기준 종전 계산방식에 따른 생산가능인구 감소 규모는 2020년 12월 기준 전체 주민등록인구 대비 3.97%이고, 닥터 김의 생산가능인구 감소 비율은 5.31%이

● 경기도 기존 생산가능인구 vs 닥터 김의 생산가능인구 추이

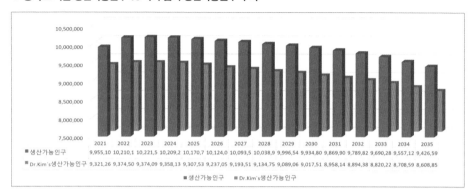

	2021	2022	2023	2024	2025	2026	2027	2028	2029	2030	2031	2032	2033	2034	2035
■ 생산가능인구	9,955,10	10,210,1	10,221,5	10,209,2	10,170,7	10,124,0	10,093,5	10,038,9	9,996,54	9,934,80	9,869,90	9,789,82	9,690,28	9,557,12	9,426,59
■ Dr.Kim's생산가능인구	9,321,26	9,374,50	9,374,09	9,358,13	9,307,53	9,237,05	9,193,51	9,134,75	9,089,06	9,017,51	8,958,14	8,894,38	8,820,22	8,708,59	8,608,85

다. 서울시에 비해 감소 비율은 상당히 낮다. 하지만 그렇다고 해서 닥터 김의 생산가능인구 감소비율을 그냥 지나쳐도 된다고 생각하면 큰일날 수 있다. 그래서 각 시·군별로 좀 더 세세하게 분석해 보았다.

경기도에서 가장 핫 할 4곳

기존 생산가능인구가 되었든 닥터 김의 생산가능인구가 되었든 생산가능인구 측면에서 볼 때 경기도에서 주목해야 할 곳은 단연코 하남시, 화성시, 김포시, 광주시 등 4곳이다. 닥터 김의 생산가능인구 추계를 보면 하남시, 화성시, 김포시, 광주시 모두 감소하기는커녕 증가할 것으로 예측되기 때문이다.

기존 방식에 따른 경기도의 평균 생산가능인구조차 5.3% 감소하는 것으로 나타났음에도 불구하고 닥터 김의 생산가능인구가 증가할 것으로 예측되었다.

물론 하남시(2034년), 화성시(2034년), 김포시(2034년), 광주시(2030년) 역시 닥터 김의 생산가능인구도 결국 감소할 것이다. 인구감소라는 거대한 흐름에서 벗어날 수 있는 곳은

● 하남시, 김포시, 화성시, 광주시

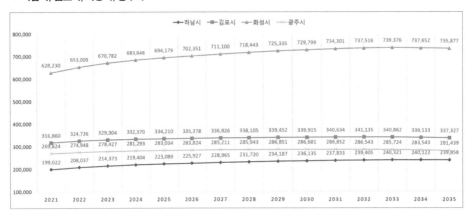

● 닥터 김의 생산가능인구 본 경기도 : 하남시, 김포시, 화성시, 광주시

연도	닥터 김의 생산가능인구				
	경기도	하남시	김포시	화성시	광주시
2021	9,321,261	199,022	316,860	628,230	269,824
2022	9,374,502	208,037	324,726	653,009	274,948
2023	9,374,090	214,373	329,304	670,782	278,427
2024	9,358,134	219,404	332,370	683,848	281,293
2025	9,307,537	223,089	334,210	694,179	283,034
2026	9,237,051	225,927	335,378	702,351	283,824
2027	9,193,516	228,965	336,926	711,100	285,211
2028	9,134,754	231,720	338,105	718,443	285,943
2029	9,089,062	234,187	339,452	725,335	286,851
2030	9,017,512	236,135	339,915	729,799	286,681
2031	8,958,147	237,833	340,634	734,301	286,852
2032	8,894,385	239,405	341,135	737,516	286,543
2033	8,820,226	240,321	340,862	739,376	285,724
2034	8,708,593	240,122	339,133	737,652	283,543
2035	8,608,858	239,858	337,327	735,877	281,439
감소규모(명)	-712,403	40,836	20,467	107,647	11,615
증감율(%)	-7.64	20.52	6.46	17.13	4.30

단 한 곳도 없을 것이기 때문이다. 그럼에도 불구하고 하남시, 화성시, 김포시 광주시는 2035년에도 여전히 2021년 대비 닥터 김의 생산가능인구는 높은 수준을 유지할 전망이다. 그래서 하남시, 화성시, 김포시, 광주시를 주목해야 한다고 생각한다. 하남시 화성시, 김포시는 수도권 2·3기 신도시가 입지하고 있고 철도교통망이 획기적으로 개선될 것이고, 광주시 역시 경강선을 중심으로 확실한 경쟁력을 보여주게 될 것이라는 점을 주목해야 하기 때문이다.

여기서 한 가지 참고하면 유의미한 자료가 있다. 신한은행의 〈2020 보통사람 금융생활 보고서〉에 따르면, 대한민국 가구의 월평균 소비액은 241만 원인 것으로 나타났다. 향후 평균가구원수는 1인 가구 증가 등으로 인해 지속적으로 감소할 것이다. 하지만 인구가 증가하는 곳은 가구수도 증가한다. 가구당 소비액이 증가한다는 것은 곧 상권 등 인근 지역 부동산 시장에 긍정적인 영향을 미치게 된다는 것을 의미한다. 이런 점에서 볼 때 실질적 구매력을 보여주는 생산가능인구가 증가하게 될 하남·화성·김포·광주시는 아파트뿐만 아니라 상가 등 수익성 부동산 또한 분명 매력적인 투자지역임이 틀림없다.

 ## 경기도에서 매입할 만한 곳은 이곳이다

생산가능인구가 감소한다고 해서 부동산 관점에서 볼 때 매력적인 지역이 없다고 판단해서는 안 된다. 대한민국 인구감소는 팩트다. 생산가능인구 감소가 자연스러운 현상일 수밖에 없다는 뜻이다. 따라서 어느 곳의 부동산을 매입할지는 결국 생산가능인구 감소 규모에 달려 있다.

생산가능인구 감소 규모가 작아 매수관점에서 주목해 볼 곳으로는 오산시, 평택시, 파주시, 남양주시, 용인시를 들 수 있다. 특히, 오산시와 평택시는 감소폭이 매우 작다. 각

● 용인시, 남양주시, 파주시, 평택시

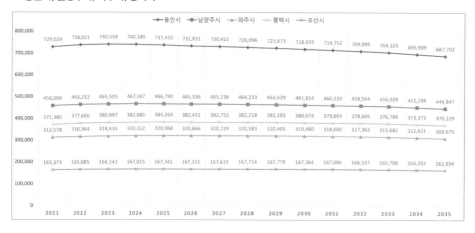

● 닥터 김의 생산가능인구로 본 경기도 : 용인시, 남양주시, 파주시, 평택시, 오산시

연도	닥터 김의 생산가능인구				
	용인시	남양주시	파주시	평택시	오산시
2021	729,029	458,099	312,578	371,380	163,373
2022	738,021	463,232	316,364	377,660	165,085
2023	740,558	465,505	318,635	380,997	166,142
2024	740,180	467,187	320,312	382,685	167,015
2025	737,410	466,790	320,968	383,269	167,341
2026	732,831	465,336	320,666	382,431	167,315
2027	730,422	465,238	320,729	382,752	167,615
2028	726,996	464,233	320,583	382,218	167,714
2029	723,673	463,629	320,405	382,193	167,779
2030	718,655	461,814	319,480	380,674	167,364
2031	714,752	460,220	318,600	379,893	167,086
2032	709,895	458,564	317,363	378,605	166,537
2033	704,325	456,039	315,682	376,788	165,708
2034	695,909	451,298	312,621	373,373	164,202
2035	687,702	446,847	309,675	370,229	162,894
감소규모(명)	-41,327	-11,252	-2,903	-1,151	-479
감소율(%)	-5.67	-2.46	-0.93	-0.31	-0.29

각 479명, 1,151명 감소에 그칠 전망이다. 남양주시와 용인시 역시 인구 규모 대비 감소 폭이 우려할 만한 수준은 아니다. 그래서 장기적으로 대한민국 경제에 큰 문제가 발생하지 않는 이상 오산시, 평택시, 파주시, 남양주, 용인시 지역에서 부동산 시장이 크게 흔들릴 가능성은 높지 않다고 생각한다. 생산가능인구 관점에서 볼 때 오산시, 평택시가 좀 더 유망할 것이다. 생산가능인구의 정점을 보면 용인시(2023년) → 남양주시(2024년) → 파주시 & 평택시(2027년) → 오산시(2029년)의 순서로 도래한다.

경기도내에서 부동산 시장을 매수 관점에서 접근해도 좋을 곳을 논할 때 시흥시, 고양시, 구리시, 수원시 역시 빼놓으면 안 될 곳들이다. 다만 앞서 언급했던 오산·평택·파주·파주·남양주·용인시에 비해 생산가능인구 감소 규모가 더 크다는 점은 고려해야 한다. 2021년 대비 2035년 생산가능인구 감소 규모는 수원시(6만7,124명) → 고양시(6만4,840명) → 시흥시(3만5,933명) → 구리시(1만612명)의 순서가 될 것이다. 수치상으로 결코 무시할 수 없는 수준인 것은 분명하다.

하지만 구리시를 제외하면 인구 규모 자체가 상당한 곳들이고 경쟁력 있는 도시들이라는 점을 간과해서는 안 된다. 예를 들어 수원시는 2035년에도 경기도내 시·군 가운데 생산가능인구 1위의 지위를 유지하고 있을 것이다. 그래서 전체 생산가능인구 규모 대비 감소비율과 생산가능인구의 정점 시점을 살펴보았다. 감소율은 각각 시흥시(9.46%) → 고양시(9.13%) → 구리시(7.73%) → 수원시(7.68%)의 순서가 될 것으로 예측되었다. 또한 생산가능인구가 정점이 되는 시기는 각각 시흥시(2023년), 수원시(2022년), 고양시(2022년), 구리시(2022년)이 될 것이다.

생산가능인구가 정점을 지나더라도 시흥·수원·고양·구리시를 걱정할 필요는 없다. 한국감정원의 최근 10년에 걸친 기간 동안의 경기도 아파트 매매 자료를 분석해 보니 경기도 이외 지역 거주자들의 수원시·시흥시·구리시·고양시 소재 아파트 매입비중은 각각 15.58%, 16.71%, 25.82%, 29.35%였다. 수원시와 시흥시는 경기도내에서 아파

● 시흥시, 고양시, 구리시, 수원시

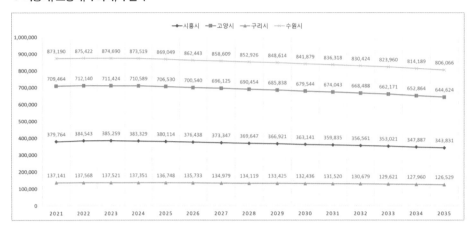

● 닥터 김의 생산가능인구로 본 경기도 : 시흥시, 고양시, 구리시, 수원시

연도	닥터 김의 생산가능인구			
	시흥시	고양시	구리시	수원시
2021	379,764	709,464	137,141	873,190
2022	384,543	712,140	137,568	875,422
2023	385,259	711,424	137,521	874,690
2024	383,329	710,589	137,351	873,519
2025	380,114	706,530	136,748	869,049
2026	376,438	700,540	135,733	862,443
2027	373,347	696,125	134,979	858,609
2028	369,647	690,454	134,119	852,926
2029	366,921	685,838	133,425	848,614
2030	363,141	679,544	132,436	841,879
2031	359,835	674,043	131,520	836,318
2032	356,561	668,488	130,679	830,424
2033	353,021	662,171	129,621	823,960
2034	347,887	652,864	127,960	814,189
2035	343,831	644,624	126,529	806,066
감소규모(명)	-35,933	-64,840	-10,612	-67,124
감소율(%)	-9.46	-9.14	-7.74	-7.69

트 물량을 소화하는 비중이 높다고 볼 수 있고, 구리시와 고양시는 각종 호재요인 때문에 외부 수요가 적극적으로 개입한 결과로 해석할 수 있기 때문이다.

 ## 당장은 좀 더 흐름을 지켜 볼 곳들은 이곳이다

경기도내 시·군이라고 해서 모두가 매수 포지션을 취해도 좋다고 생각하면 큰일난다. 생산가능인구 감소 정도에 따라 부동산 시장도 함께 반응할 수밖에 없을 것이기 때문이다. 의정부와 이천시를 제외한 성남·안양·부천·광명·안산·군포·안성시는 모두 2021년이 생산가능인구 정점이 될 것이다. 따라서 생산가능인구 관점에서만 놓고 보면 매력적이라고 볼 수 없는 지역들이다. 그렇다면 위 지역들은 부동산 투자 매력도가 떨어지는 곳들일까? 그렇지 않다고 본다.

광역철도망 등 교통망 확충과 자족기반 강화에 따른 호재요인들과 재개발·재건축 등 각종 정비사업의 진행으로 신규 인구 유입효과가 추계치 이상이 될 곳들이 많다고 보기 때문이다. 다만, 좀 더 흐름을 지켜 볼 필요는 있다. 대부분 최근 몇 년에 걸쳐 가격이 급등한 지역들이기 때문이다. 게다가 코로나 19의 후폭풍이 아직 본격화 되지 않은 상태에서라면 더더욱 관망하는 자세가 필요하다.

무작정 가격이 상승하고 있다는 이유만으로 추격 매수를 하게 될 경우 거품이 끼어있는 부동산을 떠 앉을 수도 있다. 그래서 성남시, 의정부시, 안양시, 부천시, 광명시, 안산시, 군포시, 이천시, 안성시 부동산 시장을 대하는 자세는 섣부르게 매수하기보다 좀 더 관망하는 자세여야 한다고 생각한다.

수치상으로 볼 때 닥터 김의 생산가능인구 비율 감소 비중이 큰 안산시, 광명시, 안양시, 군포시, 부천시는 더욱 그렇다. 오해하지 않도록 한 마디 덧붙이자면 생산가능인구

● 성남시, 의정부시, 안양시, 부천시, 광명시, 안산시, 군포시, 이천시, 안성시

● 닥터 김의 생산가능인구로 본 경기도 : 성남시, 의정부시, 부천시, 광명시, 안산시, 군포시, 이천시, 안성시

연도	닥터 김의 생산가능인구								
	성남시	의정부시	안양시	부천시	광명시	안산시	군포시	이천시	안성시
2021	633,301	306,591	385,234	581,186	212,238	509,496	187,471	152,714	137,244
2022	628,449	308,039	380,356	574,104	209,515	501,633	185,486	153,085	137,109
2023	622,767	307,047	374,861	565,735	206,114	492,311	183,019	152,591	136,043
2024	618,776	305,410	369,538	558,184	203,106	482,837	180,796	152,047	134,669
2025	612,722	302,540	362,934	548,361	199,469	471,973	177,730	150,896	133,001
2026	605,341	299,171	356,070	538,284	195,907	460,542	174,535	149,520	131,031
2027	600,278	296,621	350,799	530,802	193,062	451,032	172,051	148,550	129,806
2028	594,121	293,682	344,943	522,293	189,930	440,814	169,191	147,679	128,442
2029	588,888	291,231	340,249	515,635	187,354	431,989	166,873	146,753	127,355
2030	582,306	288,056	334,378	507,436	184,027	421,803	163,969	145,501	126,017
2031	576,331	285,176	329,376	500,708	181,353	413,013	161,473	144,439	124,810
2032	570,420	282,381	324,379	493,999	178,426	404,523	158,937	143,281	123,639
2033	564,078	279,194	318,888	487,010	175,523	396,012	156,170	142,013	122,267
2034	555,305	275,150	312,589	478,196	171,748	386,067	152,838	140,130	120,387
2035	547,433	271,316	306,975	470,527	168,499	377,984	149,797	138,399	118,623
감소규모(명)	-85,868	-35,275	-78,259	-110,659	-43,739	-131,512	-37,674	-14,315	-18,621
감소율(%)	-13.55	-11.50	-20.31	-19.04	-20.60	-25.81	-20.09	-9.37	-13.56

비율이 크게 감소하는 지역이라 할지라도 해당 시 모두를 똑같이 관망하라는 것은 아니다. 지역 내에서도 우량지역과 비우량지역을 구분한 후 다소 다른 접근자세를 취할 필요가 있다. 예를 들어, 광역교통망 확충이 두드러지는 안산시 단원구 같은 경우 안산시 전체를 평균적인 관점에서 바라보는 시각과는 다르게 접근해야 한다는 의미다.

 ## 이 곳은 어떨까?

적어도 2035년까지는 경기도 아파트를 포함한 부동산 시장에 큰 문제가 없을 것으로 보고 있다. 하지만 나의 닥터 김의 생산가능인구 측면에서 볼 때 의아한 생각이 드는 곳들 또한 분명 존재한다. 대표적으로 닥터 김의 생산가능인구가 30%가 넘게 감소할 것으로 예상되는 과천시와 과천시만큼은 아니지만 생산가능인구 감소율이 20%를 초과할 것으로 예상되는 의왕시를 들 수 있다.

수치상으로 보면 의왕시, 포천시, 연천군, 동두천시, 여주시는 2021년부터 계속해서 닥터 김의 생산가능인구가 감소한다. 한편, 과천시와 가평군은 2022년부터, 양평군은 2023년부터 닥터 김의 생산가능인구가 감소한다. 어차피 경기도 또한 인구감소 여파로 생산가능인구 감소가 정해진 운명인 것만큼은 부인할 수 없다. 따라서 닥터 김의 생산가능인구 감소도 당연한 현상일 것이다. 그럼에도 불구하고 과천시(30.32% 감소), 의왕시(22.64% 감소), 포천시(21.60% 감소)는 그 규모가 커 보이는 것이 사실이다.

수도권인 경기도 역시 적어도 2035년까지는 부동산 시장에 큰 문제가 없을 것이라고 말했다. 위 지역들 가운데 특히 과천시, 의왕시는 경기도 내에서도 우량지역으로 손꼽히는 곳들이다. 그런 우량 지역에서까지 닥터 김의 생산가능인구가 크게 감소한다면 혼란스러워하는 것이 당연하다.

● 닥터 김의 생산가능인구로 본 경기도 : 과천시, 의왕시, 포천시, 연천군, 동두천시, 여주시, 가평군, 양평군

연도	닥터 김의 생산가능인구							
	과천시	의왕시	포천시	연천군	동두천시	여주시	가평군	양평군
2021	35,479	109,569	106,153	25,582	60,402	71,144	37,071	69,252
2022	34,730	109,064	104,597	25,371	59,853	70,826	37,117	69,789
2023	33,686	107,565	102,730	25,014	59,165	70,325	36,926	69,839
2024	32,670	105,555	100,911	24,799	58,629	69,917	36,844	70,068
2025	31,611	103,284	98,861	24,437	57,893	69,310	36,496	69,917
2026	30,597	100,870	96,835	24,035	57,100	68,395	36,081	69,389
2027	29,759	98,941	95,276	23,709	56,470	67,832	35,873	69,296
2028	28,980	96,986	93,524	23,283	55,757	67,216	35,507	69,010
2029	28,326	95,373	92,107	23,011	55,178	66,797	35,270	68,892
2030	27,623	93,427	90,554	22,639	54,496	66,093	34,938	68,598
2031	27,033	91,803	89,059	22,338	53,811	65,566	34,658	68,324
2032	26,468	90,231	87,739	22,016	53,126	64,953	34,348	68,070
2033	25,889	88,524	86,387	21,789	52,416	64,364	34,027	67,691
2034	25,273	86,493	84,682	21,385	51,461	63,395	33,511	66,953
2035	24,720	84,754	83,222	21,026	50,616	62,512	33,022	66,185
감소규모(명)	-10,759	-24,815	-22,931	-4,556	-9,786	-8,632	-4,049	-3,067
감소율(%)	-30.32	-22.64	-21.60	-17.80	-16.20	-12.13	-10.92	-4.42

● 과천시, 의왕시, 포천시, 동두천시, 여주시, 가평군, 양평군

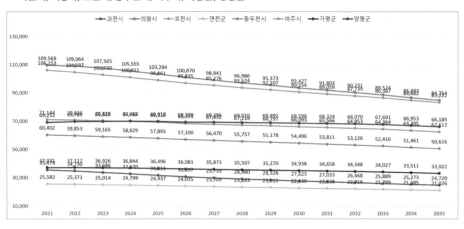

자, 여기서 한 가지 확실하게 해 둘 것이 있다. 만일 과천시, 의왕시 부동산을 매입할 생각이 있느냐 묻는다면 이렇게 답할 것이다. "당연하죠. 매입자금만 해결된다면 언제든 매입할 것입니다." 왜 언제든 매입할 것이라고 말했을까? 과천시, 의왕시의 튼튼한 수요 기반 때문이다. 과천시와 의왕시는 수요 기반이 과천시, 의왕시 거주자에 국한되지 않는다. 투자 목적의 수요기반까지 있고 그 규모도 가히 전국적이라고 볼 수 있을 정도다.

인구감소의 여파로 부동산 총수요가 감소하더라도 비우량지역부터 감소하기 시작하더라도 최후의 순간까지 우량지역에 대한 부동산 수요는 존재하게 될 것이다. 추계치만으로는 우량지역 부동산 시장을 쉽게 예측하기 어려운 진짜 이유다. 그래서 과천시, 의왕시는 걱정할 필요가 없다고 생각한다. 당연히 투자 여부에 대한 내 의견은 적극 매수이다. 다만, 시기는 좀 더 신중하게 접근하는 것이 좋을듯하다. 실물경제와 금융부문에 걸쳐 전례 없는 위기를 초래한 코로나19의 경제후폭풍이 아직 지나가지 않았기 때문이다.

 ## 경기도를 걱정하지 않아도 되는 이유?

무턱대고 2035년까지 경기도 부동산 시장을 걱정할 필요가 없다고 주장하는 것은 아니다. 시장경제체제에서 수요가 감소하면 가격도 하락하는 것이 정상적이다. 수요 대상이 부동산이라 할지라도 달라질 것은 없다. 그런데 부동산에 대한 수요는 부동산이 소재하는 지역에 거주하는 사람들의 수요와 부동산 소재지 이외의 지역에 거주하는 사람(외지인)의 수요를 구분해야 할 필요가 있다. 반드시 그런 것은 아니지만 부동산 소재지에 거주하는 사람들의 수요는 실수요인 경우가 많고 '외지인'의 수요는 투자 목적인 경우가 많다.

따라서 '외지인'의 매입비중이 높다면 투자 목적의 부동산 구입이 많다고 보는 것이 타당하다. 물론 자체 수요기반 자체가 너무 튼튼한 곳(예를 들어 강남 같은 경우)은 '외지인'들의 강력한 투자수요가 있을지라도 정작 '외지인'의 매입 비중은 높지 않을 수 있다. 바로 이 '외지인'의 매입 비중을 검토함으로써 경기도를 걱정하지 않아도 되는 이유를 살펴보고자 한다.

다음은 한국감정원의 최근 10년 간의 아파트 매입한 사람들의 거주지를 분석한 것이다. 경기도내 각 시·군별로 '외지인'들의 아파트 매입 비중을 확인할 수 있는 자료라고 보면 된다. 2010년~2019년에 걸친 10년 동안 경기도내 아파트에 대한 경기도 이외 지역 외지인들이 평균적인 매입 비중은 22.05%였다. 참고로 대한민국 평균은 20.26%이었고, 서울은 18.04%, 인천은 22.89%였다. 최근 10년에 걸친 기간 동안 외지인의 매입 비중이 폭발적으로 증가한 곳은 하남시, 김포시, 광명시였다. 특히 하남시가 압도적이다. 신도시호재, 개발호재, 교통망 확충 호재요인들이 작용한 결과라고 보면 된다.

이에 비해 안산시는 외지인 매입 비중이 9.87%에 불과했다. 외지인들에게 압도적인 투자 매력이 있는 지역이라기보다 경기도내 지역 거주민들의 자체 수요기반이 튼튼한 곳이기 때문이다. 하지만 향후 이런 기류는 크게 바뀔 것이다. 광역철도망이 크게 확충되고 있기 때문이다. 위에서 언급한 과천시와 의왕시의 외지인 매입 비중을 보면 각각

● 경기도 시군별 아파트 관할 시도 외 거주자 매입 비중

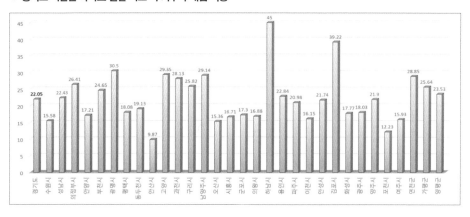

과천시(28.13%), 의왕시(16.88%)였다. 즉, 과천시는 과천시내 생산가능인구가 감소하더라도 경기도 이외 지역 외지인들이 매수세가 이어질 것임을 추론할 수 있다.

여기서 문제는 의왕시다. 의왕시는 경기도외 지역의 외지인들이 매입 비중이 경기도 전체 평균보다 낮다. 따라서 관건은 의왕시 밖 경기도 지역 거주자들이 얼마나 매입하느냐가 된다. 다행히 의왕시 인근은 직선거리로 10km 내에 군포시, 안양시, 과천시, 성남시, 용인시, 수원시 등이 입지하고 있다. 생산가능인구의 후폭풍을 충분히 상쇄할 수 있는 입지적 장점을 갖고 있다는 뜻이다. 그래서 과천시, 의왕시에 대한 투자 태도를 매수관점으로 유지하는 것이 좋다고 본다.

 경기도 생산가능인구 추계에 따른 아파트 투자전략

위와 같은 분석결과와 도시 자체의 미래 경쟁력을 고려하는 한편 생산가능인구 추계 규모와 감소율을 종합적으로 고려하여 장기적인 관점에서의 경기도 시·군별 아파트 투자전략을 제시하였다. 다음은 닥터 김의 생산가능인구 추계에 기초해 장기적인 아파트 투자전략을 표로 정리한 것이다.

경기도 시·군 가운데 오는 2035년까지 장기적 관점에서 불패의 투자 유망지역은 하남시, 김포시, 화성시, 광주시이다. 2035년까지 보유해도 좋을 지역은 오산시, 평택시, 파주시, 남양주시, 용인시, 시흥시, 고양시, 구리시, 수원시, 안산시, 부천시, 성남시, 안양시, 광명시, 군포시, 의왕시, 과천시, 의정부시가 될 전망이다. 한편, 당분간 추이를 관망하면서 유보하는 것이 좋을 곳으로는 안성시, 이천시, 양주시, 동두천시가 있고, 매도하는 것이 보다 더 유효한 투자전략이라고 볼 수 있는 곳으로는 연천군, 가평군, 양평군, 여주시, 포천시를 들 수 있다.

● 닥터 김의 생산가능인구로 본 경기도 : 과천시, 의왕시, 포천시, 연천군, 동두천시, 여주시, 가평군, 양평군

순위	구분	감소규모	구분	감소율	투자전략
1	안산시	-131,512	과천시	-30.32	
2	부천시	-110,659	안산시	-25.81	
3	성남시	-85,868	의왕시	-22.65	☞ 매수
4	안양시	-78,259	포천시	-21.60	김포시, 하남시,
5	수원시	-67,124	광명시	-20.61	화성시, 광주시
6	고양시	-64,840	안양시	-20.31	
7	광명시	-43,739	군포시	-20.10	
8	용인시	-41,327	부천시	-19.04	
9	군포시	-37,674	연천군	-17.81	☞ 보유
10	시흥시	-35,933	동두천시	-16.20	안산시, 부천시, 성남시,
11	의정부시	-35,275	안성시	-13.57	안양시 수원시, 고양시,
12	의왕시	-24,815	성남시	-13.56	오산시, 평택시, 파주시,
13	포천시	-22,931	여주시	-12.13	구리시, 광명시, 용인시,
14	안성시	-18,621	의정부시	-11.51	군포시, 시흥시, 의왕시,
15	이천시	-14,315	가평군	-10.92	의정부시, 과천시, 남양주시
16	양주시	-12,830	시흥시	-9.46	
17	남양주시	-11,252	이천시	-9.37	
18	과천시	-10,759	고양시	-9.14	
19	구리시	-10,612	양주시	-8.38	
20	동두천시	-9,786	구리시	-7.74	☞ 유보
21	여주시	-8,632	수원시	-7.69	안성시, 이천시,
22	연천군	-4,556	용인시	-5.67	양주시, 동두천시
23	가평군	-4,049	양평군	-4.43	
24	양평군	-3,067	남양주시	-2.46	
25	파주시	-2,903	파주시	-0.93	
26	평택시	-1,151	평택시	-0.31	
27	오산시	-479	오산시	-0.29	
28	광주시	11,615	광주시	4.30	☞ 매도
29	김포시	20,467	김포시	6.46	연천군, 가평군, 양평군,
30	하남시	40,836	화성시	17.13	여주시, 포천시
31	화성시	107,647	하남시	20.52	

4 생산가능인구로 본 인천광역시 아파트 시장의 미래

인천광역시는 서울과 수도권 내 주요 우량지역에 대한 부동산 규제강화의 혜택을 가장 크게 받은 지역이자 수도권 내에서도 상대적으로 저평가되어온 지역이다. 한국감정원의 부동산테크 자료에 따르면, 2021년 1월 기준 인천광역시 소재 아파트의 평균 매매가격은 3.3㎡당 949만 원이다. 서울(3,002만 원/3.3㎡)이나 경기도(1,382만 원/3.3㎡)에 비해 낮은 수준일 그럴 뿐만 아니라 전국 평균(1,304만 원/3.3㎡) 보다도 낮다.

물론 인천의 대표라고 할 수 있는 송도(송도 더샵 퍼스트파크 F15BL 전용면적 84.9㎡는 2,567만 원/3.3㎡)나 청라(청라 국제금융단지 한양수자인 레이크블루 전용면적 84.34㎡는 2,339만원/3.3㎡)는 다르다. 이는 인천의 쌍두마차라고 할 수 있는 두 지역을 제외하면 인천의 아파트 가격이 수도권내에서 상대적으로 저렴하다는 뜻이다.

그렇다면 미래 인천 아파트 시장은 미래에도 저렴한 시장으로 남아 있게 될까? 그 답은 생산가능인구를 검토하면서 찾을 수 있을 것이다. 분석의 출발은 또 다시 기존 생산가능인구 추계와 닥터 김의 생산가능인구 추계를 비교하면서 시작한다.

2020년 12월 기준 인천광역시의 주민등록인구는 294만 2,828명이다. 기존 생산가능인구는 26만 6,022명 감소하고, 닥터 김의 생산가능인구는 23만 6,475명이 감소할 것으로 분석되었다. 2035년 기준 종전 계산방식에 따른 생산가능인구 감소 비율은 전체 주

● 인천광역시 기존 생산가능인구 vs 닥터 김의 생산가능인구 추계

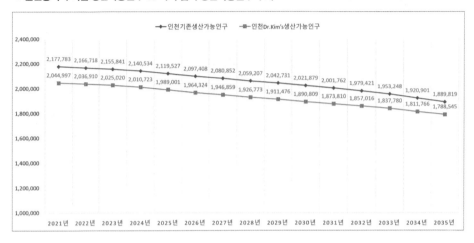

민등록인구 대비 9.04%이고, 닥터 김의 생산가능인구 감소 비율은 8.04%가 될 것이다. 종전 계산방식에 따른 생산인구감소 비율이 닥터 김의 생산가능인구 비율 감소에 비해 낮은 수준임을 알 수 있다.

그래서 각 시·군별로 좀 더 세세하게 분석해 볼 필요가 았다.

 인천광역시 주목해야 할 곳은 어디인가?

2020년 12월 현재 인천광역시를 대표하는 지역은 송도신도시가 입지하고 있는 연수구와 청라신도시가 입지하고 있는 서구다. 미래에도 연수구와 서구가 인천을 대표하는 지역으로 남아 있을지를 분석하기 위해 닥터 김의 생산가능인구를 분석했다.

분석 결과를 보면 연수구와 서구는 오는 2035년에도 인천을 대표하는 지역으로 남아 있을 전망이다. 닥터 김의 생산가능인구 감소 규모가 각각 연수구(5.91%), 서구(8.36%) 수

● 연수구, 서구

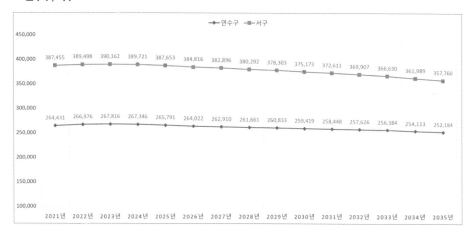

● 닥터 김의 생산가능인구 추계로 본 인천광역시

연도	인천광역시 구별 닥터 김의 생산가능인구 추계									
	중구	동구	미추홀구	연수구	남동구	부평구	계양구	서구	강화군	옹진군
2021년	95,850	38,120	283,480	264,431	370,986	348,143	215,641	387,455	37,168	11,963
2022년	97,272	37,339	281,064	266,976	370,508	342,090	212,205	389,498	37,213	12,029
2023년	97,261	36,612	278,908	267,816	369,495	336,892	208,300	390,162	37,120	12,096
2024년	96,047	36,180	277,000	267,346	368,468	332,254	204,322	389,721	36,837	12,172
2025년	94,784	35,581	274,106	265,791	365,907	326,659	198,693	387,653	36,385	12,126
2026년	93,466	34,979	270,881	264,022	362,792	320,497	192,959	384,816	35,886	12,029
2027년	92,445	34,627	268,612	262,910	360,751	316,036	188,644	382,896	35,479	11,963
2028년	91,470	34,166	265,957	261,661	358,263	310,960	184,145	380,292	35,161	11,856
2029년	90,540	33,846	264,049	260,833	356,512	306,869	180,579	378,303	34,961	11,829
2030년	89,574	33,429	261,485	259,419	353,487	301,859	177,871	375,173	34,702	11,721
2031년	88,639	33,104	259,357	258,448	351,237	297,541	175,660	372,611	34,426	11,678
2032년	87,861	32,758	257,302	257,626	348,665	293,478	173,328	369,907	34,217	11,589
2033년	86,883	32,397	254,849	256,384	345,750	288,991	170,917	366,630	33,935	11,522
2034년	85,675	31,897	251,416	254,113	341,335	283,726	167,897	361,989	33,476	11,383
2035년	84,495	31,430	248,327	252,184	337,454	278,965	166,689	357,760	33,041	11,244
감소규모(명)	-12,766	-5,182	-30,581	-15,632	-32,041	-57,927	-41,611	-32,402	-4,079	-852
감소율(%)	-13.32	-13.59	-10.79	-5.91	-8.64	-16.64	-19.30	-8.36	-10.97	-7.12

준일 것으로 분석되었기 때문이다. 남동구 역시 오는 2035년까지 닥터 김의 생산가능인구 감소율이 8.64%에 그칠 것으로 예상된다. 생산가능인구 관점에서 볼 때 연수구, 서구, 남동구가 인천 부동산 시장의 미래를 주도해 나갈 것이라는 의미로 해석할 수 있다.

 ## 계양구를 무시해서는 안 되는 이유

계양구에는 수도권 제3기 신도시인 계양신도시가 입지하게 될 곳이다. 계양신도시는 지리적으로 서울 접근성이 뛰어난 곳이다. 직주근접성을 확보하고 있다는 점에서 향후 수도권 부동산 시장의 숨은 알짜가 될 가능성이 높은 곳이라고 볼 수 있다.

  계양구의 생산가능인구 추계는 수도권 3기 신도시가 발표되기 이전에 발표된 것이다. 따라서 새롭게 수도권 신도시로 지정된 계양구의 생산가능인구는 증가하게 될 것이 분명하다. 통계치가 늘 미래 변수를 정확하게 반영할 수는 없다. 단순히 생산가능인구가 19.3% 감소할 것이고 전망되었다고 해서 그 수치를 곧이곧대로 받아들여 일단 피하

● **계양구**

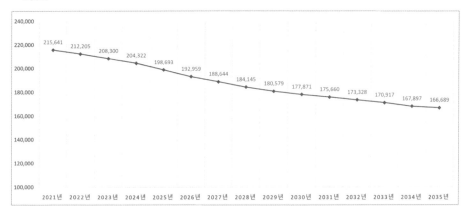

고 보는 것이 상책인 지역으로 간주해서는 안 된다는 뜻이다. 추후 새롭게 인구 추계자료가 발표될 경우, 분명 계양구는 종전 대비 상당히 긍정적인 전망치를 받아들이게 될 것이다. 그래서 계양구 부동산 시장 역시 긍정적으로 바라보고 있다. 저점매수의 기회로 활용하면 좋은 지역이라는 뜻이다. 특히, 아파트 시장이 그렇다.

 부평구와 미추홀구는 서서히 저무는 지역이 될 것인가?

닥터 김의 생산가능인구 측면에서만 볼 경우 부평구와 미추홀구의 미래는 조금 차이가 있다. 우선 미추홀구는 2035년 생산가능인구가 2021년 대비 10.79% 감소 수준이 될 것으로 분석된데 비해 부평구는 16.64% 감소할 것으로 분석되었기 때문이다.

이 같은 분석 결과는 실수요자가 되었든 투자자가 되었든 부평구와 미추홀구에 대한 접근을 미세하게 다르게 바로 볼 여지도 있는 것으로 보아도 되지 않을까. 한편, 여기서 또 다시 고려해야 할 부분이 있다. 부평구는 지하철 7호선 외에 향후 개통 될 GTX를 이

● **미추홀구, 부평구**

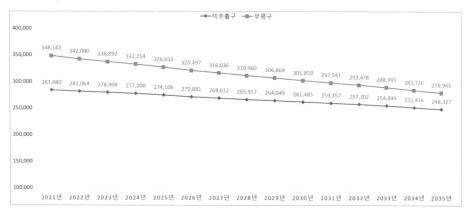

용할 경우 직주접근성이 크게 확충될 것이라는 호재가 있다. 미추홀구는 노후불량주택이 많이 있어 재개발·재건축 사업이 적극적으로 추진되고 있다. 이 곳 저 곳에 신규 아파트단지가 들어서게 될 곳이 바로 미추홀구라는 뜻이다. 따라서 향후 닥터 김의 생산가능인구 역시 당초 추계치에 비해 증가할 것이 분명하다. 부평구와 미추홀구 아파트를 대하는 자세 역시 매수를 유지하지 않을 이유가 그리 많지 않다는 의미다.

 애매한 이런 곳은 어떻게 접근해야 할까?

중구는 인천국제공항이 있어 신도시라는 특징을 보이는 영종도와 인천의 대표적인 구도심 지역으로 세분하여 접근해야 한다. 영종도는 인천국제공항이 존재하는 한 큰 변동 없이 안정적인 성장이 기대되는 지역이다. 이에 비해 중구 구도심은 말 그대로 반드시 도시재생이 필요한 지역이다. 그런 점에서 볼 때 인접한 동구 역시 중구 구도심과 비슷한 특징을 보이는 지역이라고 볼 수 있다.

● **중구, 동구**

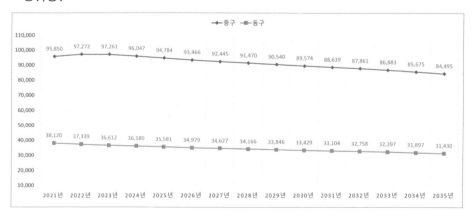

중구 구도심과 동구는 여러 가지 측면에서 도시재생 잠재력을 갖고 있는 곳이다. 체계적인 계획과 지역 특성을 고려한 도시재생이 추진된다면 충분히 가치상승이 발생할 가능성이 높은 곳이 중구 구도심지역과 동구인 것이다. 다만, 이들 지역은 장기적인 관점에서 접근하는 것이 바람직하다. 도시재생이라는 것이 단기적인 성과를 내기 결코 쉽지 않기 때문이다.

인천시 외 거주자에게 인천이 매력적인 미래 가치는?

어쩌면 인천광역시의 미래 부동산 시장의 향방을 가늠할 수 있는 가장 중요한 변수는 '외지인들이 인천을 어떻게 생각하느냐'에 달려 있다고 볼 수 있다. 다음은 2010년~2019년에 걸쳐 인천광역시 구별 아파트 관할시도외 거주자(인천시 이외 거주 외지인)의 매입 비중을 분석한 것이다.

인천시 아파트에 대한 인천시 이외 거주자(외지인)들의 평균 매입비중은 22.89%였다. 최근 10년 동안 인천시에서 거래된 아파트의 22.89%를 인천시 이외에 거주하고 있는 외지인들이 구입했다는 의미다.

인천시 평균에 비해 외지인들이 아파트를 많이 구입한 곳은 중구, 서구, 부평구였다. 중구는 영종신도시가 있고, 서구는 청라신도시, 부평구는 지하철 접근성 개선이라는 호재가 작용한 결과다. 충분히 매입할 만한 근거가 있

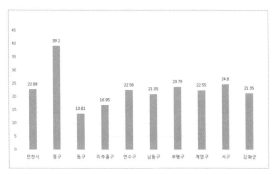

● 인천시 구별 아파트 관할시도와 거주자 매입비중

었던 곳들이다.

그런데 의외로 가장 핫한 지역이라고 할 수 있는 연수구가 인천시 평균에도 미치지 못했다. 이 부분을 조금 다르게 바라보면, 연수구는 인천시내 거주자들의 매입비중이 약 77%에 달한다는 것인데 지역내에서 좀 더 높은 평가를 받는 곳이었다는 방증이다. 한편, 동구와 강화군은 아파트 거래물량 자체도 다른 구에 비해 많지가 않아 미래에도 큰 변화가 없는 한 아파트 시장으로만 범위를 좁힌다면 투자적격 여부를 논하는 것이 큰 실익이 없는 곳이다.

다만, 미추홀구는 외지인들의 아파트 매입비중이 16.95%로 높지 않은 곳이었지만 지역내에서 재건축·재개발·소규모 주택정비사업이 활발하게 진행되고 있고, 대규모 아파트 공급될 예정이어서 향후 외지인들의 매입비중 역시 증가할 지역이라고 볼 수 있다. 따라서 미추홀구는 비록 추계 인구치에 기초한 닥터 김의 생산가능인구는 감소할 것으로 예상되었다 할지라도, 실제로 미래에 실현될 생산가능인구 규모는 큰 문제가 없을 것이다. 따라서 아파트 시장도 무시할 수 없는 지역이 될 것이라고 생각한다.

 인천광역시 생산가능인구 추계에 따른 아파트 투자전략

생산가능인구 추계 규모와 감소율을 종합적으로 고려하여 장기적인 관점에서의 인천광역시 구·군별 아파트 투자전략을 제시할 차례가 되었다. 다음은 인천광역시 닥터 김의 생산가능인구 추계에 기초해 장기적인 아파트 투자전략을 표로 정리한 것이다.

인천광역시 구·군 가운데 오는 2035년까지 장기적 관점에서 불패의 투자 유망지역은 연수구, 서구이다. 한편, 2035년까지 보유해도 좋을 지역은 남동구, 계양구, 부평구, 미추홀구가 될 전망이다. 한편, 당분간 추이를 관망하면서 유보하는 것이 좋을 곳으로

● 인천광역시 구군별 닥터 김의 생산가능인구 기반 아파트 투자전략

순위	구분	감소규모	구분	감소율	투자전략
1	부평구	-57,927	계양구	-19.30	☞ 매수 연수구, 서구
2	계양구	-41,611	부평구	-16.64	☞ 보유
3	서구	-32,402	동구	-13.59	계양구, 부평구, 미추홀구
4	남동구	-32,041	중구	-13.32	남동구,
5	미추홀구	-30,581	강화군	-10.97	
6	연수구	-15,632	미추홀구	-10.79	☞ 유보
7	중구	-12,766	남동구	-8.64	중구, 동구
8	동구	-5182	서구	-8.36	
9	강화군	-4,079	옹진군	-7.12	☞ 매도
10	옹진군	-852	연수구	-5.91	옹진군, 강화군

는 중구, 동구가 있고, 매도하는 것이 보다 더 유효한 투자전략이라고 볼 수 있는 곳으로는 옹진군, 강화군이 있다.

Section

5

흑자인구 변화가
대한민국 부동산
투자 지형도를 바꾼다

흑자인구 개념은 통계청이 발표한 〈국민이전계정〉 자료에서 차용한 개념이다. 한 마디로 수입이 지출보다 많은 연령구간대의 인구를 의미한다. 그래서 부동산 시장을 읽는 중요한 변수로 보는 것이 타당하다. 여유가 있는 연령계층이 거주하고 있는 지역일수록 부동산 수요도 튼튼할 것이기 때문이다. 과연 수도권에는 어디에 얼마나 흑자인구가 분포하고 있을까?

1 라이프 사이클은 적자연령구간과 흑자연령구간의 합이다

경제가 순환하면서 고점과 저점이 있는 것처럼 소득과 지출의 관점에서 볼 때 사람의 인생 역시 적자연령구간과 흑자연령구간으로 구분할 수 있다. 통계청이 2019년 12월 발표한 〈2016년 국민이전계정〉과 2020년 12월 발표한 〈2017년 국민이전계정〉 자료를 보면 대한민국 사람들의 적자연령구간과 흑자연령구간을 엿볼 수 있다. 이에 따르면 1인당 생애주기 구조는 연령증가에 따라 적자, 흑자, 적자가 차례로 발생하는 3단계 구조로 나타났다.

〈2016년 국민이전계정〉에 따르면 0세부터 26세까지는 생애주기의 '적자'가 발생하고 있으며, 16세에서 2,867만 원으로 기록하고, 27세부터 58세까지는 생애주기의 '흑자'가 발생하며, 41세에서 1,435만 원으로 최대를 기록한 후 59세부터는 다시 '적자'가 발생하며, 연령증가에 따라 적자 규모가 증가하는 것으로 나타났다.

요약하면 적자연령구간은

● 〈2016년 국민이전계정〉에 따른 1인당 생애주기

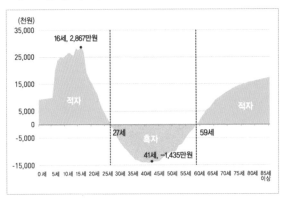

두 차례 발생하는 것으로 나타났다. 0~26세 그리고 59세 이상이 해당된다. 이에 비해 흑자연령구간은 27~58세인 것으로 분석되었다. 〈2017년 국민이전계정〉에서 1인당 생애주기 구조는 적자. 흑자, 적자가 차례로 발생하는 3단계 구조를 가지는 것으로 나타났다. 하지만 〈2016년 국민이전계정〉 분석 결과와 미세한 차이가 있음도 확인되었다. 1인당 생애주기 적자연령구간 가운데 두 번의 적자구간은 각각 0세~27세, 59세 이상이었고, 흑자구간은 28세~58세인 것으로 나타났다. 1년 전에 비해 1인당 생애주기 흑자연령구간 범위가 27~58세에서 28~58세로 1세 높아진 것이다.

흑자연령구간을 주목해야 하는 이유는 부동산 시장에서 중요한 의미를 가질 수 있기 때문이다. 주택이나 상업용 부동산, 토지 모두 흑자연령구간에서 본격적으로 유효수요가 창출될 수 있기 때문이다. 따라서 흑자연령구간 연령대의 인

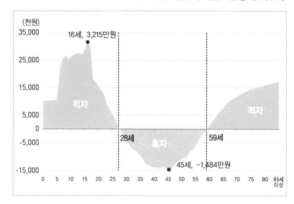

● 〈2017년 국민이전계정〉에 따른 1인당 생애주기

구가 향후 어디에 얼마나 분포하게 될 것인지를 예측할 수 있다면, 해당 지역에 소재하는 부동산에 대한 수요의 크기를 어느 정도 파악할 수 있을 것이다.

그래서 지금부터 2035년까지 어떤 곳에 얼마나 흑자연령구간의 연령대가 분포하게 될 것인지를 분석하려고 한다. 다만, 〈2016년 국민이전계정〉과 〈2017년 국민이전계정〉에 따른 1인당 생애주기적자 흑자연령구간이 미세한 차이가 있으나 좀 더 보수적으로 범위가 넓은 〈2016년 국민이전계정〉에 따른 흑자연령구간을 활용해 분석을 하였으니 참고하기 바란다.

2 서울특별시에서 미래 흑자인구는 어디에 얼마나 있을까?

서울특별시는 연령별 인구추계자료를 5세 단위로 공포하고 있다. 그래서 부득이하게 흑자연령구간을 25세~59세까지로 확대해 분석했으니 참고하기 바란다. 이렇게 흑자 연령구간을 확대하게 되면 그렇지 않은 지역에 비해 흑자연령구간이 과대평가 될 수밖에 없다. 따라서 이 부분은 감안하기 바란다. 더불어 흑자연령구간을 흑자인구로 간략하게 명명하겠다.

 서울특별시 흑자인구의 미래

통계청 추계인구 자료를 통해 25세~59세의 인구를 추출한 후 이를 흑자인구로 정의하였다. 통계청이 〈2016년 국민이전계정〉에서 정의한 흑자인구(흑자연령구간)는 27세~58세 연령대의 인구였다. 그럼에도 불구하고 흑자인구를 다르게 추출한 이유는 앞서 밝힌 것처럼 서울시가 추계인구를 5세 단위로 제공하고 있기 때문이다. 2021년 기준 2035년까지 서울시에서 감소하게 되는 흑자인구는 95만 302명에 달하는 것으로 분석되었다. 감소율로 따지면 17.89%에 달할 것으로 예측되었다.

● 서울특별시 흑자인 추계

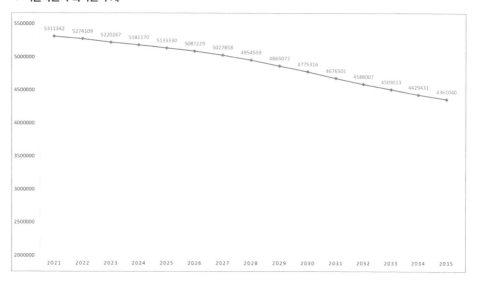

서울시 전체를 놓고 볼 때 17%가 넘는 흑자인구의 감소는 부동산 시장 전반에 적지 않은 영향을 미칠 것으로 예상된다. 다만, 서울시 모든 지역에 동일한 후폭풍이 밀어닥칠 가능성은 전무하다. 무섭게 후폭풍이 밀어닥칠 곳도 있겠지만 전혀 후폭풍에 노출되지 않을 곳도 존재할 것이기 때문이다. 큰 틀에서 보면 흑자인구 감소에도 불구하고 서울시 이외의 지역에서 **흑자인구를 흡수할 수 있는 경쟁력을 갖춘 곳들은 무풍지대로 남아 있을 것이다. 강남구, 서초구, 송파구 등 대한민국을 대표하는 지역들이 이에 해당될 것이다.** 이에 비해 흑자인구 감소에 노출될 가능성이 있는 지역들은 폭락은 아닐지라도 약세 혹은 보합세 내지는 조정국면을 거치게 될 것이다.

다음은 2021년 대비 2035년 서울특별시 각 구별 흑자인구 감소율 추계를 보여주는 그림이다. 각 구별 흑자인구 가운데 얼마나 감소하게 될 것인지를 비율로 보여주는 것이어서 좀 더 명확하게 어떤 구가 흑자인구 감소에 따른 부정적 후폭풍에 노출될 것인지를 예측하는 데 도움이 될 것이다. **흑자인구 감소율이 20%를 넘는 곳은 종로구, 금천**

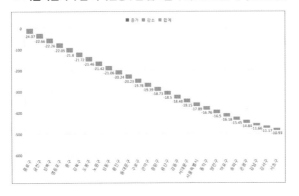

● 서울특별시 구별 흑자연령구간 감소율 추계(2021년 대비 2035년)

구, 성북구, 영등포구, 중구, 강북구, 도봉구, 노원구, 성동구, 광진구, 동대문구 등이 될 것으로 분석되었다. 서울시 이외 지역에서의 인구유입이 발생하지 않는다면 이들 지역의 미래 아파트 시장을 낙관적으로 바라보기 힘들 것이다.

하지만 서울이 어떤 곳인가! 대표적으로 종로구와 중구는 서울의 대표적인 중심업무지구(CBD : Central Business District)라서 크게 흔들릴 가능성이 없다고 보아도 무방하다. 주택공급만 있다면 직주근접성 덕분에 선풍적인 인기 속에 공급물량이 소화되는 곳이라는 데 의심의 여지가 없을 것이기 때문이다. 이뿐인가! 영등포구는 2030 서울도시기본계획상 3도심(국제적 중심지)에 속하는 곳이고 강북구 창동과 노원구 상계, 동대문구 청량리, 성동구 왕십리는 서울시의 광역중심으로 선정된 곳들이다. 흑자인구 감소에도 불구하고 해가지지 않는 서울시가 될 가능성이 높은 이유가 바로 서울시가 갖고 있는 현재시점에서의 확보하고 있는 다양한 강점 내지는 예상되는 미래 잠재력에 있는 것이다.

 흑자인구에 담긴 서울특별시 아파트 시장의 미래

흑자인구가 감소한다는 것은 그만큼 아파트에 대한 잠재적 수요도 함께 감소한다는 것을 의미한다. 소득에 대한 예측이 가능하거나 미래 소득으로 현재 시점에서 대출을 받아 아파트를 구입하더라도 상환을 할 수 있을 것이라는 확신이 있어야 비로소 아파트를 구입할 수 있을 것이기 때문이다.

따라서 서울시가 자랑하는 부동산 절대 강자라는 특징, 2035년까지 인구변수가 변하더라도 결코 그 입지가 흔들리지 않을 것이라는 서울의 위상에도 불구하고 서울시내에서는 분명 흑자인구 변동에 따른 상대적 중요성의 변화가 발생할 여지는 충분하다. 서울시 미래 아파트 시장의 미래를 예측하기 위해 서울시내 각 구별 흑자인구의 감소 규모와 감소율을 고려해야 한다.

 흑자인구 관점에서 본 서울특별시 우량지역은?

흑자인구 감소규모와 감소율이 가장 작은 곳이 흑자인구 관점에서 볼 때 서울시에서 가장 유망한 우량지역이라고 볼 수 있다. 하지만 현실적으로 기존 흑자인구가 많은 곳은 감소규모도 클 것이다. 이에 비해 감소규모는 크지만 감소율은 작은 경우도 충분히 있을 수 있다. 따라서 비록 감소규모는 크더라도 감소율이 작은 곳이라면 흑자인구 관점에서 볼 때 우량지역이라고 구분하는 것이 타당할 것이다. 그렇다면 흑자인구 관점에서 본 서울시 최고 우량지역은 어디일까?

흑자인구 감소규모 자체도 크지 않고 무엇보다 감소율이 서울시내 여타 구에 비해 작은 서초구, 강서구, 강남구를 들 수 있다. 서초구, 강서구, 강남구는 2021년부터 2035년까지 흑자인구 감소규모와 감소율이 각각 −2만5,642명(-10.93%), −3만7,228명(-11.17%), −3만5,093명(-11.66%)일 것으로 예측되었다. 다음은 서초구, 강서구, 강남구의 흑자인구 추계를 그림으로 표시한 것이다.

그림을 보면 추계인구 감소추세가 비교적 완만하다는 것을 확인할 수 있다. 흑자인

● 흑자인구 관점에서 유망지역 3곳

연도	서초구	강서구	강남구
2021	234,574	333,102	300,920
2022	235,147	333,753	301,974
2023	234,999	333,133	301,886
2024	234,956	333,210	301,839
2025	234,361	332,479	301,311
2026	233,840	331,911	300,187
2027	232,425	330,132	298,125
2028	230,221	327,463	295,106
2029	227,346	323,449	291,080
2030	224,110	319,142	286,655
2031	220,535	314,058	281,815
2032	217,307	309,280	277,445
2033	214,469	304,743	273,622
2034	211,376	300,022	269,436
2035	208,932	295,874	265,827
감소규모(명)	-25,642	-37,228	-35,093
감소율(%)	-10.93	-11.17	-11.66

● 흑자인구 관점에서 유망지역 3곳

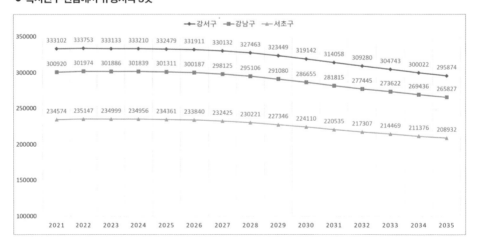

구 중에서 아파트에 대한 수요가 왕성할 것이 확실하다는 점에서 서초구, 강서구, 강남구가 2021년 대비 2035년, 흑자인구 관점에서 볼 때 가장 매력적인 부동산 투자 유망지역이 될 것이다.

 흑자인구 관점에서 본 서울특별시에서 투자가 괜찮은 지역은?

흑자인구 관점에서 볼 때 은평구, 송파구, 마포구, 양천구, 동작구는 괜찮은 지역이라고 정의할 수 있다. 2021년 대비 2035년 흑자인구 감소율이 서초구, 강서구, 강남구 등 3곳을 제외하면 가장 낮을 지역이기 때문이다.

　은평구, 송파구, 마포구, 양천구, 동작구의 흑자연령인구 추계를 좀 더 직관적으로 분

● **흑자인구 관점에서 괜찮은 5곳**

연도	은평구	송파구	마포구	양천구	동작구
2021	250,879	346,778	212,244	240,118	226,006
2022	250,584	345,135	211,733	238,537	224,763
2023	249,382	342,361	210,394	236,138	222,858
2024	248,758	340,488	209,349	234,605	221,462
2025	247,451	338,259	207,971	232,488	219,717
2026	246,002	335,941	206,525	230,339	218,195
2027	243,645	332,870	204,507	227,766	215,928
2028	240,810	328,592	201,812	224,682	213,072
2029	236,904	323,474	198,409	220,806	209,261
2030	232,962	318,226	194,861	217,233	205,661
2031	228,394	312,390	190,892	213,060	201,485
2032	224,301	306,991	187,321	209,573	197,698
2033	220,572	302,411	184,064	206,513	194,413
2034	216,868	297,365	180,851	203,176	191,043

연도	은평구	송파구	마포구	양천구	동작구
2035	213,644	293,186	177,903	200,491	188,108
감소규모(명)	-37,235	-53,592	-34,341	-39,627	-37,898
감소율(%)	-14.84	-15.45	-16.18	-16.50	-16.76

● 흑자인구 관점에서 괜찮은 5곳

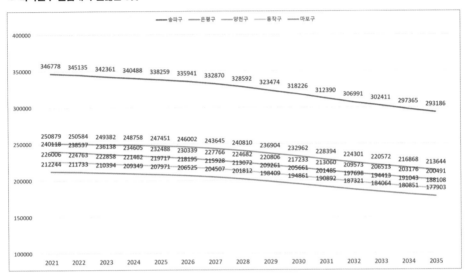

석할 수 있도록 그림을 그렸다.

　은평구, 송파구, 마포구, 양천구, 동작구의 2021년 대비 2035년 흑자인구 감소규모와 감소율은 각각 은평구 -3만 7,235명(-14.84%), 송파구 -5만 3,592명(-15.45%), 마포구 -3만 4,341명(-16.18%), 양천구 -3만 9,627명(-16.50%), 동작구 -3만 7,898명(-16.76%)이 될 것으로 분석되었다. 감소율이 무시해도 좋을 수준은 아니지만 서울시 내에서는 그래도 상대적으로 작은 수준이다. 서울이라는 위상과 영향력을 고려할 때 향후 아파트 시장의 양극화가 심화되면 심화될수록 서울시에 대한 수요는 더욱 팽창할 것이다. 사실 통계적인 예측치보다 더 많은 흑자인구가 아파트 시장 양극화에 따라 서울시로 몰려들 가능성이 매우 높다. 작지 않은 흑자인구 감소라는 부정적 변수에도 불구하고 은평구, 송파구, 마포구, 양천구, 동작구를 괜찮은 지역으로 손꼽을 수 있는 이유다.

 ## 흑자인구 관점에서 본 서울특별시 투자 위험지역은?

서울시는 모든 인구 추계를 감안해도 여타 지방자치단체에 비해 부동산 관점에서 볼 때 안정적이고 유망한 지역이라는 데에는 이견이 있을 수 없다. 하지만 서울시내로 그 범위를 줄여보면, 흑자인구 관점에서 서울시내에서 상대적으로 위험한 지역을 구별해내는 것이 그리 어려운 일은 아닐 것이다. 흑자인구 분석자료에 따르면, 흑자인구 관점에서 서울시에서 불안한 지역으로 손꼽을 수 있는 지역은 모두 9곳이다. 다만, 노파심에서 한 마디 하자면 어디까지나 흑자인구만을 기준으로 불안한 지역을 분류한 것이라는 점은 강조하고 싶다. 2021년 대비 2035년 흑자인구 감소에 따른 아파트를 포함한 부동산 시장이 불안해질 수 있는 지역은 성동구, 노원구, 도봉구, 강북구, 중구, 영등포구, 성북구, 금천구, 종로구 등 총 9곳이다.

성동구, 노원구, 도봉구, 강북구, 중구, 영등포구, 성북구, 금천구, 종로구는 모두 흑자인구 감소율이 20%를 초과하는 지역들이다. 흑자인구 감소는 소비측면에서 볼 때 소비여력이 있는 인구의 감소를 의미하는 것이다. 상권의 형성이나 집값 형성에 부정적인 영향을 주게 될 것이라는 뜻이기도 하다. 다만, 흑자인구가 서울시내 특정 구의 특성까지를 모두 고려하기에는 일정 부분 한계가 있다는 점을 중요하게 고려해야 할 필요가 있다.

예를 들어, 흑자인구 감소율이 20%를 초과할 것으로 예측된 종로구, 중구 같은 경우 서울특별시 생활권 계획상 3대 도심 중 CBD(Central Business District : 중심업무지구)에 속하는 지역인 데다 자족기능이 매우 강력한 지역이라는 특징이 있다. 이들 지역에 주택이 공급

● 흑자인구 관점에서 불안한 9곳

	성동구	노원구	도봉구	강북구	중구	영등포구	성북구	금천구	종로구
2021	180,206	278,905	169,767	160,873	65,761	211,617	229,489	134,906	80,859
2022	177,680	275,871	168,027	159,379	64,862	208,333	226,611	132,908	79,487
2023	174,984	271,881	165,711	157,226	63,745	204,288	223,037	130,489	77,907
2024	172,693	269,017	163,933	155,457	62,900	201,502	220,132	128,696	76,571
2025	170,478	265,398	161,937	153,605	62,048	198,562	217,176	126,671	75,221
2026	168,333	262,194	159,857	151,678	61,170	196,043	214,380	124,682	73,953
2027	165,945	257,865	157,421	149,420	60,318	193,126	210,896	122,824	72,654
2028	163,094	253,127	154,550	146,703	59,198	189,958	207,011	120,541	71,143
2029	159,880	247,767	151,302	143,526	58,000	186,032	202,486	117,938	69,521
2030	156,619	242,308	147,919	140,289	56,776	182,310	198,037	115,395	67,923
2031	153,183	236,594	144,458	136,922	55,479	178,185	193,234	112,715	66,208
2032	150,131	231,674	141,326	133,724	54,314	174,514	189,012	110,402	64,804
2033	147,356	227,424	138,412	130,976	53,302	171,062	185,251	108,085	63,593
2034	144,612	222,819	135,629	128,269	52,276	167,868	181,602	106,085	62,388
2035	142,246	219,136	133,331	125,931	51,422	164,955	178,384	104,327	61,396
감소규모(명)	-37,960	-59,769	-36,436	-34,942	-14,339	-46,662	-51,105	-30,579	-19,463
감소율(%)	-21.06	-21.42	-21.46	-21.72	-21.80	-22.05	-22.26	-22.66	-24.07

될 경우 흑자인구는 크게 변동하게 될 것이고, 이렇게 될 경우 흑자인구 감소가 큰 폭으로 줄어들거나 오히려 증가할 가능성을 배제할 수 없다.

그럼에도 불구하고 전체 적인 측면에서 볼 때 흑자인구 감소는 서울시 각 구별 미래 부동산 시장의 흐름을 예측하는 데 있어, 한편으로 전체적인 맥락을 짚어 보는 데 있어 상당히 도움이 될 수 있을 것이다. 결정적 변수가 아닌 보편적인 변수로는 유의미하다고 볼 수 있다. 서울시 흑자인구 관점에서 불안한 지역 9곳과 관련된 그림을 보면 강북구의 흑자인구 감소규모가 가장 가파른 것으로 나타났다. 그래서 2035년이 되면 강북구 부동산 시장이 현재와는 상당히 다른 분위기가 형성될 가능성이 매우 높은 지역이 될 것이라고 본다. 긍정적인 측면이 아닌 부정적인 측면에서 말이다.

● 흑자인구 관점에서 불안한 9곳

노원구 — 성북구 — 영등포구 — 성동구 — 도봉구 — 강북구 — 금천구 — 종로구 — 중구

310000
260000
210000
160000
110000
60000
10000

278905 275871 271881 269017 265398 262194 257865 253127 247767 242308 236594 231674 227424 222819 219136

229489 226611 223037 220132 217176 214380 210896 207011 202486 198037 193234 189012 185251 181602 178384
211617 208333 204288 201502 198562 196043 193126 189958 186032 182310 178185 174514 171062 167868 164955

180206 177680 174984 172693 170478 168333 165945 163094 159880 156619 153183 150131 147356 144612 142246
169767 168027 165711 163933 161937 159857 157421 154550 151302 147919 144458 141326 138412 135629 133331
160873 159379 157226 155457 153605 151678 149420 146703 143526 140289 136922 133724 130976 128269 125931

134906 132908 130489 128696 126671 124682 122824 120541 117938 115395 112715 110402 108085 106085 104327

80859 79487 77907 76571 75221 73953 72654 71143 69521 67923 66208 64804 63593 62388 61396
65761 64862 63745 62900 62048 61170 60318 59198 58000 56776 55479 54314 53302 52276 51422

2021 2022 2023 2024 2025 2026 2027 2028 2029 2030 2031 2032 2033 2034 2035

흑자인구 감소규모가 상당할 것으로 분석된 노원구, 성북구, 영등포구, 성동구, 금천구 역시 부동산 시장을 낙관적으로만 바라보기 힘든 곳이라고 볼 수 있다. 마지막으로 25곳의 서울시내 자치구 가운데 언급하지 않은 곳이 8곳이다. 위 8곳의 자치구를 굳이 따로 언급하지 않은 이유는 유망한 지역도, 불안한 지역도 아닌 제3의 지역이기 때문이다. 즉, 향후 다양한 환경(예를 들어 대표적인 것이 자족기능, 직주근접성 확보 등이 있음)의 변화가 발생할 경우 언제든 우량지역으로 변모할 가능성을 내포하고 있는 지역이다. 그래서 현재 시점에서 단정적으로 정의하기 애매모호한 지역들이라는 의미이니 참고하기 바란다.

지금까지 서울특별시 자치구별 미래 아파트 시장이 어떻게 될 것인지 예측하기 위해서 흑자인구를 규모와 감소율 두 가지 측면에서 각각 분석했다. 지금부터는 흑자인구 추계 규모와 감소율을 종합적으로 고려해 장기적인 관점에서의 서울특별시 자치구별 아파트 투자전략을 검토할 차례다. 이를 위해 흑자인구 추계에 따른 서울특별시 주요 구

별 장기적인 아파트 투자전략을 표로 정리했다.

● 서울특별시 구별 흑자인구 기반 아파트 투자전략

순위	구분	감소규모	구분	감소율	투자전략
1	노원구	-59,769	종로구	-24.07	
2	관악구	-57,459	금천구	-22.67	
3	송파구	-53,592	성북구	-22.27	☞ 매수 서초구, 강서구, 강남구
4	성북구	-51,105	영등포구	-22.05	
5	영등포구	-46,662	중구	-21.80	
6	구로구	-45,829	강북구	-21.72	
7	강동구	-41,808	도봉구	-21.46	
8	광진구	-41,180	노원구	-21.43	☞ 보유 중랑구, 관악구, 구로구, 광진구, 동대문구, 송파구, 강동구, 양천구, 동작구, 은평구, 마포구, 서대문구, 용산구
9	중랑구	-40,561	성동구	-21.06	
10	양천구	-39,627	광진구	-20.24	
11	동대문구	-38,279	동대문구	-20.24	
12	성동구	-37,960	구로구	-19.78	
13	동작구	-37,898	관악구	-19.40	
14	은평구	-37,235	중랑구	-18.73	
15	강서구	-37,228	용산구	-18.51	
16	도봉구	-36,436	강동구	-18.49	
17	강남구	-35,093	서대문구	-18.15	☞ 유보 성동구, 노원구, 도봉구, 강북구, 중구, 영등포구, 성북구, 금천구, 종로구
18	강북구	-34,942	동작구	-16.77	
19	마포구	-34,341	양천구	-16.50	
20	서대문구	-31,045	마포구	-16.18	
21	금천구	-30,579	송파구	-15.45	
22	서초구	-25,642	은평구	-14.84	
23	용산구	-22,230	강남구	-11.66	☞ 매도 없음
24	종로구	-19,463	강서구	-11.18	
25	중구	-14,339	서초구	-10.93	

3 흑자인구 관점으로 본 경기도 부동산의 미래

경기도내 31개 시·군은 다양한 스펙트럼을 보인다. 지극히 도시적 풍모를 자랑하는 지역들이 있는 반면 비도시적 특징이 두드러지는 지역들도 분명 존재하기 때문이다. 이런 특징을 보통 도·농 격차라고도 표현하지만 동일 시·군내에서 도농격차가 발생하는 경우 다양한 문제의 원인으로 작용하기도 한다. 본론으로 들어와서 경기도는 연령별 인구 추계자료를 1세 단위로 공포하고 있다. 그래서 흑자인구를 정확하게 구분하여 분석할 수 있었다. 인구 데이터를 투명하게 공개하는 데 주저하지 않는 경기도의 행정에 박수를 보내고 싶다. 이런 점에서 볼 때 서울시의 태도는 많이 아쉽다.

 경기도 흑자인구의 미래

통계청 추계인구 자료를 기초로 27~58세의 인구를 추출한 후 이를 흑자인구로 정의하였다. 통계청이 〈2016년 국민이전계정〉에서 정의한 흑자인구(흑자연령구간)가 27~58세 연령대의 인구이기 때문이다. 2021년 기준 2035년까지 경기도에서 감소하게 되는 흑자인구는 63만 8,329명에 달하는 것으로 분석되었다. 감소율은 9.17%가 될 것으로 예측되었다.

● 경기도 시군별 흑자인구 추계

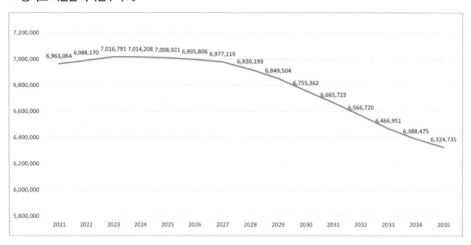

경기도 전체를 놓고 볼 때 흑자인구 감소 정점은 2023년이 될 것이고 그 이후 지속적으로 흑자인구 감소현상이 발생할 것으로 분석되었다. 이처럼 경제적 소비여력을 지니고 있는 흑자인구가 감소할 경우 부동산 시장에도 결코 긍정적이지 않을 것이라는 예상은 무리가 아닐 것이다. 그렇기 때문에 흑자인구 감소 규모가 상당한 경기도에서도 부동산 시장에 흑자인구 감소에 따른 부정적 후폭풍이 불어 닥칠 것이다. 다만, 서울시와 마찬가지로 경기도내 모든 지역에 동일한 후폭풍이 밀어닥칠 가능성은 전무하다. 혹독하게 부정적 후폭풍이 밀어닥칠 지역들과 후폭풍에서 자유로울 지역들이 공존할 것이 분명하기 때문이다.

경기도는 흑자인구 감소에도 불구하고 경기도 이외 지역에서 흑자인구를 흡수할 수 있을 만한 경쟁력이 있는 곳들은 무풍지대로 남아 있을 것이다. 경기도에서 흑자인구가 증가할 것으로 분석된 하남시, 화성시, 김포시, 광주시 등이 이에 해당될 것이다. 반면 흑자인구 감소에 노출될 가능성이 있는 지역들은 폭락은 아닐지라도 약세 혹은 보합세 내지는 조정국면을 거치게 될 것이다.

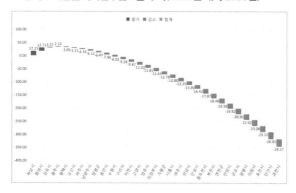

● 경기도 시군별 흑자인구감소율 추계(2021년 대비 2035년)

다음은 2021년 대비 2035년 경기도 시·군별 흑자연령인구 감소율 추계를 보여주는 그림이다.

경기도 각 시·군별로 좀 더 직관적으로 흑자인구 감소율을 확인할 수 있어서 좀 더 명확하게 어떤 시·군이 흑자인구 감소에 따른 부정적 후폭풍에 노출될 것인지를 예측하는 데 도움이 될 것이다. 흑자인구 감소율이 경기도 평균(-9.17%)을 초과하게 될 곳은 20곳(구리시, 이천시, 고양시, 양주시, 의정부시, 가평군, 시흥시, 여주시, 성남시, 안성시, 동두천시, 부천시, 연천군, 안양시, 군포시, 광명시, 의왕시, 포천시, 안산시, 과천시)이고, 20%를 초과하는 곳도 6곳(군포시, 광명시, 의왕시, 포천시, 안산시, 과천시)이 될 것으로 분석되었다. 수치상으로 볼 때 흑자인구 감소율이 무시무시할 정도다. 경기도 이외 지역에서의 인구유입이 발생하지 않는다면 이들 지역의 미래 아파트 시장을 낙관적으로 바라보기 힘들다보고 보아야 할 이유이다.

다행스럽게도 경기도는 경기도다! 대표적으로 군포시, 광명시, 의왕시, 안산시, 과천시는 광역교통망 확충, 웰빙주거환경, 뛰어난 직주근접성 확보 등이 강점인 지역이지만 엄청난 흑자인구 감소가 예상되는 지역이기도 하다. 하지만 이들 지역이 모두 경기도 이외 지역에서의 인구유입이 크게 증가할 곳이기 때문에 흑자인구 감소의 부정적 후폭풍이 거의 없을 것으로 생각한다. 흑자인구 감소에도 불구하고 대한민국 부동산 시장(아파트 시장 포함)에서 가장 매력적인 시장이 될 수 있는 곳이 경기도일 수밖에 없다.

흑자인구에 담긴 경기도 아파트 시장의 미래

흑자인구 감소는 부동산 시장에서 구매력을 동반하는 수요가 감소한다는 것을 의미한다. 주택 수요자들은 적어도 소득에 대한 예측이 가능하거나 미래 소득으로 현재 시점에서 대출을 받아 주택을 구입하더라도 상환을 할 수 있을 것이라는 확신이 있어야 비로소 주택을 구입하기 시작한다.

따라서 서울만큼은 아닐지라도 경기도가 자랑하는 부동산 강자로서의 특징과 2035년까지 인구변수가 변하더라도 결코 그 입지가 흔들리지 않을 것이라는 전망에도 불구하고 경기도내에서는 분명 흑자인구 변동에 따른 상대적 중요성의 변화가 발생할 여지는 충분하다. 경기도 미래 아파트 시장의 미래를 예측하기 위해 경기도 내 각 시·군별 흑자인구의 증가율 혹은 감소율을 고려해야 하는 이유다.

 흑자인구 관점에서 본 경기도 투자 유량지역은?

흑자인구 감소규모와 감소율이 가장 작은 곳이 흑자인구 관점에서 볼 때 가장 유망한 우량지역이라고 볼 수 있다. 이런 점에서 볼 때 경기도에서 가장 유망한 지역은 어디일까? 다음은 경기도 흑자인구 추계를 기초로 분석한 가장 유망한 지역들이다.

경기도 흑자인구 추계 기준 가장 유망한 지역으로 분석된 곳은 하남시, 화성시, 김포시, 광주시 등 4곳이다. 그런데 하남시, 화성시, 김포시, 광주시는 모두 한 가지 공통점이 있다. 2021년 대비 2035년 흑자인구가 감소하기는커녕 오히려 증가하는 지역이라는 점이 그것이다.

하남시, 화성시, 김포시 광주시는 2021년부터 2035년까지 흑자인구 증가폭과 증가

● 흑자인구 관점에서 유망지역 4곳

연도	하남시	화성시	김포시	광주시
2021	152,381	504,151	248,691	203,807
2022	159,559	523,446	254,239	207,210
2023	165,223	538,956	258,519	210,635
2024	169,585	549,757	260,832	213,175
2025	173,092	559,109	262,856	215,442
2026	176,399	567,312	264,841	217,290
2027	178,852	574,298	266,419	218,757
2028	180,481	577,876	266,685	218,989
2029	181,524	579,693	266,079	218,550
2030	181,550	579,527	264,887	217,167
2031	181,366	578,627	263,136	215,576
2032	180,748	576,366	261,218	213,560
2033	179,785	573,144	258,766	211,388
2034	179,117	570,601	256,746	209,616
2035	178,513	568,214	255,034	208,125
증가규모(명)	26,132	64,063	6,343	4,318
증가율(%)	17.14	12.70	2.55	2.11

율이 각각 2만6,132명(17.14%), 6만4,063명(12.70%), 6,343명(2.55%), 4,318명(2.11%)일 것으로 예측되었다.

　다음은 하남시, 화성시, 김포시, 광주시의 기존 흑자인구 추계 데이터를 그림으로 표시한 것이다.

　그림을 보면 흑자인구가 증가하다 완만하게 하락하는 모습을 보일 것으로 예측되었지만 2035년에도 여전히 2021년 대비 흑자인구가 증가한 상태임을 알 수 있다. 흑자인구 중에서 아파트에 대한 수요가 창출될 것이라는 것이 가장 합리적인 추론이 될 수 있다. 그런 점에서 하남시, 화성시, 김포시, 광주시가 2021년 대비 2035년에는 경기도내에서 흑자인구 관점에서 볼 때 가장 매력적인 부동산 투자 유망지역이 될 것이다.

● 흑자인구 관점에서 유망지역 4곳

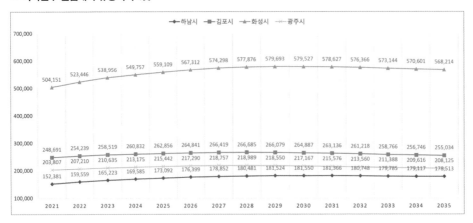

 흑자인구 관점에서 본 경기도 매력적인 투자지역은?

흑자인구 관점에서 볼 때 수원시, 평택시, 남양주시, 오산시, 용인시, 파주시는 매력적인 지역이라고 판단해도 무리가 없을 것 같다. 2021년 대비 2035년 흑자인구 감소율이 경기도 평균(-9.17%)에 비해 낮은 지역이기 때문이다.

● 경기도 흑자인구(27세~58세) 추계 기준 매력적인 6곳

연도	수원시	평택시	남양주시	오산시	용인시	파주시
2021	648,739	282,795	342,975	126,938	550,685	238,880
2022	649,060	286,989	345,546	127,985	557,595	241,158
2023	651,906	290,775	347,953	129,208	562,037	243,215
2024	653,052	292,312	348,816	130,028	562,699	244,169
2025	653,853	293,805	349,241	130,728	563,741	244,867
2026	653,414	294,837	349,720	131,233	562,142	245,668
2027	652,442	295,381	349,787	131,531	560,010	246,310
2028	648,075	294,260	347,878	131,136	555,321	245,416

연도	수원시	평택시	남양주시	오산시	용인시	파주시
2029	642,350	292,351	345,126	130,575	549,306	243,714
2030	634,107	289,359	341,003	129,444	541,228	241,076
2031	626,555	286,330	337,128	128,344	534,095	238,385
2032	617,813	283,005	332,526	126,917	526,231	235,471
2033	608,904	279,339	328,242	125,361	518,019	232,501
2034	602,020	276,595	324,698	124,111	511,982	230,278
2035	596,712	274,168	321,976	122,988	506,866	228,521
감소규모(명)	-52,027	-8,627	-20,999	-3,950	-43,819	-10,359
감소율(%)	-8.01	-3.05	-6.12	-3.11	-7.95	-4.33

　　수원시, 평택시, 남양주시, 오산시, 용인시, 파주시의 흑자인구 추계를 좀 더 직관적으로 분석할 수 있도록 그림으로 나타냈다.

● 흑자인구 관점에서 매력적인 6곳

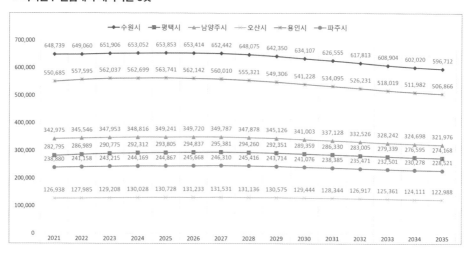

　　수원시, 평택시, 남양주시, 오산시, 용인시, 파주시의 2021년 대비 2035년 흑자인구 감소규모와 감소율은 각각 수원시 -5만2,027명(-8.01%), 평택시 -8,627명(-3.05%), 남양주시

-2만999명(-6.12%), 오산시 -3,950명(-3.11%), 용인시 -4만3,819명(-7.95%), 파주시 -1만359명(-4.33%)가 될 것으로 분석되었다. 수도권인 경기도를 대표하는 지역들이라는 점, 감소율이 경기도 평균에 못 미치고 있다는 점 등을 감안할 때 이들 지역은 분명 매력적인 지역이라고 규정할 수 있다. 경기도라는 위상과 영향력을 고려할 때, 향후 아파트 시장의 양극화가 심화되면 심화될수록 수원시, 평택시, 남양주시, 오산시, 용인시, 파주시에 대한 수요는 더욱 팽창할 것이다.

사실 통계적인 예측치보다 더 많은 흑자인구가 아파트 시장 양극화에 따라 경기도를 비롯한 수도권으로 몰려들 가능성이 높다고 보고 있다. 흑자인구 감소에도 불구하고 수원시, 평택시, 남양주시, 오산시, 용인시, 파주시를 매력적인 지역으로 보아야 하는 이유라고 생각한다.

흑자인구 관점에서 본 경기도 부동산 투자로 괜찮은 곳?

경기도는 평균적으로 서울시와 마찬가지로 인구변수의 부정적인 변화에도 불구하고 적어도 대한민국에서만큼은 끝까지 유망지역의 자리를 지켜낼 수 있는 곳들이 대부분이다. 흑자인구 감소에도 불구하고 말이다. 물론 흑자인구 감소율이 매우 높을 곳으로 분석된 곳들도 있다. 그럼에도 불구하고 흑자인구 감소율이 높은 지역들조차도 나름의 확실한 강점요인이 있기 때문에 충분히 수도권을 대표하는 지역으로서의 역할을 상실하지 않을 것으로 본다. 이런 지역들을 괜찮은 지역이라고 정의했다. 경기도내에서 괜찮은 지역은 총 15곳이 될 것이다.

경기도내 흑자인구 관점에서 괜찮은 15곳은 다시 2개의 부류로 세분된다. 외견상 감소율이 조금 높을 것으로 분석되었지만 흑자인구 절대규모가 크거나 흑자인구 절대규모 자

● 흑자인구 관점에서 괜찮은 지역 15곳

	구리시	이천시	고양시	양주시	의정부시	시흥시	성남시	안성시	부천시	안양시	군포시	광명시	의왕시	안산시	과천시
2021	100673	113252	524173	113893	223,286	292897	467,821	99041	419977	279,012	137691	156954	77437	373815	25884
2022	100712	113676	523277	114689	223,677	295290	463,758	99182	413842	274,908	135293	154394	76705	366070	25256
2023	100936	114060	523580	115105	224,144	296238	461,846	99170	409959	272,435	133959	152544	75948	360295	24673
2024	100964	113936	522466	114747	223,358	294232	460,323	98862	405773	269,435	132216	150177	74653	352915	23990
2025	100854	113836	520963	114246	222,260	292390	458,682	98584	402058	266,507	130674	148340	73500	345934	23360
2026	100760	113685	519748	113691	220,982	289996	456,602	97608	398003	263,519	129237	146335	72451	339324	22804
2027	100463	113162	518036	113039	219,862	287782	454,052	96870	393966	260,335	127696	144623	71408	332899	22273
2028	99701	112192	513046	111819	217,320	283985	449,036	95639	388028	256,091	125554	142026	69778	324653	21666
2029	98671	110851	506870	110419	214,576	280252	442,872	94153	381795	251,403	123160	139393	68240	316626	21123
2030	97407	109307	499012	108673	210,745	275671	435,297	92392	374407	246,133	120450	136319	66485	307763	20499
2031	96068	107894	491588	107001	207,355	271404	428,233	90722	367292	241,189	118013	133461	64872	299947	20028
2032	94748	106201	483886	104995	203,597	266811	420,842	89003	359999	236,014	115157	130366	63265	291918	19476
2033	93396	104509	476295	103118	200,051	262345	413,304	87236	352855	231,053	112630	127481	61752	284257	19037
2034	92203	103208	470424	101691	197,158	258579	407,440	85928	347134	226,982	110568	125055	60538	278406	18585
2035	91335	102070	466404	100440	195,079	255394	402,772	84763	342370	223,715	108911	123020	59561	273438	18307
감소 규모(명)	-9,338	-11,182	-57,769	-13,453	-28,207	-37,503	-65,049	-14,278	-77,607	-55,297	-28,780	-33,934	-17,876	-100,377	-7,577
감소율	-9.27	-9.87	-11.02	-11.81	-12.63	-12.80	-13.90	-14.41	-18.47	-19.81	-20.90	-21.62	-23.08	-26.85	-29.27

체는 크지 않아도 확실한 강점이 돋보이는 부류(7곳 : 부천시, 안양시, 군포시, 광명시, 의왕시, 안산시, 과천시)와 흑자인구 감소율이 경기도 평균보다 높지만 흑자인구 절대규모가 크거나 경쟁력을 상실하지 않을 부류(8곳 : 구리시, 이천시, 고양시, 양주시, 의정부시, 시흥시, 성남시, 안성시) 등이다.

다음은 흑자인구 관점에서 본 경기도내 괜찮을 것으로 분석된 지역들의 흑자인구 추계를 좀 더 직관적으로 분석할 수 있도록 그림으로 나타낸 것이다. 먼저 경기도 평균에 비해 흑자인구 감소율이 조금 높은 지역들이다.

경기도 평균대비 흑자인구 감소율은 조금 높지만 절대규모 자체가 큰 곳은 고양시, 성남시, 시흥시, 의정부시를 들 수 있다. 이들 지역은 2021년 대비 2035년 흑자인구 절

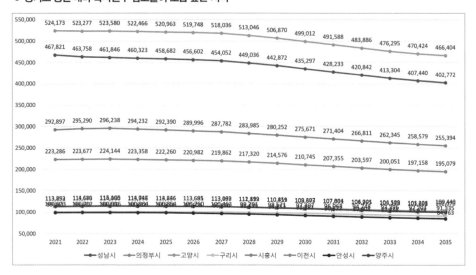

● 경기도 평균 대비 흑자인구 감소율이 조금 높은 지역

대 규모자체가 크기 때문에 흑자인구 감소에도 불구하고 현재의 위상을 잃어버릴 가능성은 극히 낮다. 게다가 고양시, 성남시, 시흥시는 재건축·리모델링·개발가능성 측면에서 확실한 강점이 돋보이는 지역들이다. 다양한 인구통계적 변수의 부정적 변화에도 불구하고 대한민국 부동산 시장이 대세하락 국면에 진입하지 않는 한 큰 폭의 가격 조정현상이 발생하지 않을 지역이라는 뜻이다.

구리시, 이천시, 양주시, 안성시는 2021년 대비 2035년 흑자인구 감소율이 경기도 평균에 비해 높지만 과도한 수준은 아닐 것으로 분석되었다. 게다가 이들 지역은 흑자인구 절대규모가 앞서 언급한 고양·성남·시흥·의정부시에 비해서는 크지 않을 것이라는 공통점이 있다. 따라서 소폭의 가격조정 현상이 발생할 가능성을 완전히 배제할 수는 없겠지만 우려할 만한 수준의 가격 폭락현상이 발생할 가능성은 낮기 때문에 괜찮은 지역으로 분류할 수 있을 것이다.

한편, 흑자인구 감소율이 경기도 평균보다 높지만 흑자인구 절대규모가 크거나 경쟁력을 상실하지 않을 것이 분명한 지역은 과천시, 안산시, 의왕시, 광명시, 군포시, 안양시, 부천시를 들 수 있다. 사실 과천·의왕·안산·군포시는 흑자인구 감소율이 경기도 내에서 매우 높은 수준이다.

그렇다면 이들 지역은 흑자인구 감소에 따른 후폭풍에 시달리게 될까?

단도직입적으로 말하자면, 과천시, 안산시, 의왕시, 광명시, 군포시, 안양시, 부천시는 모두 흑자인구 감소율이 높을 것으로 분석되었음에도 불구하고 아파트를 포함한 부동산 시장이 위축될 가능성은 거의 없을 것으로 예상된다.

● **경기도 평균 대비 흑자인구 감소율이 높은 7곳**

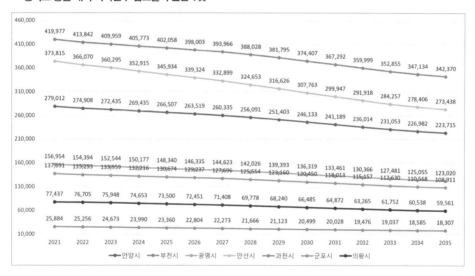

수도권 제3기 신도시로 지정된 과천시, 광역교통망 확충이라는 호재가 돋보이는 안산시, 수도권 제1기 신도시가 입지하고 있어 인프라가 잘 갖춰져 있는 데다 리모델링이라는 겹호재가 있는 군포시와 부천시, 재건축의 영향으로 구축 아파트들이 신축 아파트 단지들로 탈바꿈하는 것에 더해 KTX 광명역이라는 확실한 강점을 자랑하는 광명시, 기존

의 주거 강점 외에 GTX 호재 가 예상되는 의왕시를 결코 과소평가할 수 없기 때문이다.

 흑자인구 관점에서 본 경기도 부동산 투자 위험지역은?

경기도 인구추계를 고려할 때 경기도는 분명 대한민국에서 서울시를 제외하면 가장 매력적인 부동산 시장이라고 볼 수 있다. 하지만 그것이 경기도 모든 지역이 동등하게 매력적인 부동산 시장이라는 것을 의미하지는 않는다. 경기도내로 그 범위를 줄여보면 흑자인구 관점에서 볼 때 상대적으로 위험한 지역과 덜 위험한 지역으로 세분될 수 있을 것이기 때문이다.

흑자인구 분석자료에 따르면 흑자인구 관점에서 경기도에서 불안한 지역으로 손꼽을 수 있는 지역은 모두 4곳이다. 어디까지나 흑자인구만을 기준으로 불안한 지역을 분류한 결과라는 점은 염두에 두어야 한다. 경기도에서 2021년 대비 2035년 흑자인구 감소에 따른 아파트를 포함한 부동산 시장이 불안해 질 수 있는 지역은 포천시, 여주시, 연천군, 가평군 등이다.

● 흑자인구 관점에서 불안한 4곳

	포천시	여주시	연천군	가평군
2021	74,981	49,645	17,194	25,181
2022	73,662	49,294	16,864	25,035
2023	72,800	49,216	16,716	24,996
2024	71,660	49,048	16,521	24,914
2025	70,518	48,906	16,370	24,858
2026	69,341	48,,654	16,234	24,764
2027	68,310	48,448	16,174	24,705

2028	66,977	47,865	15,935	24,460
2029	65,666	47,194	15,709	24,109
2030	64,186	46,419	15,348	23,750
2031	62,570	45,777	15,011	23,358
2032	61,139	44,960	14,684	22,958
2033	59,706	44,150	14,332	22,547
2034	58,601	43,574	14,082	22,219
2035	57,643	43,065	13,899	21,963
감소규모(명)	-17,338	-6,580	-3,295	-3,218
감소율(%)	-23.12	-13.25	-19.16	-12.77

포천시, 연천군, 여주시, 가평군 모두 흑자인구 감소율이 경기도 평균을 초과하는 곳들이다. 게다가 흑자인구 절대규모 자체도 경쟁력을 자랑하기 어려운 지역들이다. 이런 상황에서 특히, 포천시, 연천군은 흑자인구 감소율이 두드러지게 나타날 전망이다. 흑자인구는 소비 측면에서 볼 때 소비여력이 있는 인구의 감소를 의미한다. 상권의 형성이나 집값 형성에 부정적인 영향을 주게 될 것이라는 뜻이다. 흑자인구가 경기도내 특정 시·군의 특성까지를 모두 고려하기에는 일정 부분 한계가 있다는 점은 분명하다.

하지만 포천시, 연천군, 여주시, 가평군만큼은 위에서 언급한 한계에도 불구하고 낙관적으로 보기 어려울 것이라고 생각한다. 확실한 강점이 없는 상태에서 미래 흑자인구 감소라는 후폭풍이 불어 닥칠 경우 지역 내 부동산 시장에 부정적일 것이기 때문이다.

다음은 흑자인구 관점에서 본 불안한 지역 4곳을 나타낸 그림이다.

그림을 보면 포천시의 흑자인구 감소규모가 가장 가파를 것으로 분석되었다. 그래서 2035년이 되면 특히 포천시 부동산 시장이 현재와는 상당히 다른 분위기가 형성될 가능성이 매우 높다. 긍정적인 측면이 아닌 부정적인 측면에서 말이다. 흑자인구 감소폭이 크고 절대규모가 경쟁력이 없을 것으로 분석된 여주시, 연천군, 가평군 역시 부

● 흑자인구 관점에서 불안한 4곳

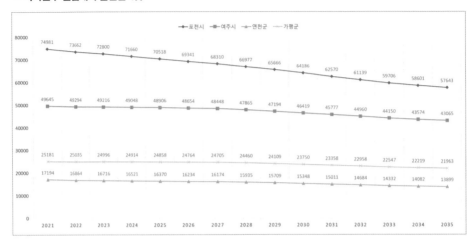

동산 시장을 낙관적으로만 바라보기 힘든 지역들이다.

마지막으로 흑자인구 추계 규모와 감소율을 종합적으로 고려해 장기적인 관점에서의 경기도 시·군별 아파트 투자전략을 검토했다. 이를 위해 흑자인구 추계에 따른 경기도 시·군별 장기적인 아파트 투자전략을 표로 정리했다.

● 경기도 시·군별 흑자인구 기반 아파트 투자전략

순위	구분	감소규모	구분	감소율	투자전략
1	안산시	-100,377	과천시	-29.27	
2	부천시	-77,607	안산시	-26.85	
3	성남시	-65,049	포천시	-23.12	☞ 매수
4	고양시	-57,769	의왕시	-23.08	하남시, 화성시,
5	안양시	-55,297	광명시	-21.62	김포시, 광주시
6	수원시	-52,027	군포시	-20.90	
7	용인시	-43,819	안양시	-19.82	

8	시흥시	-37,503	연천군	-19.16	☞ **보유**
9	광명시	-33,934	부천시	-18.48	남양주시, 의정부시,
10	군포시	-28,780	동두천시	-17.87	용인시, 수원시,
11	의정부시	-28,207	안성시	-14.42	구리시, 고양시,
12	남양주시	-20,999	성남시	-13.90	시흥시, 성남시,
13	의왕시	-17,876	여주시	-13.25	부천시, 안양시,
14	포천시	-17,338	시흥시	-12.80	군포시, 광명시,
15	안성시	-14,278	가평군	-12.78	평택시, 오산시,
16	양주시	-13,453	의정부시	-12.63	파주시, 의왕시, 안산시, 과천시
17	이천시	-11,182	양주시	-11.81	
18	파주시	-10,359	고양시	-11.02	
19	구리시	-9,338	이천시	-9.87	
20	평택시	-8,627	구리시	-9.28	☞ **유보**
21	동두천시	-7,696	수원시	-8.02	이천시, 양주시,
22	과천시	-7,577	용인시	-7.96	안성시, 동두천시
23	여주시	-6,580	양평군	-6.47	
24	오산시	-3,950	남양주시	-6.12	
25	연천군	-3,295	파주시	-4.34	
26	가평군	-3,218	오산시	-3.11	
27	양평군	-3,050	평택시	-3.05	☞ **매도**
28	광주시	4,318	광주시	2.12	양평군, 가평군,
29	김포시	6,343	김포시	2.55	여주시, 연천군,
30	하남시	26,132	화성시	12.71	포천시
31	화성시	64,063	하남시	17.15	

4 흑자인구 관점에서 본 인천광역시 부동산의 미래

인천광역시는 연령별 인구추계자료를 1세와 5세 단위로 공포하고 있다. 충실하게 인구 자료를 제공하고 있다는 뜻이다. 덕분에 통계청에서 발표한 흑자인생 구간인 27세~58 세까지의 인구를 분석할 수 있었다. 정확하게 흑자인생 구간을 구분한 후 분석했기 때문에, 5세 단위로 분류된 인구추계자료만 제공하는 지방자치단체에 비해 훨씬 더 정확하게 흑자인구를 분석할 수 있었다.

 흑자인구 관점에서 본 인천광역시 부동산의 미래

통계청 추계인구 자료로 부터 27세~58세의 인구를 추출하였다. 통계청에서 정의한 흑자인구(흑자인생구간)가 27세~58세 연령대의 인구였기 때문이다. 2021년 기준 2035년까지 인천광역시에서 감소하게 될 흑자인구는 19만 7,940명이 될 것으로 분석되었는데 감소율로 따지면 13.20% 수준일 것으로 예측되었다.

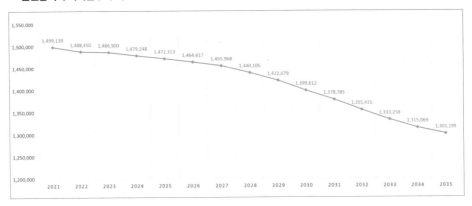

13%가 넘는 흑자인구의 감소가 발생하는 인천광역시 부동산 시장은 향후 어떻게 될까? 서울특별시의 경우처럼 상대적으로 후폭풍에서 자유로울 수 있는 지역이 있을까? 아마도 그럴 것이다. 잔인하게 후폭풍에 노출될 곳도 있겠지만 굳건하게 현재 위상을 유지하고 있을 곳들도 분명 존재할 것이기 때문이다. 수도권에 속하는 인천광역시는 분명 큰 틀에서 볼 때 흑자인구 감소에도 불구하고 수도권 이외의 지역에서 흑자인구를 흡수할 수 있는 경쟁력을 갖춘 곳들이 있다. 이런 특징을 보이는 곳은 흑자인구 감소라는 부정적 환경 속에서도 크게 흔들리지 않고 굳건하게 그 위상을 유지하게 될 것이다.

대표적으로 연수구, 서구 등을 들 수 있다. 이들 지역은 인천광역시를 넘어 수도권에서도 경쟁력을 갖춘 지역들이 될 것이다. 반면 흑자인구 감소에 따른 후폭풍이 예상되는 지역들은 폭락은 아닐지라도 약세 혹은 보합세 내지는 조정국면을 거치게 될 것이다. 다음은 인천광역시 각 구별 흑자연령인구 감소율 추계를 보여주는 그림이다. 구 단위로 흑자인구의 감소 정도를 비율로 보여주는 것이어서 좀 더 추세를 확인하는 데 도움이 된다.

2021년 대비 2035년 인천광역시 전체 흑자인구 감소율은 13.23%가 될 것으로 분석

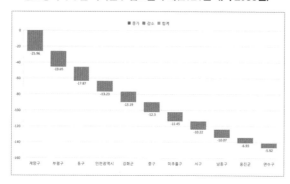

● 인천광역시 구별 흑자인구 감소율 추계(2021년 대비 2035년)

되었다. 흑자 감소율이 인천광역시 평균(=13.23%)을 초과하는 곳은 동구, 부평구, 계양구가 될 것으로 분석되었다. 흑자인구 감소는 두 가지 측면을 동시에 고려해야 한다.

첫 번째는 지역 내 흑자인구 감소 자체다. 흑자인구가 감소한다는 것은 일차적으로 아파트를 포함한 부동산 수요의 크기나 잠재력도 감소한다는 것을 의미하기 때문이다.

두 번째는 외부지역으로부터의 인구유입 수준이다. 물론 추계인구 역시 외부 인구유입이라는 변수를 고려한다. 하지만 수도권 제3기 신도시, 추가 신도시 조성, GTX 신설 등등 추계인구 발표시 충분히 고려하지 못했던 변수들이 추가적으로 발생하게 되거나 그 강도가 커질 경우 외부로부터의 인구유입 규모 또한 추계 당시에 비해 증가하게 된다.

이렇게 되면 흑자인구 규모 역시 증가할 수밖에 없다. 이런 점에서 볼 때 인천광역시는 외부지역으로부터의 인구유입이 증가할 가능성이 높은 곳이다. 수도권이라는 점, 향후 도심을 중심으로 하는 경제구조가 더욱 심화될 것이라는 점, 수도권 부동산에 대한 수요가 더욱 확대될 것이라는 점을 고려할 때 더욱 그렇다. 그래서 흑자인구 감소에도 불구하고 적어도 2035년까지 인천광역시 아파트 시장의 위상이 현재에 비해 더 강화될 가능성이 높다고 본다.

흑자인구에 담긴 인천광역시 아파트 시장의 미래

'흑자인구 감소 = 아파트에 대한 현재 혹은 잠재적 수요 감소'라는 공식을 부인하는 바보는 없을 것이다. 현재 혹은 가까운 미래에 구매력이 동반되지 않는 수요는 진정한 수요가 아니기 때문이다. 현재 시점에서 수입이 없고 미래에도 확실한 수입을 기대할 수 없다면 집을 구입하려는 엄두 자체를 내지 못한다. 제아무리 수도권이라 할지라도 인천광역시가 흑자인구 감소에 따른 부작용이 전혀 없을 것이라는 가정은 애초부터 성립 불가인 이유이다.

그럼에도 불구하고 정도의 차이는 지방에 비해 명확하게 제한적일 것이다. 인천광역시의 미래 아파트 시장을 낙관적으로 보고 있는 이유다. 물론 인천광역시 내에서도 상대적으로 미래에 더 주목을 받을 수 있는 지역과 그렇지 않은 지역으로 세분될 것은 확실하다. 인천광역시내 아파트 시장 역시 양극화 현상이 발생할 것이라는 의미다. 또한 인천광역시의 미래 아파트 시장을 예측하기 위해 인천광역시내 각 구별 흑자인구 감소폭과 감소율을 분석해야 하는 이유이기도 하다.

흑자인구 관점에서 본 인천광역시 투자 우량지역은?

흑자인구가 미래 아파트를 포함한 부동산 시장에 가장 강력한 영향을 미치는 변수가운데 하나라는 것에 주목해야만 한다. 흑자인구 감소규모와 감소율이 가장 작은 곳이 결국 흑자인구 관점에서 볼 때 가장 미래가치가 두드러지게 될 지역이 될 것이기 때문이다. 그렇다면 흑자인구 관점에서 볼 때 인천광역시에서 가장 유망한 곳은 어디일까?

● 흑자인구 관점에서 유망지역 4곳

	연수구	남동구	서구	옹진군
2021	197,193	274,632	293,685	7,741
2022	198,761	272,993	293,700	7,705
2023	200,493	273,428	294,689	7,813
2024	200,896	272,901	293,,758	7,871
2025	201,866	272,528	292,616	7,951
2026	201,504	272,229	291,851	8,013
2027	200,940	271,,494	290,689	8,,046
2028	199,650	269,422	288,306	8,013
2029	197,980	266,857	285,489	7,925
2030	195,662	263,258	281,568	7,786
2031	193,499	259,982	278,004	7,681
2032	191,122	256,076	273,,827	7,523
2033	188,695	252,419	269,814	7,388
2034	186,821	249,254	266,343	7,284
2035	185,515	246,963	263,664	7,204
감소규모(명)	-11,678	-27,669	-30,021	-537
감소율(%)	-5.92	-10.07	-10.22	-6.93

흑자인구 감소규모가 크지 않고 감소율이 10% 수준에 그칠 곳으로는 연수구, 옹진군, 남동구, 서구 등 4곳일 것으로 분석되었다. 따라서 흑자인구 측면에서 볼 때 1차적으로 주목을 받을 수 있는 곳은 연수구, 남동구, 서구라고 보는 것이 타당하다. 옹진군이 제외된 이유는 2021년~2035년에 걸친 기간 동안의 흑자인구 규모 자체가 인천광역시내에서 매우 낮은 수준일 것으로 분석되었기 때문이다. 연수구, 남동구, 서구는 2021년부터 2035년까지 흑자인구 감소규모와 감소율이 각각 -1만1,678명(-5.92%), -2만7,669명(-10.07%), -3만21명(-10.22%)일 것으로 예측되었다.

다음은 연수구, 남동구, 서구의 흑자인구 추계 데이터를 그림으로 표시한 것이다.

● 흑자인구 관점에서 유망지역 4곳

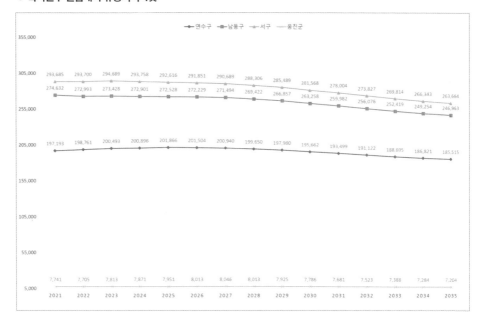

그림을 보면 인천광역시에서 흑자인구 감소가 가장 작을 것으로 예상되는 4곳의 흑자인구 감소 추계를 확인할 수 있다. 흑자인구가 진정한 의미에서의 아파트 수요라는 점에서 연수구, 남동구, 서구가 2021년 대비 2035년 인천광역시내에서 흑자인구 관점에서 볼 때 가장 매력적인 아파트 투자 유망지역이 될 것이라고 생각한다. 반면 옹진군은 흑자인구 감소규모나 감소율이 낮을 것으로 분석되었음에도 불구하고 매력적인 시장이 될 수는 없을 것이라고 본다.

흑자인구 관점에서 본 인천광역시 괜찮은 투자지역은?

2021년~2035년까지의 인천광역시 흑자인구 관점에서 볼 때 미추홀구, 중구를 괜찮은 지역이라고 볼 수 있다. 흑자인구 감소율이 연수구, 남동구, 서구, 옹진군 등 4곳을 제외하면 가장 낮은 지역일 것으로 예측되었기 때문이다.

● 흑자인구 관점에서 괜찮은 2곳

연도	미추홀구	중구
2021	202,407	72,001
2022	201,266	73,407
2023	201,712	73,962
2024	201,877	73,424
2025	201,889	72,765
2026	201,177	72,305
2027	200,249	71,842
2028	198,338	70,870
2029	195,948	69,738
2030	192,995	68,506
2031	189,966	67,369
2032	186,807	66,140
2033	183,586	64,937
2034	181,170	63,979
2035	179,228	63,143
감소규모(명)	-23,179	-8,858
감소율(%)	-11.45	-12.30

여기서 미추홀구, 중구의 흑자연령인구 추계를 좀 더 직관적으로 분석해 볼 필요가 있다.

그래서 2곳의 흑자인구 추계를 그림으로 표시했다.

● 흑자인구 관점에서 괜찮은 2곳

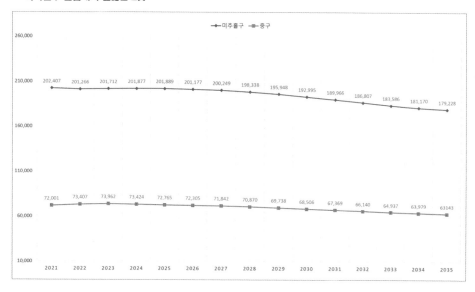

미추홀구와 중구의 2021년 대비 2035년 흑자인구 감소규모와 감소율은 각각 미추홀구 -2만3,179명(-11.45%), 중구 -8,858명(-12.30%)이 될 것으로 분석되었다. 감소율이 10%를 넘기 때문에 분명 무시해도 좋을 수준은 결코 아니다. 하지만 인천시내에서는 상대적으로 작은 수준이다. 또한 미추홀구는 재개발·재건축은 물론 대규모 아파트단지가 꾸준히 공급될 예정이고, 중구는 구도심에 대한 도시재생과 인천공항이라는 탄탄한 자족기반을 갖추고 있다.

여기에 더해 수도권의 중요한 한축으로서 인천광역시의 위상과 영향력을 감안할 때 긍정적으로 볼 여지는 충분하다. 시간이 흐를수록 수도권 VS 지방, 도심 핵심지역 VS 비핵심지역 간 부동산 시장 양극화 현상이 갈수록 심화될 것이다. 인천광역시 아파트 시장이 현재보다 더 주목을 받을 가능성이 높다고 볼 수 있는 이유이다. 이런 점에서 볼 때 미추홀구와 중구 아파트 시장의 미래 또한 괜찮은 지역으로 분류하는 것이 지극히 타당하다고 볼 수 있다.

 ## 흑자인구 관점에서 볼 때 인천광역시 투자 위험지역은?

인천광역시는 수도권의 한축으로 여타 지방자치단체에 비해 부동산 관점에서 볼 때 상대적으로 안정적이고 유망한 지역이라고 볼 수 있다. 그렇지만 서울특별시도 그랬던 것처럼 인천광역시 내부로 시선을 돌려보면, 흑자인구 측면에서 볼 때 우량한 지역과 덜 우량한 지역으로 구분이 될 수밖에 없다. 인천광역시 흑자인구 분석자료 결과를 보면, 흑자인구 관점에서 불안한 지역으로 손꼽을 수 있는 지역은 모두 4곳이다. 인천광역시에서 2021년 대비 2035년 흑자인구 감소로 인해 부동산 시장(아파트 시장 포함)이 불안해질 수 있는 지역은 계양구, 부평구, 동구, 강화군 등이다.

● 흑자인구 관점에서 불안한 4곳

연도	동구	부평구	계양구	강화군
2021	27,305	252,675	147,449	24,051
2022	26,600	247,322	142,795	23,901
2023	26,327	244,405	140,158	23,913
2024	26,118	241,303	137,343	23,757
2025	25,925	238,436	134,750	23,587
2026	25,707	235,947	132,311	23,573
2027	25,511	233,693	129,998	23,506
2028	25,170	230,053	127,085	23,198
2029	24,817	226,212	124,254	22,859
2030	24,350	221,874	121,126	22,487
2031	23,939	217,721	118,517	22,107
2032	23,433	213,251	115,520	21,716

2033	23,062	209,109	112,886	21,362
2034	22,688	205,683	110,791	21,056
2035	22,425	203,011	109,169	20,877
감소규모(명)	-4,880	-49,664	-38,280	-3,174
감소율(%)	-17.87	-19.65	-25.96	-13.19

계양구는 흑자인구 감소율(-25.96%)이 엄청난 수준이 될 것으로 분석되었다. 부평구의 흑자인구 감소율(-19.65%) 또한, 어마어마한 수준이 될 전망이다. 동구와 강화군은 부평구나 계양구에 비해 흑자인구 감소율은 크지 않으나 흑자인구 규모 자체가 작다. 따라서 2021년과 마찬가지로 다가 올 2035년에도 인천시 부동산 시장 그 중에서도 아파트 시장에서 차지하는 위상은 미미한 수준이 될 것이다.

흑자인구는 경제력이 뒷받침되는 인구의 또 다른 이름이다. 따라서 흑자인구 감소는 소비인구의 감소가 되고, 상권형성이나 집값에 부정적인 영향을 주게 될 것이다. 다만, 위에서 언급한 인천광역시 흑자인구는 가장 최근 자료가 2017년 기준이다. 따라서 그 이후 발표된 추계인구 증가에 영향을 미치게 될 변수들은 반영되지 못했다는 한계가 있다. 대표적으로 수도권 제3기 신도시가 입지하게 될 계양구를 들 수 있다. 2018년 12월 계양테크노밸리가 수도권 제3기 신도시로 선정되었다.

그런데 인구추계자료는 2017년 기준이다. 당연히 인천광역시 인구추계에는 제3기 신도시라는 인구증가 변수가 반영되지 못할 수밖에 없었다. 인구증가는 흑자인구 증가로 연결되는 것이 정상적이다. 따라서 계양구는 진정한 의미에서 위험한 지역이라고 볼 수 없다. 부평구 역시 흑자인구 감소율만으로 위험한 지역으로 규정하기에는 무리가 있다. 가장 큰 이유는 부평구 흑자인구 규모 자체가 서구와 남동구를 제외하면 인천시내 다른 구들을 압도하는 규모이다.

그렇다면 흑자인구 감소가 부동산 시장에 미치게 될 영향을 중요하게 고려할 필요가 없을까?

결코 그렇지 않다. 전체적인 측면에서 볼 때 흑자인구 감소가 인천광역시 각 구별 미래 부동산 시장의 흐름을 예측하는 데 있어서, 또한 전체적인 맥락을 짚어 보는 데 상당한 도움이 될 수 있다. 결정적 변수가 아닌 보편적인 변수로는 유의미하다고 볼 수 있다.

● 흑자인구 관점에서 불안한 4곳

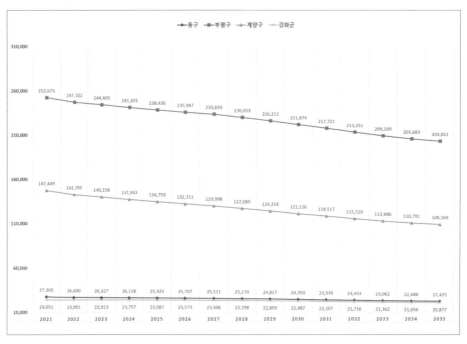

흑자인구 감소율이 가장 높은 수준은 아니지만 흑자인구 절대규모가 크지 않은 동구와 강화군은 부동산 시장을 낙관적으로만 바라보기 힘든 곳이라고 생각한다. 부동산 시장은 생물과 같다. 즉, 향후 다양한 환경(예를 들어 대표적인 것이 자족기능, 직주근접성 확보 등이 있음)의 변화에 따라 언제든 우량지역으로 변모할 가능성이 있다는 뜻이다. 동구와 강화군이 어떻게 변하게 될 것인지, 부동산 가치를 제고할 수 있는 근본적 호재요인들이 등장하게 될 것인지를 주목해야 한다.

지금까지 인천광역시 구·군별 미래 아파트 시장이 어떻게 될 것인지 예측하기 위해서 흑자인구를 규모와 감소율 두 가지 측면에서 각각 분석했다. 지금부터는 흑자인구 추계 규모와 감소율을 종합적으로 고려해 장기적인 관점에서의 인천광역시 구·군별 아파트 투자전략을 제시하고자 한다. 이를 위해 흑자인구 추계에 따른 인천광역시 구·군별 장기적인 아파트 투자전략을 표로 정리했다.

● 인천광역시 구·군별 흑자인구 기반 아파트 투자전략

순위	구분	감소규모	구분	감소율	투자전략
1	부평구	-49,664	계양구	-25.96	☞ 매수 연수구, 서구 남동구
2	계양구	-38,280	부평구	-19.66	
3	서구	-30,021	동구	-17.87	
4	남동구	-27,669	강화군	-13.20	☞ 보유 미추홀구, 중구
5	미추홀구	-23,179	중구	-12.30	
6	연수구	-11,678	미추홀구	-11.45	☞ 유보 부평구, 계양구
7	중구	-8,858	서구	-10.22	
8	동구	-4,880	남동구	-10.07	
9	강화군	-3,174	옹진군	-6.94	☞ 매도 옹진군, 강화군 동구
10	옹진군	-537	연수구	-5.92	

Section

6

학령인구 변화가
대한민국 부동산
투자 지형도를 바꾼다

군이 강조하지 않아도 대한민국에서 교육이 얼마나 중요한 의미를 갖는지 모르는 사람은 없을 것이다. 그런데 출산율 감소로 인해 학령인구도 지속적으로 감소할 전망이다. 학령인구 감소를 단순히 학생 숫자만 감소하는 것으로 해석하면 곤란하다. 소비, 소득 등 경제에 큰 영향을 주게 되는 것은 물론 부동산 수요에도 상당한 영향을 주게 될 것이기 때문이다. 수도권 학령인구 추계를 신중하게 검토해보야 할 중요한 이유가 아닐까?

1 학령인구가 왜 중요한가?

학령인구는 '학령아동인구'로 정의할 수 있다. 통계적으로는 6~21세 연령의 인구를 학령인구로 분류한다. 학령인구 감소는 출산율 저하에 따른 인구감소 현상으로부터 촉발된다. 따라서 출산율을 어떻게 해서든 끌어올리지 못한다면 학령인구 감소문제 해결은 불가능하다. 문제는 출산율을 끌어올리는 것이 현재로서는 기대난망이라는 점이다.

그렇다면 학령인구가 중요한 이유는 무엇일까? 학령인구가 미치는 경제적 파급효과 때문이다. 대표적으로 통계청이 발표한 〈2019년 사교육비 조사결과〉를 주목해 볼 필요가 있다. 이에 따르면 2019년 기준 대한민국의 초·중·고 사교육비 총액이 21조 원에 달하는 것으로 나타났다. 사교육비 또한 경제적인 측면에서 볼 때 소비지출을 구성하는 중요한 변수이기 때문에 경제에 막대한 영향을 준다. 실제로 통계청 조사결과를 보면 사교육을 받는 학생의 1인당 월평균 사교육비는 42만 9천 원인 것으로 나타났다. 이 중 초등학교는 34만 7천 원, 중학교 47만 4천 원, 고등학교 59만 9천 원이었으며, 고등학교 3학년일 때 월평균 사교육비가 62만 9천 원으로 가장 높은 것으로 조사되었다. 학령인구의 소비지출이 경제에 미치는 영향이 얼마나 큰지를 단적으로 보여주는 것이다. 당연하지만 사교육비는 소득수준이 높을수록 높은 것으로 나타났다.

지역별 사교육비를 그림으로 표시하면 다음과 같다.

● 2019년 시도별 학생 1인당 사교육비

구분	사교육비(만원)			
	참여학생	초등학교	중학교	고등학교
전국	42.9	34.7	47.4	59.9
서울	56.3	44.0	60.0	80.6
부산	41.6	34.1	44.8	57.2
대구	43.5	35.1	46.6	61.0
인천	41.6	33.4	46.5	59.4
광주	37.4	29.6	43.5	50.2
대전	41.7	33.3	46.1	58.2
울산	37.6	31.1	42.5	49.9
세종	42.0	34.8	50.5	58.8
경기	45.8	38.3	48.6	63.6
강원	33.4	28.9	34.8	44.7
충북	35.2	29.5	40.9	46.6
충남	34.2	27.5	41.1	45.9
전북	35.0	26.7	41.6	47.6
전남	29.8	21.8	38.9	40.7
경북	32.2	26.7	38.8	40.4
경남	34.5	28.7	41.5	43.8
제주	35.7	27.7	44.2	50.4

자료 : 통계청, 〈2019년 사교육비 조사결과〉

● 지역별 사교육비 현황

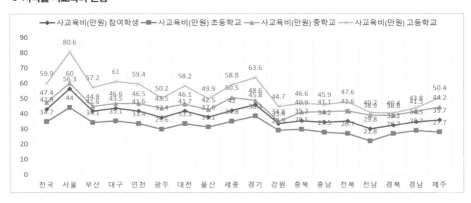

서울, 경기, 대구의 사교육비 지출이 전국 평균(42.9만 원)을 초과하는 것으로 나타났다. 사교육이 경제에서 차지하는 비중이 높은 지역이라고 볼 수 있다. 다음으로 세종, 대전, 인천, 부산의 사교육비 지출이 높은 것으로 나타났다. 역시 사교육이 경제에 미치는 영향이 큰 곳들이다. 이처럼 학령인구의 사교육비 지출액은 경제에 밀접한 영향을 주게 될 것이기 때문에 필연적으로 부동산 시장에 영향을 주게 될 것이다. 학령인구에 관심을 가져야 한다고 주장하는 이유다.

2 학령인구 감소 충격은 2025년부터 본격화된다

학령인구 감소는 인구감소 문제와 직접적으로 연결되어 있는 이슈다. 학령인구는 초등학교에서 대학교까지의 연령인구를 말하는데, 특히 대학과 관련 있는 직업을 갖고 있는 사람들(예를 들면 교수, 교직원, 강사 같은)에게는 매우 민감한 문제가 되고 있다. 물론 대학들이 소재하고 있는 지역 주민들에게도 민감한 문제이기도 하다. 당장 그 지역에 있는 대학교 정원 감축이 이루어지거나 한 발 더 나아가 폐교라도 되면 지역경제에 미치는 파급효과가 상당할 것이기 때문이다. 반면 대다수 국민들은 크게 개의치 않는 분위기다. 이런 분위기속에도 학령인구 감소 폭탄이 터지는 시점은 점점 다가오고 있다. 통계청 장래 인구추계자료 중 중위가정에 기초한 학령인구 추계를 보면 학령인구 감소의 심각성을 알 수 있다.

앞서 이미 말했던 것처럼 우

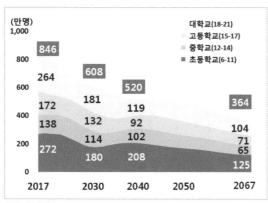

● 학령인구 연령구조, 2017~2067년(중위)

자료 : 통계청

리나라 미래인구는 잘해야 통계청의 중위가정 추계와 저위가정 추계의 중간 수준 혹은 저위가정 추계에 근접한 수준에 그칠 것으로 보고 있다. 중위가정에 기초할 때 학령인구 감소 폭탄이 터지는 시기는 2025년부터 시작되고 2035년에 걸친 기간 동안 1차적으로 나타난 후, 다시 2050년~2067년에 걸쳐 나타날 것으로 예상한다. 2020년 대비 각각 2025년 93만 명, 2030년 174만 명, 2035년 234만 명의 학령인구가 감소하기 때문이다.

보다 더 보수적으로 미래 인구를 추계한 저위가정에 기초할 경우 학령인구 감소 폭탄이 본격화되는 시기 역시 2025년부터 시작해 2035년 1차적으로 나타난 후 2055년 ~2067년에 걸쳐 재차 나타날 것으로 예상한다. 그 정도는 중위가정이 보다 더 강력할 것이다. 2020년 대비 각각 2025년 96만 명, 2030년 199만 명, 2035년 286만 명이 감소할 것이기 때문이다.

● 2019년 시도별 학생 1인당 사교육비

(단위 : 만 명)

시나리오	구분		2017	2020	2025	2030	2035	2040	2045	2050	2055	2060	2067
중위	총인구		5,136	5,178	5,191	5,193	5,163	5,086	4,957	4,774	4,541	4,284	3,929
	학령인구 (6-21)	계	846	782	689	608	548	520	529	507	465	419	364
		초(6-11)	272	272	233	180	200	208	191	173	160	140	125
		중(12-14)	138	136	140	114	87	102	104	94	86	79	65
		고(15-17)	172	138	136	132	96	92	105	100	90	83	71
		대(18-21)	264	236	180	181	166	119	129	140	129	116	104
저위	총인구		5,136	5,164	5,123	5,065	4,971	4,831	4,640	4,401	4,115	3,801	3,365
	학령인구 (6-21)	계	846	780	684	581	494	439	438	418	378	334	268
		초(6-11)	272	271	231	156	166	174	158	141	129	109	82
		중(12-14)	138	136	139	114	73	85	86	78	69	64	48
		고(15-17)	172	138	135	131	91	74	88	83	74	67	55
		대(18-21)	264	235	178	180	164	106	105	116	106	94	83

자료 : 통계청

미래 인구가 얼마나 될지는 여러 가지 변수에 의해 큰 폭의 변동이 발생할 수 있기 때문이다. 정직하게 말하면 이 예상이 틀리기를 바라고 있다. 학령인구 감소가 초래할 문제가 결코 가볍게 볼 수 있는 문제가 아니기 때문이다. 학령인구 감소는 교육산업 전반의 규모를 축소시키고 교육용 부동산 수요를 약화시킬 것이다. 경제는 물론 부동산 시장에 적지 않은 부정적 효과를 촉발시킬 수밖에 없는 변수가 될 것이다. 그렇기 때문에 대학교 주변 상권의 규모와 부동산 가치에 대한 면밀한 분석이 필요하다. 게다가 주어진 시간은 길어야 5년에서 10년밖에 없다. 충분한 분석과 과감한 의사결정이 필요한 시점이다. 주어진 시간이 충분하지 않기 때문이다.

3 대학들이 사라진다

학령인구 감소는 대학들에 직격탄이 될 것이다. '인구감소 → 학령인구 감소 → 대학교 입학자원 감소 → 정원감축 및 폐교' 의 수순을 밟게 될 것이라는 말이다. 대학들은 벚꽃 개화순서처럼 정원감축과 폐교라는 운명을 맞이하게 될 것이다. 대학 소재지와 경쟁력의 정도에 따라 시차를 두고 잔인한 운명이 찾아갈 것이라는 뜻이다. 다만, 학령인구 감소가 모든 대학들이 동시에 부정적인 영향을 줄 가능성은 극히 드물다. 그래서 <u>벚꽃 개화시기가 빠른 곳부터 순차적으로 정원감축·폐교 도미노가 발생할 것이라는 우울한 전망이 나오고 있는 것이다.</u>

2019년 말 기준 대한민국에는 총 340개의 대학교가 있다. 그럼에도 불

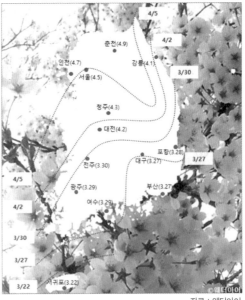

● 2019년 벚꽃 개화시기

춘천(4.9)
인천(4.7)
강릉(4.1)
4/5
4/2
3/30
서울(4.5)
청주(4.3)
대전(4.2)
포항(3.28)
대구(3.27)
3/27
전주(3.30)
광주(3.29)
부산(3.27)
여수(3.29)
4/5
4/2
3/30
3/27
3/22
서귀포(3.22)

자료 : 웨더아이

구하고 학령인구 감소로 인해 2020년 최초로 대입정원에 비해 대입가능자원이 적다. 신입생이 부족해 대학교 입학정원이 남아돈다는 말이다. 게다가 갈수록 그 정도는 심해진다. 지난 해 교육부가 발표한 〈대입 가능자원〉 추계자료에 따르면 2018년 기준 대입정원이 변하지 않는다고 가정할 때 2024년 남아도는 대입정원(잉여 대입정원)은 무려 12만 3,748명이 될 것이라고 한다.

● 연도별 대입정원과 대입가능자원 비교

분류	학년도				
	2020학년	2021학년	2022학년	2023학년	2024학년
* 대입정원	49만 7,218명	49만 7,218명	49만 7,218명	49만 7,218명	49만 7,218명
**대입가능자원	47만 9,376명	42만 893명	41만 2,034명	40만 913명	37만 3,470명
잉여 대입정원	1만 7,842명	7만 6,325명	8만 5,184명	9만 6,305명	12만 3,748명

* 대입정원은 2018년 기준으로 불변가정
**대입가능 자원은 교육부 추계
자료 : 교육부

학령인구가 감소한다고 해서 수도권에 포진하고 있는 주요 상위권 대학들에 진학하기 위한 입시경쟁이 크게 감소할 가능성은 매우 희박하다. 오히려 대학교 양극화 현상이 극단적으로 발생할 것이고 그에 따라 수험생들은 특화된 교육경쟁력을 확보하지 못한 지방대들을 기피할 것이 틀림없다. 이제 각 행정구역별로 소재하고 있는 대학교들은 생존을 위한 피 말리는 구조조정과 경쟁력 확보라는 매서운 칼바람 앞에 내몰리게 되었다. 이 위기를 극복하지 못하는 대학들은 결국 폐

● 광역자치단체별 대학교 수

지역	대학교 수
인천	7
서울	48
경기	61
강원	18
충남	21
세종	3
충북	17
경북	33
전북	19
대전	15
대구	11
울산	4
전남	19
광주	17
경남	21
부산	22
제주	4

자료 : 국가통계포털

교를 선택할 수밖에 없을 것이다. 안타깝게도 현재로써는 벚꽃이 피는 순서에 따라 대학들이 혹독한 구조조정이나 폐교라는 운명을 받아들여야 하는 웃픈 상황이 되었다.

대학이 경제에 미치는 영향은 상당하다. 2019년 한국은행 강릉본부가 강릉원주대와 가톨릭관동대 학생 1천 100명을 대상으로 설문조사한 결과를 보면 대학생 1인당 한 달 평균 지출은 56만 6천 원, 연간 평균 지출액은 584만 원이고, 총 연간 총지출액은 1천 600억 원에 달하는 것으로 추정되었으며 대학생들이 소비하는 지출의 소득창출 효과도 연간 1천 억~1천 160억 원에 달하는 것으로 분석됐다. 강릉시 예산의 10%에 육박하는 수준이다. 또한 대학정원이 감소하면서 학생수가 2만 7천 명에서 2만 2천 명으로 감소하면 2023년 지역 소득은 연간 220억 원이 감소할 것으로 예측되었다. 대학정원이 감소하거나 폐교된다면 지역경제도 큰 타격을 입을 것이고 그 충격은 지방일수록 클 것이라는 점은 너무 분명하다.

4 학령인구로 본 서울특별시 부동산의 미래

 서울특별시의 학령인구 현황

2035년에도 대한민국 부동산 시장의 중심이 수도권이 될 것이라는 점은 명확하다. 하지만 지금과 같이 압도적으로 강력한 지위를 유지할 수 있을까? 그 답을 찾는 데 수도권 학령인구가 중요하다고 할 수 있다. 서울특별시의 학령인구는 감소할 수밖에 없다. 출산

● **서울특별시 학령인구 추계**

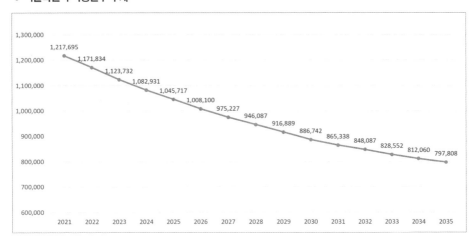

율이 저하되고 있는 현실 때문이다. 서울특별시의 2021년 대비 2035년 학령인구는 -41만 9,887명이 될 것으로 분석되었다. 감소율은 -34.48%가 될 전망이다.

닥터 김의 생산가능인구 감소율(19%)에 비해 엄청난 수준이다. 서울특별시 전체 학령인구 감소규모와 감소율을 감안할 때 학령인구 감소로 인해 단기간에 가격 폭락현상이 발생할 가능성은 높지 않지만 장기적으로는 상당한 타격을 줄 것이다.

 학령인구 관점에서 가장 핫할 3곳 : 강서구, 서초구, 강남구

서울특별시 학령인구 추계를 보면 부동산 관점에서 가장 핫할 지역을 유추해 볼 수 있다. 강서구, 서대문구, 강남구, 마포구 4곳이 학령인구 측면에서 볼 때 가장 핫할 곳들이다.

● 학령인구 관점에서 가장 핫할 4곳

연도	강서구	서대문구	강남구	마포구
2021	74,989	38,703	84,401	44,546
2022	73,289	37,344	82,820	43,298
2023	71,596	35,990	81,319	41,957
2024	70,673	34,913	80,776	40,552
2025	70,103	33,926	80,278	39,273
2026	69,621	32,895	79,674	37,969
2027	69,453	32,066	79,317	36,877
2028	69,466	31,344	79,075	35,868
2029	69,365	30,600	78,508	34,973
2030	68,929	29,861	77,622	33,947
2031	68,933	29,258	77,104	33,356
2032	69,054	28,872	76,749	32,962
2033	68,750	28,409	75,965	32,434
2034	68,405	27,942	75,356	32,103

2035	68,220	27,530	74,838	31,725
감소규모(명)	-6,769	-11,173	-9,563	-12,821
감소율(%)	-9.02	-28.87	-11.33	-28.78
연간 최소 교육소비 감소액	457억	754억	646억	866억

다음은 학령인구 추계를 그림으로 표현한 것이다. 좀 더 직관적으로 학령인구의 변동 추이를 확인해 볼 수 있다.

● 서울특별시 학령인구 추계

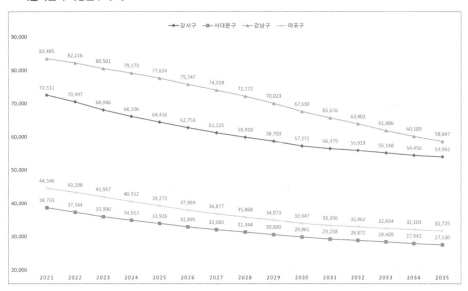

강서구와 강남구는 학령인구 감소율이 압도적으로 낮다. 서대문구와 마포구는 감소 폭과 감소율이 유사한 모습을 보일 것으로 분석되었다. 4곳 모두 서울시내 다른 구들과 비교했을 때 학령인구 감소율이 유의미하게 낮은 수준이 될 전망이다. 학령인구 감소는 교육용도 지출의 감소를 의미한다. 통계청의 〈2019년 사교육비 조사결과〉에 따르면 사교육을 받고 있는 학생(초등학생에서 고등학생)의 1인당 월평균 사교육비는 56만 3천 원인 것으로 나타났다. 이 수치를 단순하게 적용하면(대학생도 초·중·고교생과 동일하게 56만 3천 원으로 가정하고 계산) 2035년에는 강서구, 서초구, 강남구에서 사라지게 될 교육소비총액이 최소 2,723억 원이 넘을 것이라는 뜻이다. 하지만 이 정도 수준은 서울특별시의 위상과 규모를 고려할 때 충분히 흡수할 수 있는 정도라고 볼 수 있다. 따라서 강서구, 서대문구, 강남구, 마포구 부동산 시장의 미래가 학령인구 관점에서 볼 때도 또한 흔들림 없는 곳들이 될 것이라고 생각한다.

 학령인구 관점에서 괜찮을 7곳 : 동작구, 서대문구, 마포구, 송파구, 광진구, 양천구, 성동구

서울특별시에서 학령인구 관점에서 볼 때 핫할 지역은 아니더라도 경쟁력을 보여줄 수 있는 지역으로 분류될 수 있는 지역이 있다. 이들 지역을 가리켜 학령인구가 괜찮을 곳이라고 명명했다. 서울특별시 학령인구 추계 분석에 따르면 동작구, 서초구, 영등포구, 송파구, 광진구, 양천구, 성동구가 괜찮을 지역에 속한다.

● **학령인구 관점에서 괜찮을 7곳**

연도	동작구	서초구	영등포구	송파구	광진구	양천구	성동구
2021	45,957	65,130	38,288	94,026	41,468	73,183	35,582
2022	44,382	63,855	36,888	91,946	39,982	70,802	34,063
2023	42,499	62,293	35,200	89,203	38,350	68,543	32,614
2024	40,787	60,904	33,785	86,448	36,992	66,380	31,421
2025	39,212	59,328	32,584	83,879	35,787	64,378	30,450
2026	37,809	57,528	31,309	81,071	34,571	62,239	29,347

2027	36,475	55,901	30,227	78,528	33,431	60,196	28,511
2028	35,418	54,333	29,298	76,181	32,551	58,400	27,788
2029	34,386	52,624	28,442	73,809	31,601	56,426	27,088
2030	33,383	50,950	27,607	71,347	30,592	54,322	26,379
2031	32,579	49,570	27,081	69,602	29,945	52,797	25,974
2032	32,105	48,368	26,674	67,979	29,429	51,441	25,679
2033	31,466	47,188	26,197	66,362	28,784	49,983	25,314
2034	30,880	46,218	25,823	64,900	28,260	48,805	24,951
2035	30,427	45,409	25,466	63,752	27,738	47,783	24,625
감소규모(명)	-15,530	-19,721	-12,822	-30,274	-13,730	-25,400	-10,957
감소율(%)	-33.79	-30.28	-33.49	-32.20	-33.11	-34.71	-30.79
연간 최소 교육소비 감소액	1,049억	1,332억	866억	2,045억	927억	1,716억	740억

　수도 서울이 아니었다면 동작구, 서초구, 영등포구, 송파구, 광진구, 양천구, 성동구의 학령인구 감소는 분명 부동산 시장에 부정적인 영향을 미칠 수 있다고 보는 것이 타당할 것이다. 흑자인구 감소의 경제적 효과가 부정적으로 나타날 수밖에 없을 것이기 때문이다. 서울특별시에서 사교육을 받고 있는 학생(초등학생에서 고등학생)의 1인당 월평균 사교육비가 56만 3천 원이라는 점을 고려할 때 학령인구가 괜찮을 7곳에서 오는 2035년 사라지게 될 연간 교육소비 총액은 자그마치 8,675억 원을 넘게 될 것이다.

　다음은 서울특별시 학령인구가 괜찮을 7곳의 학령인구 추계를 그림으로 나타낸 것이다. 2021년부터 7~8년 간 학령인구가 상대적으로 가파른 감소세를 보인 후 감소 정도가 약화되는 것을 확인할 수 있다. 하지만 위 지역들은 서울특별시에서 학령인구 감소에도 불구하고 도시경쟁력을 유지할 수 있는 다양한 호재요인과 강점을 보유한 지역이라는 점에서 부동산 시장(아파트 시장 포함)의 미래를 괜찮을 지역으로 분류할 수 있다.

● 학령인구 관점에서 괜찮을 7곳

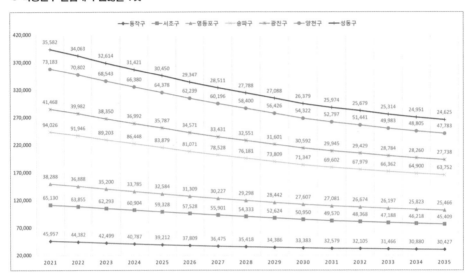

 학령인구 때문에 좀 더 지켜봐야 할 10곳

학령인구 측면에서 보면 서울이라고 해서 모든 지역을 유망한 지역이라고 정의하기 어려운 측면이 분명 있다. 그뿐만 아니라 괜찮을 지역으로 분류하기도 어려운 경우도 있다. 하지만 그렇다고 해서 무작정 위험하거나 불안한 지역으로 분류하기에는 애매한 지역들이 있는데 이런 지역들을 좀 더 지켜보아야 할 곳으로 분류해야 한다고 생각한다.

학령인구 관점에서 서울특별시에서 좀 더 지켜보아야 할 곳으로는 종로구, 중구, 용산구, 동대문구, 중랑구, 은평구, 구로구, 금천구, 관악구, 강동구 등 10곳이다. 이들 지역은 모두 학령인구 관점에서 낙관적으로 볼 수도 그렇다고 비관적으로 볼 수도 없는 지역들이다. 학령인구에 영향을 줄 수 있는 변수들에 따라 낙관적으로 바뀔 수도 있고 동시에 비관적으로 바뀔 수도 있는 지역들이라는 의미다.

● 학령인구 관점에서 좀 더 지켜봐야 할 10곳

연도	종로구	중구	용산구	동대문구	중랑구	은평구	구로구	금천구	관악구	강동구
2021	18,238	11,790	24,522	39,965	42,776	59,918	49,074	24,741	48,025	53,618
2022	16,915	11,197	23,519	38,349	40,659	57,119	46,956	23,524	45,302	51,252
2023	16,082	10,551	22,546	36,552	38,669	54,438	44,881	22,462	42,630	48,717
2024	15,633	10,196	21,643	35,185	37,100	52,289	42,893	21,561	40,250	46,743
2025	15,176	9,835	20,860	33,840	35,599	50,286	41,215	20,730	38,552	44,861
2026	14,727	9,465	20,109	32,591	34,174	48,288	39,610	20,012	36,962	43,011
2027	14,329	9,185	19,372	31,512	32,946	46,627	38,117	19,393	35,675	41,365
2028	13,979	8,983	18,806	30,602	31,844	45,134	36,712	18,813	34,691	39,862
2029	13,603	8,734	18,221	29,723	30,791	43,639	35,460	18,286	33,788	38,352
2030	13,165	8,520	17,649	28,739	29,795	42,182	34,117	17,811	32,804	36,823
2031	12,872	8,408	17,237	28,170	29,028	41,112	33,187	17,412	32,152	35,755
2032	12,673	8,306	16,918	27,698	28,474	40,284	32,447	17,145	31,774	34,720
2033	12,378	8,188	16,575	27,166	27,797	39,460	31,582	16,782	31,237	33,792
2034	12,147	8,073	16,269	26,701	27,224	38,664	30,984	16,462	30,684	33,004
2035	11,880	7,957	15,988	26,239	26,778	38,060	30,413	16,208	30,238	32,298
감소규모 (명)	-6,358	-3,833	-8,534	-13,726	-15,998	-21,858	-18,661	-8,533	-17,787	-21,320
감소율(%)	-34.86	-32.51	-34.80	-34.35	-37.40	-36.48	-38.03	-34.49	-37.04	-39.76
연간 최소 교육소비 감소액	429억	258억	576억	927억	1,080억	1,476억	1,260억	576억	1,201억	1,440억

　　학령인구 관점에서 좀 더 지켜봐야 할 곳으로 분류된 10곳(종로구, 중구, 용산구, 동대문구, 중랑구, 은평구, 구로구, 금천구, 관악구, 강동구)의 학령인구 추계자료를 그림으로 표시했다.

　　그림을 보면 2021년 대비 2035년 연간 최소 교육소비 감소액은 학령인구 관점에서 핫할 지역이나 괜찮을 지역과 비교했을 때 두드러지게 문제가 될 수준이라고 단정 지을 수 있는 정도는 아니라는 것을 알 수 있다. 다만, 2021년 대비 2035년 학령인구 감소율이 높을 뿐이다. 게다가 서울은 언제든 긍정적인 방향으로 학령인구를 변화시킬 수 있는

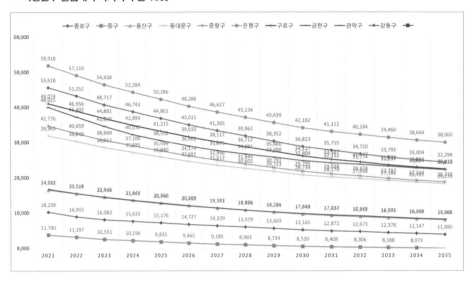

변수들이 풍부한 곳이다. 위 10곳을 지속적으로 지켜보아야 하는 이유다.

 학령인구 때문에 불안할 수 있는 곳 : 성북구, 강북구, 도봉구, 노원구

서울특별시에서 학령인구 감소로 인해 불안할 수 있을 것으로 분석된 곳은 4곳이다. 성북구, 강북구, 도봉구, 노원구가 해당되는데 감소규모도 문제지만 감소율 자체가 다른 자치구에 비해 유의미하게 높다는 것이 진짜 문제가 될 수 있다.

학령인구 관점에서 서울특별시에서 문제가 될 수 있는 4곳의 2021년 대비 2035년 연간 최소 교육소비 감소액은 5,909억 원 수준이 될 것으로 예측되었다. 이 수치는 앞에서 동일하게 연간 최소 교육소비 감소액을 계산할 때 적용된 기준이다. 앞에서는 자세하게 설명하지 못했기에 여기서 설명하자면 이렇다.

연도	성북구	강북구	도봉구	노원구
2021	58,721	34,242	39,776	79,410
2022	56,323	32,287	37,666	75,493
2023	53,484	30,457	35,632	71,435
2024	50,987	28,902	33,840	68,248
2025	48,678	27,494	32,355	65,369
2026	46,469	26,223	30,752	62,469
2027	44,595	25,094	29,529	60,033
2028	43,083	24,111	28,394	57,802
2029	41,477	23,216	27,313	55,611
2030	39,965	22,269	26,310	53,304
2031	38,836	21,581	25,539	51,732
2032	38,036	21,075	24,849	50,358
2033	37,027	20,433	24,156	48,808
2034	36,246	19,937	23,569	47,569
2035	35,566	19,506	23,127	46,456
감소규모(명)	-23,155	-14,736	-16,649	-32,954
감소율(%)	-39.43	-43.03	41.86	-41.50
연간 최소 교육소비 감소액	1,564억	995억	1,124억	2,226억

통계청의 자료에 따르면 서울에서 사교육을 받고 있는 학생들의 월 평균 지출액은 56만 3천 원이다. 여기에 자치구별 학령인구 감소폭을 곱하면 월 단위 교육소비 감소액이 계산되는데 이 수치에 12를 곱하면 연간 단위의 최소 교육소비 감소액이 계산된다. 생뚱맞게 보일 수도 있고 당황스러울 수도 있지만 실은 그렇게 복잡하지도 어렵지도 않은 계산과정을 거쳐 산출된 값이다.

서울특별시 학령인구 관점에서 불안할 수 있는 4곳의 학령인구 추계자료를 그림으로 나타내면 다음과 같다. 한눈에 보기에도 감소폭이 작지 않음을 알 수 있다. 그래서 나는 학령인구 증가에 긍정적인 변수가 발생하지 않는 이상 학령인구 감소율이 다른 자치구

● 학령인구 관점에서 불안한 4곳

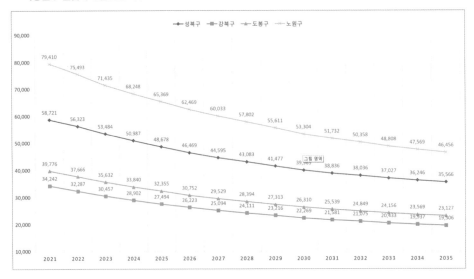

에 비해 유의미하게 높을 것으로 예상되는 성북구, 강북구, 도봉구, 노원구 부동산 시장
의 미래를 조금은 다른 시선으로 바라볼 필요가 있다고 생각한다.

　마지막으로 학령인구 추계 규모와 감소율을 종합적으로 고려해 장기적인 관점에서의
서울특별시 각 구별 아파트 투자전략을 검토할 필요가 있다. 이를 위해 학령인구 추계에
따른 서울특별시 구별 장기적인 아파트 투자전략을 표로 정리했다.

● 서울특별시 구별 학령인구 기반 아파트 투자전략

순위	구분	감소규모	구분	감소율	투자전략
1	노원구	-32,954	강북구	-43.03	
2	송파구	-30,274	도봉구	-41.86	☞ 매수
3	양천구	-25,400	노원구	-41.50	강서구, 마포구,
4	강남구	-24,838	강동구	-39.76	서대문구, 강남구,
5	성북구	-23,155	성북구	-39.43	서초구, 성동구
6	은평구	-21,858	구로구	-38.03	

7	강동구	−21,320	중랑구	−37.40	☞ 보유
8	서초구	−19,721	관악구	−37.04	송파구, 중구,
9	구로구	−18,661	은평구	−36.48	광진구, 영등포구,
10	강서구	−18,519	종로구	−34.86	동작구, 동대문구,
11	관악구	−17,787	용산구	−34.80	금천구, 양천구,
12	도봉구	−16,649	양천구	−34.71	용산구, 종로구,
13	중랑구	−15,998	금천구	−34.49	은평구, 관악구, 중랑구, 구로구
14	동작구	−15,530	동대문구	−34.35	
15	강북구	−14,736	동작구	−33.79	
16	광진구	−13,730	영등포구	−33.49	
17	동대문구	−13,726	광진구	−33.11	☞ 유보
18	영등포구	−12,822	중구	−32.51	강북구, 도봉구,
19	마포구	−12,821	송파구	−32.20	노원구, 강동구,
20	서대문구	−11,173	성동구	−30.79	성북구
21	성동구	−10,957	서초구	−30.28	
22	용산구	−8,534	강남구	−29.75	
23	금천구	−8,533	서대문구	−28.87	
24	종로구	−6,358	마포구	−28.78	☞ 매도 없음
25	중구	−3,833	강서구	−25.54	

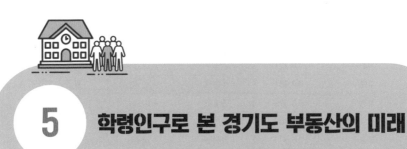

5 학령인구로 본 경기도 부동산의 미래

인구감소, 출산율 감소의 충격에서 자유로울 수 있는 곳이 있을까? 적어도 대한민국에서는 없다. 이는 곧 경기도의 학령인구 역시 감소할 수밖에 없을 것이라는 뜻이다. 경기도의 2021년 대비 2035년 학령인구는 47만 4,896명이 감소할 것으로 분석되었다. 감

● 경기도 학령인구 추계

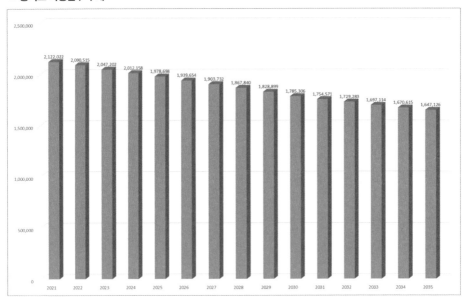

소율로 계산하면 -22.38%가 될 전망이다.

경기도의 학령인구 감소율은 닥터 김의 생산가능인구 감소율(-7.64%)의 3배에 육박하는 수준이 될 전망이다. 다만, 경기도 전체 학령인구 감소규모와 감소율을 감안할 때 학령인구 감소로 인해 평균적으로 경기도 전역에서 단기간에 부동산 가격 폭락현상이 발생할 가능성은 높아 보이지 않는다.

 학령인구가 가장 핫할 곳 : 하남시, 화성시, 김포시

경기도의 학령인구 추계를 기초로 부동산 측면에서 볼 때 가장 핫할 지역을 유추해 볼 수 있다. 이에 따르면 하남시, 화성시, 김포시 등 3곳이 부동산 시장 관점에서 볼 때 경기도에서 가장 유망할 지역이 될 것으로 분석되었다.

● 학령인구 관점에서 가장 핫할 3곳

연도	하남시	화성시	김포시
2021	44,591	165,947	80,065
2022	47,269	171,680	82,247
2023	49,125	175,894	83,521
2024	50,755	179,431	84,561
2025	52,024	182,269	85,054
2026	52,760	184,217	85,027
2027	53,340	185,547	84,758
2028	53,657	186,117	84,194
2029	53,736	186,162	83,403
2030	53,534	185,468	82,282
2031	53,534	185,288	81,374
2032	53,472	185,434	80,689

연도	하남시	화성시	김포시
2033	53,169	184,761	79,589
2034	52,893	184,398	78,541
2035	52,574	184,014	77,740
증감규모(명)	+7,983	+18,067	-2,325
증감율(%)	+17.90	+10.88	-2.90

하남시와 화성시는 학령인구가 감소하기는커녕 오히려 증가하는 것으로 나타났고 김포시는 학령인구 감소율이 매우 낮은 수준이 될 것으로 분석되었다.

다음의 그림은 학령인구 추계를 보여준다.

● **경기도 학령인구 추계**

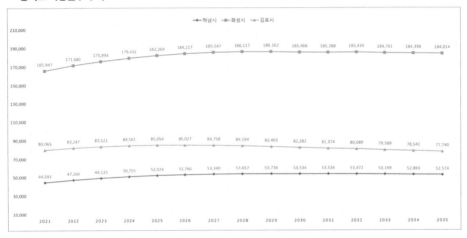

학령인구가 갖는 의미를 단순히 인구에서만 찾는 데 그치지 않고 소비라는 경제효과까지 그 범위를 넓혀본다면 하남시, 화성시, 김포시가 가장 핫할 지역이 되어야만 하는 이유를 발견할 수 있다. 그래서 단언컨대 학령인구 측면에서 하남시, 화성시, 김포시의 부동산 시장이 가장 핫할 지역이 될 것이라고 생각한다.

학령인구가 괜찮을 곳 : 광주시, 시흥시, 평택시, 파주시, 오산시

2021년 대비 2035년 학령인구 감소율이 경기도 평균보다 낮을 것으로 예상되는 곳은 5곳이다. 이들 지역을 나는 학령인구 관점에서 괜찮을 곳으로 분류했다. 광주시, 시흥시, 평택시, 파주시, 오산시가 경기도 학령인구 감소율 평균(-22.38%) 보다 학령인구 감소율이 낮을 것으로 분석된 곳들이다.

● **학령인구 관점에서 괜찮을 5곳**

연도	광주시	시흥시	평택시	파주시	오산시
2021	56,694	84,295	85,171	78,862	40,025
2022	56,979	84,957	84,843	78,176	39,305
2023	56,550	84,822	83,749	77,152	38,451
2024	56,070	84,445	82,900	76,386	37,768
2025	55,714	83,893	82,031	75,486	37,231
2026	55,114	83,041	81,138	74,407	36,667
2027	54,545	82,065	80,150	73,311	36,091
2028	53,919	80,847	79,156	72,172	35,510
2029	53,187	79,568	77,908	70,895	34,860
2030	52,334	77,935	76,539	69,359	34,165
2031	51,812	76,629	75,525	68,404	33,741
2032	51,448	75,421	74,722	67,538	33,373
2033	50,693	74,101	73,520	66,437	32,912
2034	50,158	72,645	72,607	65,601	32,621
2035	49,695	71,362	71,752	64,873	32,295
감소규모(명)	-6,999	-12,933	-13,419	-13,989	-7,730
감소율(%)	-12.34	-15.34	-15.75	-17.73	-19.31

위 지역들은 모두 확실한 경쟁력을 갖추고 있는 곳들이다. 경기도내에서도 유망한 지역들이라는 공통점이 있기 때문이다. 학령인구 감소규모와 감소율이 경기도 평균보다 낮

을 것으로 분석된 이유라고 볼 수 있다. 2021년 기준 오산시와 광주시의 학령인구는 시흥시나 평택시, 파주시에 비해 상대적으로 낮은 수준이 될 것이다. 이 같은 흐름은 2035년 역시 마찬가지일 것으로 예상된다.

하지만 부동산 시장은 생물과 같다. 학령인구의 기본이라고 할 수 있는 인구변화를 야기할 수 있는 변화가 발생할 경우 언제든지 학령인구에도 긍정적 혹은 부정적 변화를 만들어낼 수 있을 것이다. 광주시, 시흥시, 평택시, 파주시, 오산시는 모두 언제든 인구변수에 변화를 초래하게 될 변수가 발생할 가능성이 높은 곳들이다. 따라서 단순히 학령인구 추계치만을 근거로 미래가치를 판단하기에 어려운 부분이 있다. 이런 이유로 광주시, 시흥시, 평택시, 파주시, 오산시를 경기도에서 학령인구가 괜찮을 지역이라고 생각한다.

다음은 학령인구 관점에서 괜찮은 지역인 광주시, 시흥시, 평택시, 파주시, 오산시의 학령인구 추계를 그림으로 나타낸 것이다.

● **학령인구 관점에서 괜찮을 5곳**

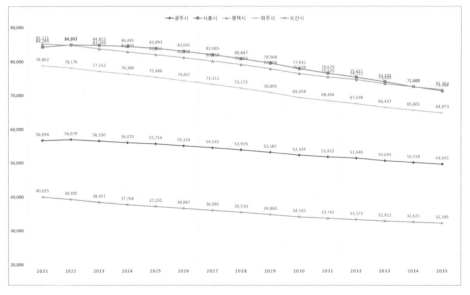

그림을 보면 학령인구 감소가 급격하게 발생하지 않을 것임을 알 수 있다. 왜 광주시. 시흥시, 평택시, 파주시, 오산시의 미래 부동산 시장을 괜찮을 곳으로 분류해야 하는지 알 수 있다.

 학령인구 때문에 좀 더 지켜보아야 할 15곳

인구가 가장 많은 경기도지만 경기도내 모든 지역의 학령인구가 비슷한 수준으로 감소할 수는 없다. 학령인구 감소의 여파가 지역별로 상이하게 나타날 것이라는 뜻이다. 위

● **학령인구 관점에서 좀 더 지켜봐야 할 7곳**

연도	수원시	구리시	남양주시	용인시	양주시	의정부시	고양시
2021	191,996	29,811	121,752	191,111	37,421	67,507	159,484
2022	187,257	29,284	121,095	189,441	37,100	65,769	155,234
2023	181,425	28,523	119,135	186,131	36,452	64,119	150,472
2024	177,192	28,072	117,248	182,549	35,725	62,355	146,686
2025	173,485	27,574	115,268	179,363	34,992	60,903	143,211
2026	169,497	26,964	112,801	175,284	34,128	59,255	139,303
2027	166,157	26,438	110,449	171,374	33,311	57,879	135,949
2028	163,107	25,849	107,996	167,441	32,519	56,475	132,942
2029	159,832	25,331	105,215	163,064	31,638	55,093	129,965
2030	155,993	24,728	102,280	158,508	30,709	53,541	126,359
2031	153,621	24,295	99,947	155,281	29,999	52,456	123,949
2032	151,681	23,913	98,038	152,572	29,451	51,560	121,864
2033	149,176	23,466	95,816	149,266	28,762	50,502	119,367
2034	147,179	23,039	93,904	146,760	28,183	49,512	117,279
2035	145,204	22,620	92,356	144,427	27,668	48,761	115,460
감소규모(명)	-46,792	-7,191	-29,396	-46,684	-9,753	-18,746	-44,024
감소율(%)	-24.37	-24.12	-24.14	-24.42	-26.06	-27.76	-27.60

에서 학령인구 감소에도 불구하고 부동산 시장이 긍정적일 것으로 예상되는 곳과 괜찮을 것으로 예상되는 곳들을 살펴보았다. 지금부터는 학령인구가 부동산 시장에 미치는 효과가 어떻게 될 것인지를 당장 예측하기보다 좀 더 지켜보아야 할 곳을 살피겠다.

수원시, 구리시, 남양주시, 용인시, 양주시, 의정부시, 고양시 등 7곳은 학령인구 감소에 따라 경기도에서 지켜봐야 할 곳으로 분류해야 한다. 학령인구 감소율이 24%를 초과하고 있다는 점은 분명 부정적인 요인이다. 통계청의 〈2019년 초중고 사교육비 조사 결과〉에 따르면, 경기도에서 사교육을 받는 학령인구(초등학교에서 고등학교까지를 적용)의 1인당 월평균 사교육 소비지출액은 45만 8천 원이었다. 이를 연평균 금액으로 계산하면 1인당 549만 6천 원이 된다.

좀 더 현실감 있게 받아들일 수 있도록 계산해 보면, 수원시는 2021년 대비 2035년 2,571억 원의 교육 소비지출액이 감소하게 될 것이고, 감소규모가 가장 작은 구리시 역시 395억 원의 사교육비 지출액이 감소할 것이다. 다음은 경기도 학령인구 관점에서 좀 더 지켜봐야 할 7곳의 학령인구 추계를 그림으로 표시한 것이다.

● **학령인구 관점에서 좀 더 지켜봐야 할 7곳**

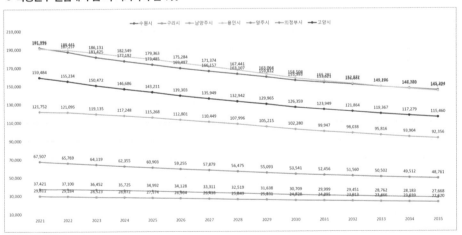

학령인구 감소규모가 문제가 될 수 있는 지역들로 분류해도 전혀 이상하지 않을 수준이다. 그럼에도 불구하고 위 7곳들을 좀 더 지켜봐야 할 지역들로 분류해야 하는 이유는 학령인구의 절대규모, 경기도내에서 차지하는 중요성 등을 종합적으로 고려할 때 단기간에 부동산 시장에 부정적 변수가 될 가능성은 높지 않을 것이기 때문이다.

한편, 성남시, 부천시, 안양시, 군포시, 의왕시, 안산시, 광명시, 과천시 등 8곳은 학령인구 관점에서 볼 때 불안해 보이지만 좀 더 지켜봐야 할 곳으로 분류할 수 있다.

● 학령인구 관점에서 불안해 보이지만 좀 더 지켜봐야 할 8곳

연도	성남시	부천시	안양시	군포시	의왕시	안산시	광명시	과천시
2021	133,021	112,261	81,361	40,506	23,303	100,668	48,437	8,712
2022	129,094	108,028	78,322	38,828	22,202	94,833	46385	8,373
2023	124,820	103,789	74,883	36,939	21,315	89,228	44119	8,033
2024	121,590	100,450	72,302	35,299	20,437	84,931	42178	7,641
2025	118,421	97,351	69,684	33,885	19,647	81,261	40466	7,314
2026	114,991	94,125	67,117	32,409	18,881	77,878	38625	6,983
2027	111,938	91,399	64,869	31,220	18,132	74,861	37066	6,683
2028	109,331	88,796	62,693	30,063	17,456	72,330	35543	6,390
2029	106,262	86,040	60,624	28,939	16,813	69,644	34111	6,162
2030	103,126	83,299	58,400	27,763	16,110	66,937	32700	5,861
2031	100,699	81,325	56,734	26,909	15,543	65,059	31593	5,660
2032	98,793	79,679	55,361	26,186	15,122	63,448	30747	5,461
2033	96,475	77,738	53,760	25,367	14,631	61,569	29714	5,272
2034	94,533	76,071	52,390	24,723	14,175	60,078	28885	5,108
2035	92,689	74,615	51,355	24,199	13,805	58,726	28229	4,975
감소규모(명)	-40,332	-37,646	-30,006	-16,307	-9,498	-41,942	-20208	-3,737
감소율(%)	-30.32	-33.53	-36.88	-40.25	-40.75	-41.66	-41.72	-42.89

위 지역들의 면면을 보면 2035년에도 학령인구 절대규모가 경기도내에서 상당한 경쟁력을 보일 것으로 예상되거나, 주거환경이나 직주근접성 측면에서 볼 때 학령인구 감

소에도 불구하고 여타 지역에서 신규 학령인구 유입이 기대되는 지역들임을 알 수 있다.

다음은 학령인구 관점에서 볼 때 지금 당장은 불안해 보이지만 좀 더 지켜봐야 할 곳으로 분류된 8곳의 학령인구 추계자료를 그림으로 나타낸 것이다.

● 학령인구 관점에서 불안해보이지만 좀 더 지켜봐야 할 8곳

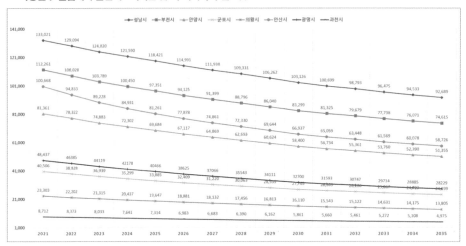

그림을 보면 학령인구 감소규모나 감소율이 두드러지는 지역을 직관적으로 확인할 수 있다. 만약 위 지역들이 수도권인 경기도에 입지하지 않았다면 학령인구 감소의 후폭풍에 심각하게 노출될 지역들일 수밖에 없다. 2021년 대비 2035년 학령인구 감소율이 40%를 초과하는 지역들을 어떻게 긍정적으로 볼 수 있을까? 절대 그럴 수는 없다.

하지만 성남시, 부천시, 안양시, 군포시, 의왕시, 안산시, 광명시, 과천시 가운데 과연 어느 곳을 학령인구 감소에 따른 후폭풍에 심각하게 노출될 지역으로 손꼽아야 할까? 지역명을 보는 순간 헛웃음이 나올지도 모른다. 그만큼 현재 경기도를 대표하는 지역들이기 때문이다. 하지만 학령인구 감소규모나 감소율은 심각한 수준이다. 그래서 향후 위 지역들이 다른 지역에서 학령인구를 얼마나 흡수할 수 있을지를 좀 더 지켜볼 필요가 있다고 생각한다. 이대로 불안한 지역으로 분류하기에는 현재의 위상이 너무 강하기 때문이다.

 학령인구 관점에서 불안한 8곳

학령인구 관점에서 경기도에서 불안할 곳으로 예측된 곳은 8곳으로 이천시, 양평군, 안성시, 가평군, 여주시, 연천군, 포천시, 동두천시 등이다.

● 학령인구 관점에서 불안할 8곳

연도	이천시	양평군	안성시	가평군	여주시	연천군	포천시	동두천시
2021	34,748	15,028	29,419	7,181	15,008	4,920	18,930	13,787
2022	33,913	14,449	28,382	6,951	14,375	4,715	18,051	12,978
2023	32,976	14,219	27,151	6,675	13,748	4,476	17,097	12,213
2024	32,389	14,047	26,278	6,539	13,377	4,287	16,455	11,815
2025	31,893	13,868	25,571	6,383	13,007	4,190	15,825	11,434
2026	31,236	13,628	24,964	6,211	12,601	4,067	15,292	11,043
2027	30,694	13,354	24,333	6,057	12,231	3,947	14,874	10,710
2028	30,009	13,102	23,750	5,895	11,898	3,850	14,440	10,393
2029	29,437	12,779	23,139	5,713	11,564	3,751	13,998	10,066
2030	28,720	12,467	22,492	5,557	11,201	3,647	13,550	9,742
2031	28,304	12,217	22,016	5,421	10,933	3,573	13,247	9,483
2032	27,910	12,004	21,618	5,306	10,740	3,500	12,940	9,292
2033	27,387	11,765	21,155	5,181	10,437	3,407	12,651	9,068
2034	27,024	11,537	20,799	5,059	10,243	3,362	12,401	8,907
2035	26,657	11,393	20,494	4,966	10,056	3,277	12,153	8,736
감소규모(명)	-8,091	-3,635	-8,925	-2,215	-4,952	-1,643	-6,777	-5,051
감소율(%)	-23.28	-24.18	-30.33	-30.84	-32.99	-33.39	-35.80	-36.63

학령인구 감소율 측면에서 보면 가장 높은 동두천시의 감소율은 36.63%이고 이천시 (-23.28%)나 양평군(-24.18%)은 20%대가 될 것으로 분석되었다. 감소율 측면에서 보면 앞서 언급한 군포시, 의왕시, 안산시, 광명시, 과천시에 크게 못 미치는 수준이다. 하지만 2021년 대비 2035년 학령인구 절대규모 자체가 위험한 수준이 될 것으로 보인다. 게다가 이들 지역은 이천시 정도를 제외하면 여타 지역에서 학령인구를 끌어올 수 있을 만한 강력한 경쟁력이 있다고 보기 어려운 지역들이다.

다음은 이천시, 양평군, 안성시, 가평군, 여주시, 연천군, 포천시, 동두천시 등 학령인구 관점에서 불안한 8곳의 학령인구 추계를 그림으로 나타낸 것이다.

● **학령인구 관점에서 투자가 불안할 8곳**

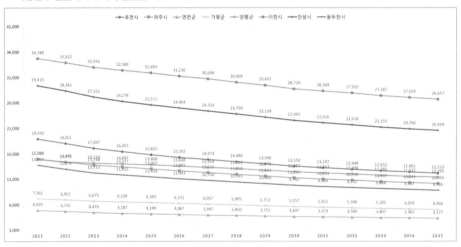

감소규모는 이천시, 안성시가 두드러질 것으로 분석되었다. 2021년 기준 학령인구 절대규모 자체가 가장 많은 곳들이기 때문에 어찌 보면 당연한 결과라고 볼 수 있다. 문제는 학령인구 규모 자체가 경쟁력을 갖기 어려운 수준이 될 것이라는 점이다. 그래서 학령인구 관점에서만 놓고 보면 향후 이천시, 양평군, 안성시, 가평군, 여주시, 연천군, 포천시, 동두천시의 부동산 시장은 점점 더 불안해질 것으로 생각한다.

마지막으로 학령인구 추계 규모와 감소율을 종합적으로 고려해 장기적인 관점에서의 경기도 시·군별 아파트 투자전략을 검토할 차례다. 이를 위해 학령인구 추계에 따른 경기도 시·군별 장기적인 아파트 투자전략을 표로 정리했으니 참고하기 바란다.

● 경기도 시·군별 학령인구 기반 아파트 투자전략

순위	구분	감소규모	구분	감소율	투자전략
1	수원시	-46,792	과천시	-42.89	☞ 매수 하남시, 화성시 김포시
2	용인시	-46,684	광명시	-41.72	
3	고양시	-44,024	안산시	-41.66	
4	안산시	-41,942	의왕시	-40.76	
5	성남시	-40,332	군포시	-40.26	
6	부천시	-37,646	안양시	-36.88	
7	안양시	-30,006	동두천시	-36.64	☞ 보유 광주시, 시흥시, 평택시, 파주시, 오산시
8	남양주시	-29,396	포천시	-35.80	
9	광명시	-20,208	부천시	-33.53	
10	의정부시	-18,746	연천군	-33.39	
11	군포시	-16,307	여주시	-33.00	
12	파주시	-13,989	가평군	-30.85	
13	평택시	-13,419	안성시	-30.34	
14	시흥시	-12,933	성남시	-30.32	
15	양주시	-9,753	의정부시	-27.77	☞ 유보 수원시, 구리시, 남양주시, 용인시, 양주시, 의정부시, 고양시, 성남시, 부천시, 안양시, 군포시, 의왕시, 안산시, 광명시, 과천시, 이천시, 동두천시, 안성시
16	의왕시	-9,498	고양시	-27.60	
17	안성시	-8,925	양주시	-26.06	
18	이천시	-8,091	용인시	-24.43	
19	오산시	-7,730	수원시	-24.37	
20	구리시	-7,191	양평군	-24.19	
21	광주시	-6,999	남양주시	-24.14	
22	포천시	-6,777	구리시	-24.12	
23	동두천시	-5,051	이천시	-23.28	
24	여주시	-4,952	오산시	-19.31	

순위	구분	감소규모	구분	감소율	투자전략
25	과천시	-3,737	파주시	-17.74	
26	양평군	-3,635	평택시	-15.76	
27	김포시	-2,325	시흥시	-15.34	☞ 매도 포천시, 연천군, 여주시, 가평군, 양평
28	가평군	-2,215	광주시	-12.35	
29	연천군	-1,643	김포시	-2.90	
30	하남시	7,983	화성시	10.89	
31	화성시	18,067	하남시	17.90	

6 학령인구로 본 인천광역시 부동산의 미래

인구감소의 여파는 인천광역시에도 예외 없이 몰아닥칠 것이다. 학령인구 감소 또한 피할 수 없을 것이다. 어떤 종류가 되었든 인구감소는 부동산 시장에 부정적이다. 2021년 대비 2035년 인천광역시 학령인구는 11만 9,704명이 감소할 것으로 분석되었다.

● 인천광역시 학령인구 추계

연도	인천광역시
2021	439,108
2022	427,809
2023	415,784
2024	405,870
2025	397,266
2026	387,579
2027	379,232
2028	370,811
2029	361,944
2030	352,014
2031	344,766
2032	338,676
2033	331,264
2034	324,850

연도	인천광역시
2035	319,404
감소규모(명)	-119,704
감소율(%)	-27.26

　다음은 인천광역시 학령인구 추계를 그림으로 나타낸 것이다. 하락추세가 결코 무시할 수 없는 수준임을 직관적으로 확인할 수 있다.

● 인천광역시 학령인구 추계

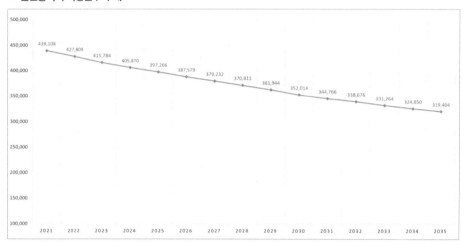

　인천광역시 전체로 보면 2021년 대비 2035년 학령인구 감소규모는 11만 9,704명이 될 것으로 분석되었다. 통계청의 〈2019 초중고 사교육비 조사결과〉에 따르면 인천광역시내에서 사교육에 참여하는 초·중·고 학생들의 월평균 교육소비지출액은 41만 6천 원인 것으로 나타났다. 위 수치를 단순하게 대학생에도 적용해 연간 교육소비 지출감소액을 계산하면 약 5,975억 원에 달할 것으로 예측되었다. 인천광역시 부동산 시장에 미치는 영향을 절대 과소평가할 수 없는 수준임을 알 수 있다.

학령인구 관점에서 가장 핫할 곳 : 연수구

학령인구 관점에서 인천광역시에서 가장 핫할 곳으로 손꼽을 수 있는 곳은 연수구이다. 연수구는 송도신도시를 끼고 있는 곳으로 인천을 대표하는 지역이라고 볼 수 있다. 현재도 그렇고 2035년에도 인천광역시를 대표하는 곳이 될 곳이라는 점에는 이견이 있을 수 없다.

● 학령인구 관점에서 가장 핫할 연수구

연도	인천광역시	연수구
2021	439,108	67,383
2022	427,809	68,042
2023	415,784	68,154
2024	405,870	68,150
2025	397,266	68,073
2026	387,579	67,488
2027	379,232	66,930
2028	370,811	66,163
2029	361,944	65,202
2030	352,014	63,867
2031	344,766	62,908
2032	338,676	62,034
2033	331,264	60,929
2034	324,850	59,849
2035	319,404	58,838
감소규모(명)	-119,704	-8,545
감소율(%)	-27.26	-12.68

2021년 대비 2035년 연수구의 학령인구 감소율은 12.68%가 될 것으로 분석되었다. 동기간 인천광역시 학령인구 감소율(27.26%)과 비교했을 때, 유의미하게 낮은 수준이라

고 볼 수 있는 점, 연간 교육소비감소액 또한 약 426억 수준으로 부동산 시장에 큰 후폭
풍을 불러올 수준은 결코 아닐 것으로 예측되었다는 점에서 연수구는 2035년에도 여전
히 핫할 지역으로 남아 있을 것이 분명하다.

다음은 연수구 학령인구 추계자료를 그림으로 나타낸 것이다.

● 학령인구 관점에서 가장 핫할 연수구 학령인구 추계

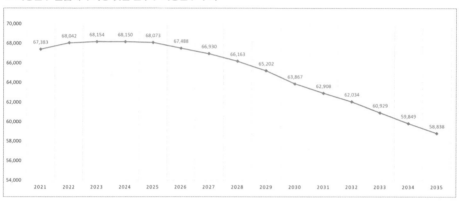

학령인구 감소는 피할 수 없겠지만 인천광역시내에서는 상대적으로 그 충격을 흡수
할 수 있는 능력을 보유하고 있는 곳이 바로 연수구라는 점에서 우려할 만한 수준은 아
니라고 보는 것이 타당하다.

 학령인구 관점에서 괜찮을 곳 : 서구, 미추홀구, 남동구

인천광역시 내에서 학령인구 측면에서 볼 때 괜찮을 것으로 보이는 곳은 3곳이다. 서구,
미추홀구, 남동구가 이 부류에 속한다.

● 학령인구 관점에서 괜찮을 3곳

연도	서구	미추홀구	남동구
2021	91,762	51,954	80,879
2022	90,558	50,415	78,845
2023	88,754	48,891	76,570
2024	87,027	47,712	74,691
2025	85,506	46,657	73,203
2026	83,649	45,579	71,487
2027	81,949	44,677	70,134
2028	80,176	43,892	68,566
2029	78,354	43,011	67,093
2030	76,353	41,962	65,350
2031	74,925	41,233	64,055
2032	73,645	40,627	63,051
2033	72,045	39,860	61,781
2034	70,729	39,117	60,821
2035	69,599	38,521	59,902
감소규모(명)	-22,163	-13,433	-20,977
감소율(%)	-24.15	-25.85	-25.93

    2021년 대비 2035년 서구, 미추홀구, 남동구의 학령인구 감소규모와 감소율은 분명 우려되는 수준이다. 인천광역시 초·중·고 학생들의 월평균 교육소비지출액인 41만 6천 원을 모든 학령인구에 단순 대입해 계산하면 2021년 대비 2035년 서구와 미추홀구, 남동구에서 증발하게 될 연간 교육소비지출액은 각각 1,106억 원, 670억 원, 1,047억 원에 달할 것으로 예상되기 때문이다.

    다음은 서구, 미추홀구, 남동구의 학령인구 추계를 그림으로 나타낸 것이다. 그림을 보면 서구, 미추홀구, 남동구의 학령인구 감소규모와 감소율이 심상치 않다는 점을 확인할 수 있다. 하지만 그럼에도 불구하고 위 지역들을 학령인구 감소에도 불구하고 인천광역시내에서는 상대적으로 괜찮을 곳으로 분류해야 한다고 생각한다. 그 이유는 첫

● 학령인구 관점에서 괜찮을 3곳

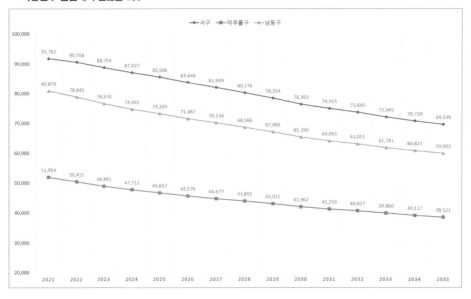

째, 인천광역시내에서 상대적으로 학령인구 절대규모가 2035년에도 경쟁력을 유지할
수 있는 수준이라는 점, 둘째, 인구추계 당시에는 충분히 고려할 수 없었던 변수(인구유입
을 촉진하는 호재나 각종 개발사업 진행 등)가 발생했다는 점 때문이다.

 학령인구 관점에서 좀 더 지켜봐야 할 3곳 : 중구, 부평구, 계양구

한편, 인천광역시에서 중구, 부평구, 계양구는 학령인구 관점에서 좀 더 지켜봐야 할 곳
으로 분류할 수 있다. 다음은 중구, 부평구, 계양구의 학령인구 추계자료이다.
　다음은 중구, 부평구, 계양구의 학령인구 추계자료를 그림으로 나타낸 것이다. 그림
을 보면 중구, 부평구, 계양구의 학령인구 감소규모나 감소율은 분명 위험한 수준이라고

● 학령인구 관점에서 좀 더 지켜봐야 할 3곳

연도	중구	부평구	계양구
2021	21,372	68,362	40,843
2022	20,985	64,899	38,309
2023	20,634	61,814	35,856
2024	20,495	59,265	33,905
2025	20,188	57,076	32,332
2026	19,813	54,982	30,759
2027	19,444	53,114	29,505
2028	19,029	51,490	28,380
2029	18,590	49,735	27,185
2030	18,103	48,066	25,922
2031	17,741	46,688	25,103
2032	17,414	45,709	24,338
2033	17,018	44,531	23,531
2034	16,649	43,458	22,897
2035	16,363	42,696	22,383
감소규모(명)	-5,009	-25,666	-18,460
감소율(%)	-23.44	-37.54	-45.20

볼 여지가 충분하다. 하지만 그럼에도 불구하고 중구와 부평구, 계양구는 좀 더 지켜볼 필요가 있는 곳들이다. 계양구는 수도권 제3기 신도시가 입지하게 될 곳이고 부평구는 GTX라는 광역교통망 확충에 따라 신규인구 유입효과를 기대할 수 있을 것으로 예상되는 곳이며, 중구는 인천국제공항이라는 확실한 강점요인을 충분히 활용하기만 한다면 꾸준히 학령인구를 흡수할 수 있을 곳이다.

● 학령인구 관점에서 좀 더 지켜봐야 할 3곳

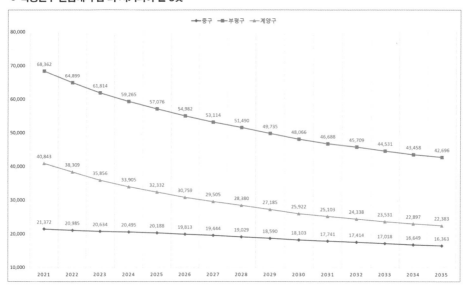

 학령인구 관점에서 불안할 3곳 : 옹진군, 강화군, 동구

인천광역시내에서 학령인구 관점에서 볼 때 불안할 것으로 예상되는 지역은 3곳이다. 옹진군, 강화군, 동구가 해당된다.

● 학령인구 관점에서 불안할 3곳

연도	옹진군	강화군	동구
2021	1,885	6,888	7,780
2022	1,823	6,497	7,436
2023	1,754	6,287	7,070
2024	1,697	6,170	6,758

연도			
2025	1,669	6,042	6,520
2026	1,625	5,920	6,277
2027	1,593	5,817	6,069
2028	1,574	5,663	5,878
2029	1,536	5,563	5,675
2030	1,515	5,395	5,481
2031	1,479	5,295	5,339
2032	1,469	5,182	5,207
2033	1,431	5,070	5,068
2034	1,416	4,963	4,951
2035	1,379	4,875	4,848
감소규모(명)	-506	-2,013	-2,932
감소율(%)	-26.84	-29.22	-37.68

옹진군과 강화군, 동구를 학령인구 관점에서 불안할 곳으로 분류한 이유는 학령인구 감소율이 높아서가 아니다. 물론 위 지역들은 모두 학령인구 감소율이 상당히 높다. 하지만 부평구(-37.54%)나 계양구(-45.20%)에 비해서는 낮은 수준이다. 문제는 감소율이 아니라 학령인구의 절대규모에 있다.

2021년 현재 옹진군, 강화군, 동구의 학령인구 규모는 인천광역시내에서 경쟁력 있는 수준이 아니다. 그런데 이 같은 추세가 2035년까지 지속적으로 이어질 것으로 예측되었다. 옹진군, 강화군, 동구를 학령인구 관점에서 불안할 곳으로 분류한 이유이다. 다음 그림은 옹진군, 강화군, 동구의 학령인구 추계를 표시한 것이다. 동구를 제외하면 나머지 두 곳의 학령인구 감소규모가 상당히 완만하다는 것을 확인할 수 있다.

● 학령인구 관점에서 투자가 불안한 3곳

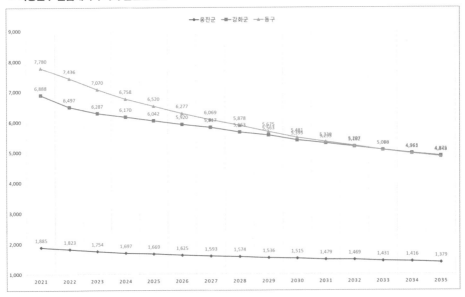

마지막으로 학령인구 추계 규모와 감소율을 종합적으로 고려해 장기적인 관점에서의 인천광역시 구·군별 아파트 투자전략을 검토하고자 한다. 이를 위해 학령인구 추계에 따른 인천광역시 구·군별 장기적인 아파트 투자전략을 표로 정리했다.

● 인천광역시 구별 학령인구 기반 아파트 투자전략

순위	구분	감소규모	구분	감소율	투자전략
1	부평구	-25,666	계양구	-45.20	☞ 매수 연수구
2	서구	-22,163	동구	-37.69	
3	남동구	-20,977	부평구	-37.54	
4	계양구	-18,460	강화군	-29.22	☞ 보유 서구, 미추홀구 남동구
5	미추홀구	-13,433	옹진군	-26.84	
6	연수구	-8,545	남동구	-25.94	☞ 유보 중구, 부평구, 계양구
7	중구	-5,009	미추홀구	-25.86	
8	동구	-2,932	서구	-24.15	

| 9 | 강화군 | -2,013 | 중구 | -23.44 | ☞ 매도 |
| 10 | 옹진군 | -506 | 연수구 | -12.68 | 강화군, 옹진군, 동구 |

Section

7

고령인구 변화가
대한민국 부동산
투자 지형도를 바꾼다

출산율 감소에 더해 평균수명이 늘어나면서 젊은 인구는 감소하는 데 비해 고령인구는 증가하고 있다.
시간이 흐름에 따라 증가속도와 폭이 더욱 가속화 될 전망이다. 부동산 시장에서 고령인구는 수요자 입
장이기보다 공급자 입장에 서는 경우가 대부분이다. 노후자금 마련을 위해 보유 부동산을 처분해야 하
기 때문이다. 과연 2030년까지 수도권 어디에 얼마나 많은 고령인구가 분포하게 될까?

1 대한민국이 늙어가고 있다

대한민국이 늙어가고 있다! 인구문제에 조금이라도 관심을 갖고 있다면 귀에 못이 박히도록 들었을 법한 말이다. 하지만 안타깝게도 대한민국은 늙어가고 있고 그 속도도 무지막지할 정도로 빠르다는 것은 그 누구도 부인할 수 없는 팩트다.

다음은 통계청의 〈2019 한국의 사회지표〉 가운데 일부분이다.

● **대한민국 총인구, 65세 이상 인구 규모와 구성비**

(단위 : 천명, %)

구분	총인구	65세 이상 인구	65세 이상 인구 구성비
전국	51,709	7,685	14.9
서울	9,662	1,402	14.5
부산	3,373	591	17.5
대구	2,432	368	15.1
인천	2,944	370	12.6
광주	1,494	193	12.9
대전	1,509	193	12.8
울산	1,147	127	11.1
세종	331	30	8.9
경기	13,238	1,590	12.0
강원	1,517	287	19.0
충북	1,626	263	16.2

충남	2,188	372	17.0
전북	1,803	355	19.7
전남	1,773	396	22.3
경북	2,665	527	19.8
경남	3,350	524	15.6
제주	660	96	14.5

2019년 대한민국의 총인구는 5,170만 명이었다(고 2020년 12월 말 기준 주민등록인구는 5,182만 9,023명 이었다). 그 중 65세 이상 고령인구는 768만 명이었다. 2019년 기준 전체 인구의 14.9%가 고령인구인 것이다(2020년 12월 주민등록인구 기준으로 계산할 경우 고령인구 비율은 16.39%임). 〈2019 한국의 사회지표〉에 따르면, 대한민국에서 **고령인구 절대규모 자체가 큰 곳은 경기도**(159만 명), **서울특별시**(140만 명), **부산광역시**(59만 명), **경상북도**(52만 7천명), **경상남도**(52만 4천 명) 등이다. 한편 전체 인구 가운데 65세 이상 인구가 차지하는 비중이 높은 곳은 **전라남도**(22.3%), **경상북도**(19.8%), **전라북도**(19.7%), **강원도**(19%), **부산광역시**(17.5%), **충청남도**(17%) 등이다.

이미 상당한 수준까지 고령화가 진행되었음을 확인할 수 있다. 문제는 이 같은 고령화가 지금까지와는 비교할 수 없을 정도로 급격하게 진행될 것으로 예상되지만 마땅한 해결책이 없다는 있다. 급속한 고령화를 막을 수 있는 유일한 변수라고 할 수 있는 출산율조차 절망적 수준이다. 다음은 출산율 추이를 그림으로 나타낸 것이다. 그림을 보면 출산율 저하현상이 심각하다는 사실을 직관적으로 확인할 수 있다. 1995년 합계출산율은 1.63명이었다. 그랬던 것이 2019년에는 충격적이게도 0.92명까지 감소했다.

고령화가 보다 더 가파르게 진행될 것이라는 점을 예측할 수 있게 해주는 대목이라고 볼 수 있다. 이렇게 절망적인 출산율 수준이 단기간에 개선될 가능성은 안타깝게도 없다. 따라서 향후 대한민국 부동산 시장은 급속한 고령화 현상의 후폭풍에 노출될 것이 분명하다. 어쩌면 영혼까지 끌어 모아 아파트를 사고 그 덕에 상상하기 어려울 정도로

● 대한민국 합계출산율 추이

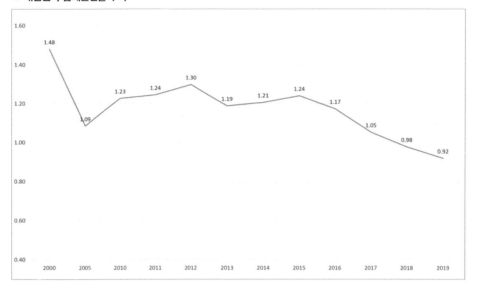

단기간 가격급등이 발생하는 현실에서 고령화의 후폭풍으로 부동산 시장이 큰 타격을 받게 될 것이고 외친다면 이상한 사람이라는 취급을 받을 수도 있다.

하지만 분명 대한민국 부동산 시장은 고령화에 따른 후폭풍을 피할 수 없고 그 시간도 매우 가까이 다가와 있다. 출산율 저하로 인구감소와 고령화가 급속도로 진행되면 비수도권 지역부터 순차적으로 역사 속에 이름을 남긴 채 소멸의 길을 걷게 될 것이다. 과연 소멸의 시대에서 부동산 시장만큼은 문제가 없을 것이라고 믿는다면 그것이 이상한 것이 아닐까? 그래서 대한민국에서 급속도로 진행되고 있는 고령화를 두렵게 받아들이고 옥석을 가려 준비를 해야 한다.

2 고령인구로 본 서울특별시 부동산의 미래

대한민국 인구가 급속도로 늙어간다는 것은 그만큼 부동산 시장에 상상할 수 없을 정도로 강력한 타격을 줄 가능성이 높다는 것을 뜻한다. 물론 서울시 부동산 시장은 대한민국과 그 운명을 함께할 수 있는, 말 그대로 대한민국이 망하지 않는 이상 절대로 무너지지 않을 가장 안전자산의 성격을 갖고 있기는 하다. 하지만 그럼에도 불구하고 <u>전체인구에서 노인인구가 차지하는 비중이 커지면 커질수록 부동산 수요가 감소하고 그에따라 부동산 시장도 점차 활력을 잃을 것이 분명하다.</u> 대한민국을 대표하는 부동산 시장인 수도 서울 역시 이 같은 흐름에서 벗어날 수 없을 것이라고 생각한다. 그렇다면 미래 서울시의 노인인구는 얼마나 될까? 답을 찾기 위해 인구추계를 살펴볼 필요가 있다.

 서울특별시의 총인구, 고령인구, 고령인구비율 추계 집중분석

2021년 대비 2035년 서울시 인구추계에 따른 총인구는 58만 9,404명이 감소할 것으로 예상되는 데 비해 고령인구는 99만 1,044명이 증가하는 것으로 분석되었다. 이로 인해 고령인구 비율 역시 2021년 16%에서 2035년 27%까지 급증할 것으로 예측되었다.

● 서울특별시 총인구, 고령인구, 고령인구비율 추계

연도	총인구(명)	고령 인구(명)	고령 인구 비율(%)
2021	9,543,142	1,548,517	16
2022	9,487,764	1,620,545	17
2023	9,439,298	1,697,269	18
2024	9,394,490	1,774,786	19
2025	9,352,227	1,861,987	19
2026	9,311,804	1,950,150	20
2027	9,272,673	2,016,572	21
2028	9,234,270	2,095,296	22
2029	9,195,157	2,153,108	23
2030	9,155,502	2,219,355	23
2031	9,115,672	2,280,002	24
2032	9,075,598	2,337,248	25
2033	9,035,257	2,398,690	26
2034	8,994,658	2,472,855	26
2035	8,953,738	2,539,561	27
증감(명)	-589,404	+991,044	

결국 2035년에는 서울특별시 전체 인구 가운데 고령인구가 차지하는 비중이 무려 27%에 달할 것이라는 의미다.

다음은 서울특별시의 총인구, 고령인구, 고령인구 비율 추계를 그림으로 나타낸 것이다.

고령인구는 부동산 시장에서 수요자(매수자) 입장보다 공급자(매도자) 입장인 경우가 대부분이다. 은퇴 이후 여생을 보내기 위한 자금을 조달하기 위해 부동산 시장에서 매도자 지위에 놓일 것이기 때문이다. 그 단초는 통계청의 〈2019년 연간지출 가계동향조사 결과〉에서도 어렵지 않게 발견할 수 있다.

가구주 연령이 40~49세인 가구의 월평균 소비지출은 319만 8천 원이었지만, 가구주 연령이 60세 이상인 가구의 월평균 소비지출은 165만 9천 원인 것으로 분석되었다. 가구주 연령이 높아짐에 따라 소득감소와 소비감소가 동시에 나타난 결과라고 볼 수 있

● 서울특별시 총인구, 고령인구, 고령인구 비율 추계

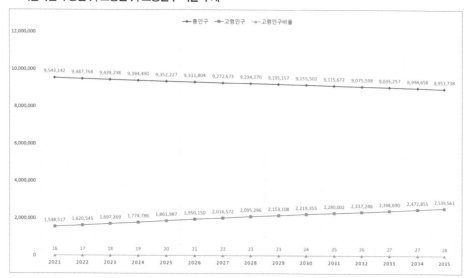

가구주 연령별 소비지출

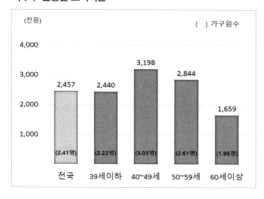

다. 이처럼 소득과 소비가 감소할 경우 정도의 차이만 있을 뿐 부동산 시장에 부정적인 영향을 주게 될 것이 분명하다. 고령인구의 미래를 중요하게 분석해야 하는 이유다.

고령인구 증가에도 불구하고 핫할 것으로 예상되는 곳은?

서울시내에서 고령인구 증가에도 불구하고 미래에도 부동산 시장이 핫할 것으로 예상되는 지역은 총 4곳이다. 마포구, 서초구, 강남구, 송파구가 이에 속할 것으로 예측되었다.

● 고령인구 관점에서 핫할 4곳

연도	마포구			서초구			강남구			송파구		
	총인구	고령 인구	고령 인구 비중(%)	총인구	고령 인구	고령 인구 비중(%)	총인구	고령 인구	고령 인구 비중(%)	총인구	고령 인구	고령 인구 비중(%)
2021	364,066	51,623	14	402,853	58,047	14	504,522	72,039	14	663,358	93,849	14
2022	362,442	53,201	15	402,340	60,736	15	504,205	75,180	15	665,231	99,566	15
2023	361,256	55,087	15	402,178	63,583	16	504,306	78,590	16	664,818	105,582	16
2024	360,372	57,136	16	402,161	66,364	17	504,465	81,739	16	662,101	111,186	17
2025	359,371	59,529	17	401,971	69,291	17	504,281	85,327	17	659,696	117,418	18
2026	358,259	61,975	17	401,616	72,355	18	503,730	89,114	18	657,482	123,723	19
2027	357,024	63,746	18	401,113	74,728	19	502,763	91,910	18	655,349	128,434	20
2028	355,697	65,982	19	400,465	77,547	19	501,435	95,375	19	653,202	133,927	21
2029	354,231	67,638	19	399,605	79,812	20	499,703	98,097	20	650,984	138,117	21
2030	352,653	69,736	20	398,580	82,377	21	497,642	101,045	20	648,630	142,683	22
2031	351,026	71,556	20	397,426	84,602	21	495,298	103,883	21	646,088	146,964	23
2032	349,338	73,297	21	396,153	86,822	22	492,793	106,541	22	643,432	150,797	23
2033	347,606	75,328	22	394,822	89,333	23	490,221	109,467	22	640,659	155,110	24
2034	345,851	77,770	22	393,431	92,178	23	487,636	112,971	23	637,756	160,152	25
2035	344,070	80,035	23	392,020	94,986	24	485,123	116,210	24	634,720	164,619	26
증감(명)	-19,996	28,412		-10,833	36,939		-19,399	44,171		-28,638	70,770	

마포구, 서초구, 강남구, 송파구는 현재도 부동산 시장이 대한민국을 대표하는 가장 핫한 지역들이라는 공통점이 있다. 서초구, 강남구는 2021년 대비 2035년 총인구가 증가하며 마포구와 송파구는 감소규모가 크게 문제가 되지 않을 것이다. 물론 마포구, 서

초구, 강남구, 송파구 모두 고령인구 증가규모가 총인구 증감규모에 비해 높은 것이 사실이다. 하지만 그럼에도 불구하고 다른 인구변수 관점에서 분석했을 때에도 위 지역들은 2035년에도 여전히 강력한 경쟁력을 유지할 것으로 분석된 지역들이라는 점을 간과해서는 안 된다.

따라서 대한민국이 충격적인 부동산 가격 폭락현상이 발생하지 않는 이상 마포구, 서초구, 강남구, 송파구 부동산 시장이라면 적어도 2035년까지는 불패신화가 이어질 가능성이 매우 높다고 생각한다.

다음은 마포구, 서초구, 강남구, 송파구의 고령인구 추계를 그림으로 표현한 것이다.

● 고령인구 관점에서 핫할 4곳

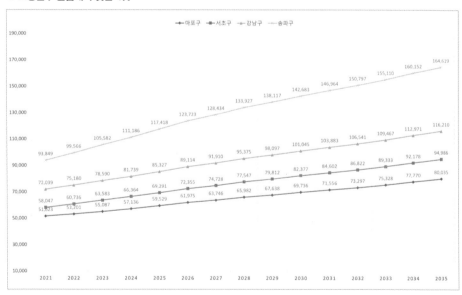

고령인구 증가에도 괜찮을 곳은 어디?

서울시내에서 고령인구 증가에도 불구하고 괜찮을 것으로 예상된 지역은 총 10곳이다. 광진구, 성동구, 양천구, 관악구, 용산구, 성북구, 강서구, 영등포구, 동작구, 서대문구 등이다.

다음의 표는 광진구, 성동구, 양천구, 관악구의 고령인구 추계를 분석한 것이다.

● 고령인구 관점에서 괜찮을 4곳

연도	광진구		성동구		양천구		관악구	
	고령 인구	고령 인구 비중(%)	고령 인구	고령 인구 비중(%)	고령 인구	고령 인구 비중(%)	고령 인구	고령 인구 비중(%)
2021	50,976	14	46,752	15	65,031	15	78,800	16
2022	53,587	15	48,880	16	68,633	16	81,880	16
2023	56,363	16	51,210	16	72,291	17	85,140	17
2024	59,083	17	53,743	17	76,133	18	88,675	18
2025	62,390	18	56,451	18	80,389	19	92,768	19
2026	65,496	19	59,213	19	84,699	20	96,743	20
2027	67,872	20	61,447	20	87,951	21	99,699	20
2028	70,795	21	63,925	21	91,764	22	103,431	21
2029	72,678	22	65,836	22	94,454	23	105,975	22
2030	75,005	22	68,027	23	97,735	23	109,159	23
2031	77,064	23	70,063	23	100,590	24	111,887	24
2032	78,975	24	71,877	24	103,249	25	114,533	24
2033	81,140	25	73,934	25	105,981	26	117,301	25
2034	83,572	26	76,334	26	109,518	27	120,661	26
2035	85,820	26	78,567	27	112,344	27	123,840	27
증가(명)	34,844		31,815		47,313		45,040	

광진구(26%)를 제외한 성동구, 양천구, 관악구의 2035년 고령인구 비중은 27%가 될 것으로 예측되었다. 다음은 광진구, 성동구, 양천구, 관악구 고령인구 추계 그림이다.

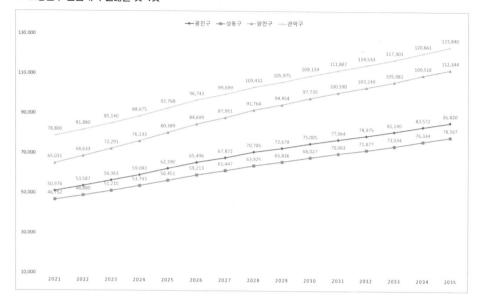

양천구(4만 7,313명 증가)와 관악구(4만 5,040명 증가)의 고령인구 증가규모가 상대적으로 두드러질 것이라는 점을 확인할 수 있다. 하지만 수도 서울의 위상, 서울시내에서 양천구, 관악구가 보여주게 될 경쟁력이라는 측면에서 볼 때, 수도권 이외에서의 인구유입현상이 부동산 시장에서 발생하게 될 고령인구 증가에 따른 부정적 효과를 충분히 상쇄할 수 있을 것이라고 생각한다.

다음으로 용산구, 성북구, 강서구, 영등포구, 동작구, 서대문구 역시 서울시내에서 고령인구 증가에도 불구하고 부동산 시장이 괜찮을 곳이 될 전망이다. 다음의 표는 용산구, 성북구, 강서구, 영등포구, 동작구, 서대문구의 고령인구 추계를 보여주는 것이다. 2035년 고령인구 비중이 27%가 될 전망이다.

● 고령인구 관점에서 괜찮을 6곳

연도	용산구 고령 인구	용산구 고령 인구 비중(%)	성북구 고령 인구	성북구 고령 인구 비중(%)	강서구 고령 인구	강서구 고령 인구 비중(%)	영등포구 고령 인구	영등포구 고령 인구 비중(%)	동작구 고령 인구	동작구 고령 인구 비중(%)	서대문구 고령 인구	서대문구 고령 인구 비중(%)
2021	36,110	17	71,335	17	90,066	15	62,788	17	65,480	16	52,306	16
2022	37,357	18	73,764	17	95,427	16	65,463	17	68,474	17	54,244	16
2023	38,723	18	76,438	18	101,273	17	68,256	18	71,563	18	56,413	17
2024	40,049	19	79,112	19	107,472	18	71,040	19	74,494	19	58,734	18
2025	41,567	20	82,143	20	114,020	19	74,213	20	77,991	20	61,173	19
2026	43,156	21	85,289	21	121,026	20	77,171	21	81,258	20	63,946	20
2027	44,503	21	87,499	22	126,161	21	79,431	22	83,836	21	65,996	21
2028	45,977	22	90,112	22	132,128	22	82,598	23	86,808	22	68,431	22
2029	47,140	23	92,100	23	136,572	22	84,560	23	89,083	23	70,217	23
2030	48,431	23	94,236	24	141,713	23	86,796	24	91,663	23	72,343	24
2031	49,633	24	96,249	24	146,234	24	88,805	25	93,940	24	74,357	24
2032	50,786	25	98,318	25	150,719	24	90,607	25	96,194	25	76,257	25
2033	52,085	25	100,451	26	155,253	25	92,513	26	98,542	25	78,319	26
2034	53,697	26	103,336	27	160,690	26	95,029	27	101,543	26	80,857	26
2035	55,147	27	105,773	27	165,633	27	97,200	27	104,104	27	83,189	27
증가(명)	19,037		34,438		75,567		34,412		38,624		30,883	

다음은 용산구, 성북구, 강서구, 영등포구, 동작구, 서대문구의 고령인구 추계를 그림으로 나타낸 것이다.

단순하게 보면 고령인구 증가규모가 상당하다는 점만 보일 수 있다. 하지만 다른 곳이 아닌 서울 그것도 부동산 측면에서 확실한 강점과 특징이 두드러지는 성북구, 강서구, 영등포구, 동작구 서대문구라는 점을 간과해서는 곤란하다. 고령인구 증가에도 불구하고 오히려 위 지역들 역시 인구가 통계청 추계와는 다른 방향으로 움직일 것이라고 생각한다. 즉, 수도권으로의 인구집중 현상이 갈수록 심화되면서 통계적 추계와는 달리 수도권 외 지역에서 서울로의 인구유입 현상이 폭증함에 따라 고령인구 비중 증가에 따

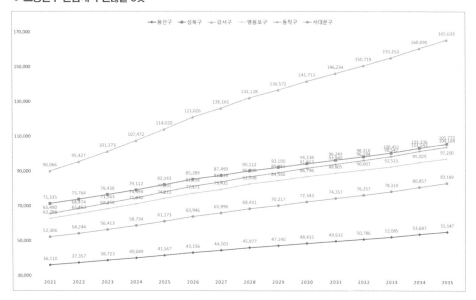

른 부정적 파급효과를 상쇄할 수 있을 것이라는 뜻이다. 위 지역들을 고령인구 증가에도 불구하고 괜찮은 지역으로 분류한 이유다. 다시 한 번 강조하지만 서울을 중심으로 한 수도권은 수도권 이외 지역으로부터 인구를 흡수하지 못하는 상황에 직면하지 않는 이상 부동산 시장의 극적인 폭락이나 침체는 없을 것이다.

 고령인구 증가로 인해 좀 더 지켜봐야 할 곳은?

서울시만 놓고 볼 때 상대적으로 고령인구 증가 측면에서 좀 더 긴 호흡으로 부동산 시장의 미래를 살펴봐야 할 지역도 분명 존재한다. 서울시에서는 종로구, 동대문구, 노원구, 은평구 강동구, 구로구가 해당된다.

● 고령인구 관점에서 좀 더 지켜봐야 할 6곳

연도	종로구		동대문구		노원구		은평구		강동구		구로구	
	고령 인구	고령 인구 비중(%)	고령 인구	고령 인구 비중(%)	고령 인구	고령 인구 비중(%)	고령 인구	고령 인구 비중(%)	고령 인구	고령 인구 비중(%)	고령 인구	고령 인구 비중(%)
2021	26,138	17	60,639	17	84,801	17	83,124	18	65,490	17	75,034	18
2022	27,019	18	62,904	18	88,934	18	86,735	19	68,685	18	79,250	19
2023	28,027	19	65,451	19	93,368	19	90,600	20	71,837	19	83,450	20
2024	29,121	20	67,965	20	97,872	20	94,658	21	75,223	20	87,423	21
2025	30,311	21	70,918	21	102,822	21	99,115	22	78,908	21	92,098	22
2026	31,591	22	73,931	22	108,024	22	103,670	23	82,582	22	96,400	23
2027	32,583	23	76,135	23	111,862	23	107,200	24	85,033	23	99,905	24
2028	33,729	24	78,688	24	116,363	24	111,188	24	88,108	24	104,120	25
2029	34,629	25	80,610	24	119,529	25	114,255	25	90,126	25	107,156	26
2030	35,580	25	82,838	25	123,362	26	117,643	26	92,545	25	110,549	27
2031	36,547	26	84,883	26	126,926	27	121,005	27	94,645	26	113,653	28
2032	37,405	27	86,881	27	130,371	28	124,227	28	96,693	27	116,437	29
2033	38,372	28	88,926	28	133,946	29	127,573	28	98,875	28	119,341	30
2034	39,513	29	91,545	28	138,260	30	131,685	29	101,562	29	122,886	31
2035	40,585	30	93,867	29	142,134	31	135,427	30	103,819	29	126,070	32
증가(명)	14,447		33,228		57,333		52,303		38,329		51,036	

동대문구(29%)와 강동구(29%)를 제외하면 종로구(30%), 노원구(31%), 은평구(30%), 구로구(32%)의 2035년 고령인구 비중은 모두 30% 수준이 될 것으로 예측되었다. 종로구는 대표적인 자족기능이 강점인 자치구지만 아파트 자체가 많지 않아 인구 규모가 크지 않다. 하지만 바로 그 자족기능 덕분에 높은 고령인구 비중에도 불구하고 미래 부동산 시장을 긴 호흡으로 지켜봐야 할 지역으로 분류하는 것이 적절하다고 본다.

강동구, 동대문구, 노원구, 은평구, 구로구는 높은 고령인구 비중에도 불구하고 총인구 규모를 무시할 수 없는 수준이라는 점, 서울의 경쟁력이 갈수록 강화되고 있다는 점을 감안할 때, 이들 지역의 미래 부동산 시장 가치를 고령인구라는 부정적 변수만으로 속단해

● 고령인구 관점에서 좀 더 지켜봐야 할 6곳

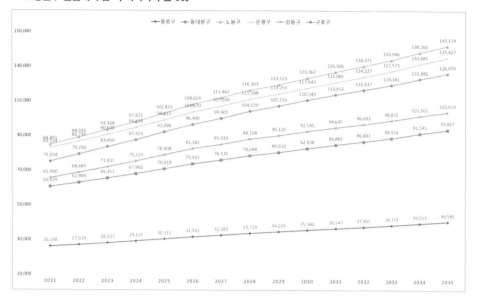

서는 곤란하다. 이들 지역을 긴 호흡으로 좀 더 지켜봐야 할 지역으로 분류한 이유이다.

 고령인구 증가에 따라 우려가 되는 곳은 어디?

고령인구 추계 관점에서만 볼 경우 제 아무리 수도 서울이라 할지라도 부동산 시장의 미래가 우려가 되는 곳들이 분명 존재한다. 중구, 중랑구, 강북구, 도봉구, 금천구가 이에 해당된다.

특히 강북구와 도봉구의 고령인구 비중이 높다는 점이 한눈에 들어온다. 2곳 모두 고령인구 비중이 각각 35%, 36%로 매우 높을 것으로 분석되었다. 매우 높은 수준임을 부인하기 어려운 것이 사실이다. 뒤를 이어 금천구, 중랑구, 중구의 고령인구 비중은 각각

● 고령인구 관점에서 우려되는 5곳

연도	중구		중랑구		강북구		도봉구		금천구	
	고령 인구	고령 인구 비중(%)	고령 인구	고령 인구 비중(%)	고령 인구	고령 인구 비중(%)	고령 인구	고령 인구 비중(%)	고령 인구	고령 인구 비중(%)
2021	22,484	18	68,422	18	62,020	21	62,761	20	42,402	17
2022	23,474	19	71,803	19	64,386	22	66,133	21	44,830	18
2023	24,493	20	75,610	20	67,052	23	69,605	22	47,264	19
2024	25,446	21	79,428	21	69,748	24	73,113	23	49,829	20
2025	26,450	22	83,920	22	72,847	25	77,067	25	52,861	22
2026	27,582	23	88,463	24	76,055	26	81,026	26	55,662	23
2027	28,418	23	91,965	25	78,285	27	83,958	27	58,015	24
2028	29,434	24	95,804	26	80,927	28	87,286	28	60,849	25
2029	30,157	25	98,654	26	82,966	29	89,840	29	62,907	26
2030	30,983	26	101,949	27	85,225	30	92,624	30	65,108	27
2031	31,741	27	104,829	28	87,365	31	95,399	31	67,182	28
2032	32,446	27	107,674	29	89,407	32	97,918	32	68,817	29
2033	33,322	28	110,565	30	91,627	33	100,652	33	70,734	30
2034	34,263	29	113,987	31	94,253	34	103,762	34	72,831	31
2035	35,156	30	117,060	32	96,648	35	106,598	36	74,730	32
증가(명)	12,672		48,638		34,628		43,837		32,328	

32%, 32%, 30%가 될 것으로 분석되었다. 이 정도 수준이라면 고령인구 증가에 따라 부동산 시장이 상당 부분 영향을 받을 것이 분명하다는 점을 예상해 볼 수 있다. 부정적인 측면에서 영향을 받을 것이라는 뜻이다.

다음은 고령인구 관점에서 우려되는 5곳의 고령인구 추계를 그림으로 나타낸 것이다. 고령인구 증가를 좀 더 직관적으로 확인할 수 있다.

제 아무리 서울이라 할지라도 1~2년 내 당장은 아니겠지만 2035년까지 서서히 고령인구 증가의 부정적 효과가 위 지역들에 엄습할 가능성이 높다고 본다. 그렇기 때문에 강북구, 금천구, 중구, 중랑구의 부동산 시장이 전체적으로 부정적인 방향으

● 고령인구 관점에서 우려되는 5곳

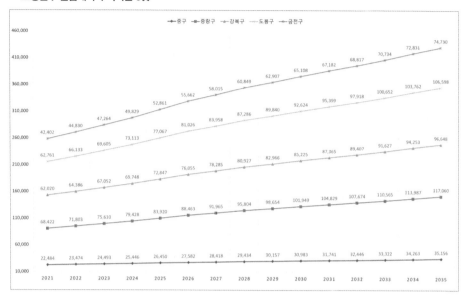

로 움직일 가능성이 있고, 특히 아파트 등 주거용 부동산 시장에 충격을 줄 가능성이 높다고 생각한다. 마지막으로 서울특별시 고령인구 추계에 기초한 아파트 투자전략을 제시한다.

● 서울특별시 고령인구 기반 아파트 투자전략

순위	구분	증가규모(명)	구분	증가율(%)	투자전략
1	강서구	75,567	강서구	83.90	
2	송파구	70,770	금천구	76.24	☞ 매수
3	노원구	57,333	송파구	75.41	마포구, 서초구,
4	은평구	52,303	양천구	72.75	강남구, 송파구
5	구로구	51,036	중랑구	71.09	
6	중랑구	48,638	도봉구	69.85	

순위	구분	증가규모(명)	구분	증가율(%)	투자전략
7	양천구	47,313	광진구	68.35	
8	관악구	45,040	성동구	68.05	☞ 보유
9	강남구	44,171	구로구	68.02	광진구, 성동구,
10	도봉구	43,837	노원구	67.61	양천구, 관악구,
11	동작구	38,624	서초구	63.64	용산구, 성북구,
12	강동구	38,329	은평구	62.92	강서구, 영등포구,
13	서초구	36,939	강남구	61.32	동작구, 서대문구
14	광진구	34,844	서대문구	59.04	
15	강북구	34,628	동작구	58.99	☞ 유보
16	성북구	34,438	강동구	58.53	종로구, 동대문구
17	영등포구	34,412	관악구	57.16	노원구, 은평구
18	동대문구	33,228	중구	56.36	강동구, 구로구
19	금천구	32,328	강북구	55.83	중랑구, 강북구
20	성동구	31,815	종로구	55.27	도봉구, 금천구
21	서대문구	30,883	마포구	55.04	중구
22	마포구	28,412	영등포구	54.81	
23	용산구	19,037	동대문구	54.80	
24	종로구	14,447	용산구	52.72	☞ 매도 없음
25	중구	12,672	성북구	48.28	

3 고령인구로 본 경기도 부동산의 미래

대한민국 인구가 급속도로 늙어가게 될 것이라는 점은 피할 수 없는 미래이자 눈앞으로 다가온 현실이다. 또한 인구고령화는 경제활력을 떨어지게 할 것이고 부동산 시장에도 매우 부정적인 영향을 주게 될 것이다. 적어도 평균적인 측면에서 볼 때 대한민국에서 부동산 불패신화가 사라지게 될 날이 얼마 남지 않았다는 의미로 받아들여도 무방하다는 말이다.

경기도 역시 인구 고령화라는 대세를 거스르지는 못할 것이 분명하다. 물론 경기도는 서울과 함께 대한민국 부동산 시장의 미래를 좌지우지할 수 있는 경쟁력을 갖추고 있는 곳들이 대부분이다. 그렇지만 그것이 고령인구 증가에 따라 필연적으로 발생하게 될 경제적 영향력 감소와 그로부터 촉발될 자산시장에서의 부정적 파급효과까지 상쇄할 수 있을 것이라고 판단이 무모한 확신이 되어서는 곤란하다. 그래서 큰 틀에서 서울과 함께 대한민국을 대표하는 부동산 시장인 경기도 부동산 시장 또한 인구 고령화에 따른 부정적 파급효과에서 벗어날 수 없을 것이라고 생각한다.

경기도의 총인구, 고령인구, 고령인구 비율 추계 집중분석

2021년 대비 2035년 경기도 인구추계에 따른 총인구는 89만 1,059명이 증가하는 반면 고령인구는 무려 196만 8,546명이 증가할 것으로 예측되었다. 총인구가 증가폭에 비해 고령인구 증가규모가 압도적이라는 뜻이다.

● 경기도 총인구, 고령인구, 고령인구비율 추계

연도	총인구(명)	고령인구(명)	고령인구비율(%)
2021	13,554,031	1,823,189	13.5
2022	13,689,333	1,945,767	14.2
2023	13,785,351	2,079,567	15.1
2024	13,874,918	2,220,476	16.0
2025	13,958,914	2,378,917	17.0
2026	14,037,547	2,547,409	18.1
2027	14,110,894	2,687,201	19.0
2028	14,178,631	2,842,622	20.0
2029	14,239,648	2,967,395	20.8
2030	14,293,645	3,108,905	21.8
2031	14,340,069	3,241,801	22.6
2032	14,378,644	3,369,931	23.4
2033	14,409,176	3,500,344	24.3
2034	14,431,431	3,653,395	25.3
2035	14,445,090	3,791,735	26.2
증가(명)	+891,059	+1,968,546	

2035년에는 경기도 총인구 중에서 고령인구가 차지하는 비율이 26.2%가 될 것으로 예측되었다. 서울시의 28%에 비해 근소하게 낮은 수준이지만 무시할 수 없는 수준인 것 만큼은 분명하다. 평균적인 측면에서 볼 때 서울에 비해 경기도가 수도권 이외 지역에 서 인구를 흡수할 수 있는 영향력은 작을 수밖에 없을 것이기 때문이다.

다음은 경기도의 총인구, 고령인구, 고령인구 비율 추계를 그림으로 나타낸 것이다. 2021년 대비 2035년 고령인구 증가규모나 총 인구 대비 고령인구 비율이 매우 높을 것이라는 점을 분명하게 확인할 수 있다.

● 경기도 총인구, 고령인구, 고령인구 비율 추계

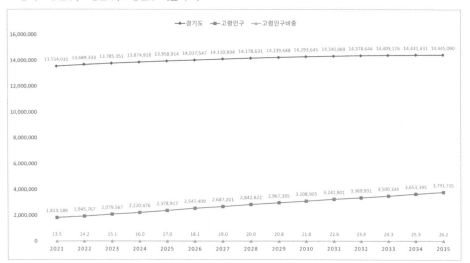

 고령인구 증가에도 불구하고 핫할 것으로 예상되는 곳?

고령인구가 증가하기는 하지만 서울과 마찬가지로 경기도 또한 고령인구 증가의 후폭풍에서 비켜나갈 것으로 예상되는 지역들이 존재한다. 이런 지역들은 당연히 고령인구 증가에도 불구하고 미래 부동산 시장이 핫할 지역으로 남아 있을 것이다. 과연 어떤 곳들이 해당될까? 총7곳이 될 것으로 예측되었다. 화성시, 오산시, 시흥시, 김포시, 수원시, 평택시, 하남시가 이에 속할 것으로 예측된 지역들이다.

● 고령인구 관점에서 핫할 7곳

(단위 : 명, %)

시군별	수원시		평택시		오산시		시흥시	
연도	고령 인구	고령 인구 비율	고령 인구	고령 인구 비율	고령 인구	고령 인구 비율	고령 인구	고령 인구 비율
2021	139,457	11.4	65,630	12.3	23,149	9.9	50,262	9.5
2022	148,918	12.1	69,616	12.8	24,801	10.5	54,978	10.2
2023	159,586	12.9	74,154	13.4	26,629	11.2	59,847	11.0
2024	171,403	13.8	79,175	14.2	28,580	11.9	64,874	11.9
2025	184,793	14.8	84,712	15.0	30,812	12.7	70,719	12.9
2026	199,341	15.8	91,219	16.0	33,215	13.5	76,852	14.0
2027	210,991	16.7	96,522	16.8	35,295	14.3	82,211	14.9
2028	224,800	17.7	102,552	17.7	37,517	15.1	88,375	16.0
2029	235,482	18.5	107,464	18.4	39,386	15.7	93,069	16.8
2030	247,956	19.4	113,437	19.3	41,571	16.5	98,580	17.8
2031	259,637	20.2	118,892	20.1	43,630	17.2	103,591	18.7
2032	270,963	21.0	124,349	20.9	45,673	17.9	108,508	19.5
2033	282,588	21.9	130,041	21.8	47,888	18.7	113,279	20.4
2034	296,230	22.9	136,734	22.8	50,385	19.6	119,001	21.5
2035	308,236	23.8	143,043	23.8	52,621	20.4	123,708	22.3

시군별	하남시		김포시		화성시	
연도	고령 인구	고령 인구 비율	고령 인구	고령 인구 비율	고령 인구	고령 인구 비율
2021	39,105	13.3	59,176	12.5	79,657	8.7
2022	43,279	14.0	64,148	13.1	86,691	9.1
2023	47,562	14.8	69,413	13.9	94,462	9.6
2024	51,932	15.6	74,781	14.7	102,809	10.2
2025	56,748	16.6	80,630	15.6	112,120	10.8
2026	61,764	17.6	86,645	16.5	122,402	11.6
2027	66,123	18.4	91,997	17.3	131,271	12.2
2028	70,468	19.2	97,600	18.2	141,002	12.9
2029	74,319	19.9	102,387	18.8	149,384	13.5
2030	78,218	20.6	107,446	19.6	158,661	14.1
2031	82,137	21.3	112,274	20.3	167,607	14.7
2032	85,680	22.0	116,909	21.0	176,433	15.3
2033	89,417	22.7	121,593	21.7	185,405	16.0
2034	93,543	23.5	126,844	22.5	196,023	16.8
2035	97,356	24.2	131,903	23.3	205,924	17.5

위 지역들은 고령인구 관점 그리고 부동산 시장 관점으로 범위를 좁힐 경우 경기도에서 상대적으로 적어도 2035년까지는 그야말로 핫할 지역이라고 볼 수 있다.

다음은 고령인구 관점에서 핫할 7곳의 고령인구 추계를 그림으로 나타낸 것이다.

● **고령인구 관점에서 핫할 7곳**

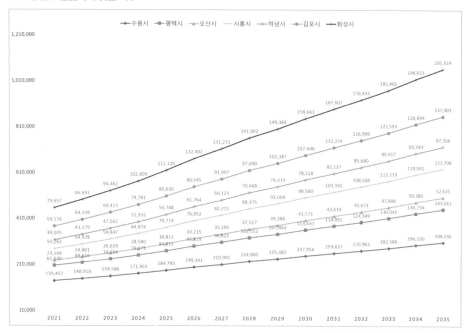

핫할 지역들에서조차도 고령인구 절대규모는 증가할 것으로 분석되었다. 하지만 전체 인구에서 고령인구가 차지하는 비율을 감안할 때 2035년에도 위 지역들은 핫할 지역의 지위를 유지할 수 있을 것이다. 특히 화성시는 고령인구 비율이 압도적으로 낮을 것으로 예상됨에 따라 주택시장도 적어도 2035년까지는 충분한 경쟁력을 발휘할 수 있을 것이라고 생각한다.

고령인구 증가에도 괜찮을 곳은?

경기도내에서 고령인구 증가에도 불구하고 괜찮을 것으로 분석된 지역은 9곳이다. 성남시, 안양시, 부천시, 광명시, 안산시, 고양시, 과천시, 구리시, 남양주시 등이다. 다음의 표는 고령인구 증가에도 불구하고 경기도내에서 부동산 시장이 괜찮을 곳으로 예상되는 9곳의 고령인구 규모와 고령인구 비율 추계를 정리한 것이다.

● 고령인구 관점에서 괜찮을 9곳

시군	성남시		안양시		부천시		광명시		안산시	
연도	고령 인구	고령 인구 비율	고령 인구	고령 인구 비율	고령 인구	고령 인구 비율	고령 인구	고령 인구 비율	고령 인구	고령인구 비율
2021	135,126	14.8	77,775	14.1	116,773	14.2	44,587	14.4	77,750	11.2
2022	142,542	15.6	82,332	15.0	124,798	15.3	46,941	15.3	82,992	12.1
2023	150,848	16.6	87,250	16.1	133,334	16.4	49,484	16.3	88,871	13.1
2024	159,432	17.5	92,544	17.1	142,440	17.5	52,147	17.3	95,293	14.2
2025	169,073	18.5	98,627	18.3	153,010	18.9	55,155	18.4	102,791	15.5
2026	179,124	19.6	104,852	19.6	163,558	20.2	58,108	19.5	110,624	16.8
2027	187,046	20.5	109,454	20.5	171,711	21.2	60,352	20.4	117,048	17.9
2028	195,890	21.4	114,801	21.6	180,879	22.4	62,931	21.4	124,515	19.2
2029	202,848	22.2	118,457	22.4	187,446	23.3	64,696	22.1	130,045	20.2
2030	210,482	23.0	123,033	23.4	195,260	24.3	67,008	23.1	136,971	21.4
2031	217,802	23.8	127,020	24.2	201,943	25.2	68,915	23.9	143,070	22.6
2032	224,629	24.6	130,809	25.1	208,292	26.0	70,903	24.7	148,730	23.6
2033	231,707	25.4	134,740	26.0	214,646	26.9	72,733	25.5	154,449	24.7
2034	240,381	26.4	139,407	27.0	222,136	27.9	75,229	26.6	161,383	26.0
2035	248,207	27.3	143,322	27.9	228,573	28.9	77,238	27.5	166,783	27.0

시군	고양시		과천시		구리시		남양주시	
연도	고령 인구	고령 인구 비율	고령 인구	고령 인구 비율	고령 인구	고령 인구 비율	고령 인구	고령 인구 비율
2021	147,527	14.3	8,112	15.3	27,621	13.9	101,915	14.6
2022	157,394	15.2	8,448	16.2	29,589	14.8	108,674	15.4
2023	168,217	16.1	8,808	17.2	31,638	15.7	116,051	16.2
2024	179,709	17.1	9,126	18.2	33,934	16.7	123,588	17.1
2025	192,733	18.2	9,524	19.4	36,329	17.8	132,121	18.2
2026	206,552	19.4	9,952	20.7	39,027	19.0	141,098	19.2
2027	218,272	20.4	10,208	21.6	41,277	20.0	148,678	20.1
2028	231,526	21.6	10,541	22.6	43,615	21.0	157,028	21.1
2029	242,219	22.5	10,722	23.3	45,530	21.8	164,097	21.9
2030	254,073	23.5	11,016	24.3	47,629	22.7	171,701	22.8
2031	265,401	24.4	11,243	25.1	49,651	23.6	179,185	23.7
2032	276,200	25.3	11,446	25.9	51,508	24.4	186,211	24.5
2033	287,263	26.3	11,673	26.7	53,488	25.3	193,394	25.3
2034	300,198	27.4	11,963	27.6	55,761	26.3	201,793	26.3
2035	312,080	28.4	12,195	28.5	57,792	27.2	209,565	27.3

통계청 추계에 따르면 2035년 경기도 총인구 대비 평균 고령인구 비율은 26.2%가 될 것이다. 수치상으로 보면 고령인구 증가에도 불구하고 괜찮을 곳으로 예상되는 9곳의 2035년 총인구 대비 고령인구 비율은 모두 경기도 평균인 26.2%를 초과할 것이다. 단순하게 보면 고령인구 증가에 따라 주택시장을 포함한 부동산 시장에 부정적일 것으로 보일 수 있다. 하지만 위 9곳의 지역들은 외견상 부정적으로 보일 수 있을지는 몰라도 도시 자체의 경쟁력만 놓고 보면 상당한 수준인 지역들이라는 공통점이 있다.

자족기능 혹은 직주근접성, 학교인프라, 대중교통망 등 부동산 시장의 힘과 크기를 결정하는 변수들이 일정 수준 이상 경쟁력을 확보한 지역들은 여타 지역으로부터의 인구유입 현상이 발생할 가능성이 높은데 위 9곳은 모두 그런 지역들에 속한다고 보는 것이 타당하다.

다음은 고령인구 관점에서 경기도 내에서 2035년까지 괜찮을 곳으로 분류할 수 있는 9곳의 고령인구 추계자료를 그림으로 나타낸 것이다.

● 고령인구 관점에서 괜찮을 9곳

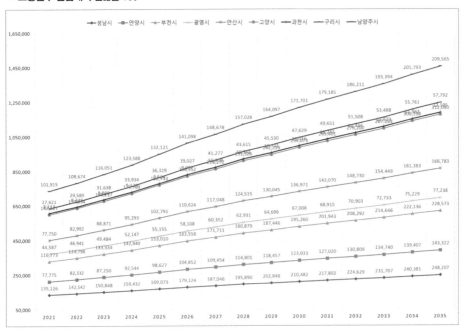

위와 같은 고령인구 추계에도 불구하고 성남시, 안양시, 부천시, 광명시, 안산시, 고양시, 과천시, 구리시, 남양주시 주택시장을 비롯한 부동산 시장에서 적어도 2035년까지는 수도권 평균을 초과하는 폭락이나 가격하락현상이 발생할 가능성은 매우 낮다고 생각한다.

고령인구 관점에서 볼 때 좀 더 지켜봐야 할 곳은?

경기도에서 고령인구 증가로 미래 가치를 속단하기 이른 곳들이 존재한다. 의정부시, 군포시, 의왕시 광주시 등이다. 다음은 의정부시, 군포시, 의왕시, 광주시의 고령인구 규모와 고령인구 비율 추계자료이다.

● **고령인구 관점에서 좀 더 지켜봐야 할 4곳**

연도	의정부시		군포시		의왕시		광주시	
	고령 인구	고령 인구 비율	고령 인구	고령 인구 비율	고령 인구	고령 인구 비율	고령 인구	고령 인구 비율
2021	70,263	15.6	37,627	13.9	22,932	14.5	52,826	13.5
2022	74,550	16.4	40,085	14.9	24,566	15.5	57,401	14.4
2023	79,210	17.3	42,882	16.1	26,430	16.8	62,289	15.3
2024	83,895	18.3	45,813	17.2	28,372	18.1	67,433	16.2
2025	89,167	19.4	49,190	18.5	30,527	19.6	72,935	17.3
2026	94,703	20.6	52,649	19.9	32,788	21.2	78,847	18.4
2027	99,322	21.5	55,389	21.0	34,561	22.4	83,870	19.2
2028	104,416	22.6	58,552	22.2	36,455	23.8	89,295	20.2
2029	108,487	23.4	60,848	23.2	37,917	24.8	93,731	21.0
2030	113,063	24.3	63,594	24.3	39,593	26.0	98,722	21.8
2031	117,461	25.2	66,035	25.3	41,029	27.1	103,406	22.7
2032	121,670	26.1	68,346	26.3	42,395	28.1	107,975	23.5
2033	125,938	27.0	70,743	27.3	43,808	29.2	112,542	24.3
2034	130,775	28.1	73,563	28.5	45,444	30.4	117,901	25.3
2035	135,316	29.0	76,064	29.6	46,802	31.5	122,853	26.2

의정부시, 군포시, 의왕시, 광주시의 2035년 고령인구 비율은 광주시를 제외하면 경기도 총인구 대비 평균 고령인구 비율인 26.2%를 초과할 것으로 분석되었다. 의정부시는 GTX의 수혜지역이고 군포시, 의왕시, 광주시는 단기간에 경쟁력을 상실할 가능성이

극히 희박한 곳들이다.

다음은 의정부시, 군포시, 의왕시, 광주시의 고령인구 추계를 그림으로 나타낸 것이다.

● 고령인구 관점에서 좀 더 지켜봐야 할 4곳

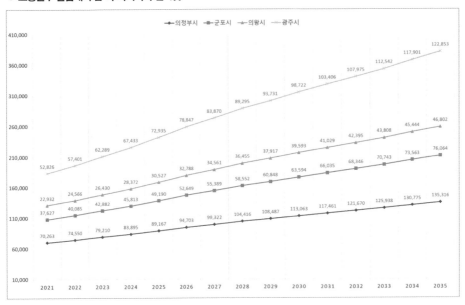

특히 의왕시, 군포시는 고령인구 비율이 29%를 초과할 것으로 예상되기에 부동산 시장에 부정적 후폭풍이 몰아닥칠 가능성이 크다고 볼 여지가 충분하다. 하지만 속단은 이르다. 단 시간 내에 경쟁력 있는 부동산 시장으로 거듭나기 어려운 것처럼 종전의 위상 또한 한순간에 허물어지기 어려운 것 역시 현실이기 때문이다. 군포시나 의왕시, 광주시라면 더욱 그렇지 않을까? 그래서 고령인구 관점으로만 분석의 범위를 좁힌다고 해서 의정부시, 군포시, 의왕시, 광주시 주택시장과 부동산 시장의 미래를 속단해서는 절대 안 된다고 생각한다. 좀 더 지켜봐야 할 지역들로 분류하는 것이 타당할 것이다.

고령인구 관점에서 볼 때 불안할 곳은?

경기도내에서 고령인구 관점에서 미래 주택시장과 부동산 시장을 조망할 때 불안한 곳들이 있다. 안성시와 양주시가 해당된다. 다음은 안성시와 양주시의 고령인구 추계자료이다.

● 고령인구 관점에서 불안한 2곳

시군	안성시		양주시	
연도	고령 인구	고령 인구 비율	고령 인구	고령 인구 비율
2021	33,883	16.6	37,307	16.0
2022	35,727	17.5	39,815	16.8
2023	37,877	18.5	42,471	17.8
2024	40,127	19.6	45,108	18.8
2025	42,715	20.8	47,998	19.9
2026	45,604	22.1	51,011	21.1
2027	47,902	23.2	53,613	22.0
2028	50,473	24.4	56,442	23.1
2029	52,675	25.3	58,769	23.9
2030	55,085	26.4	61,411	24.9
2031	57,481	27.5	63,942	25.9
2032	59,785	28.5	66,434	26.8
2033	62,210	29.5	68,869	27.7
2034	65,010	30.8	71,736	28.9
2035	67,686	31.9	74,356	29.9

　　양주시는 수도권 제2기 신도시고 안성시는 물류 거점도시라는 특징이 있다. 굳이 두 곳의 특성을 언급한 이유는 2021년 현재 시점에서 부동산 시장 관점에서 볼 때 부정적으로 생각할 이유를 찾기 힘든 곳들이기 때문이다. 하지만 2035년까지 긴 호흡으로 접근할 경우 부동산 시장 그 중에서도 주택시장으로 범위를 좁혔을 때 양주시와 안성시는 불안한 지역으로 분류하는 것이 타당하다.

정주인구, 자족기능 그리고 대중교통 접근성 및 주거편의성 측면에서 수도권 주요 지역을 압도하기 힘들고, 고령인구 비율도 상대적으로 높은 수준일 것으로 예측되었기 때문이다. 2020년 부동산 시장은 저금리 기조 및 주택에 대한 투기적 수요 내지는 패닉바이 현상까지 더해지면서 비정상적인 주택가격 폭등현상이 발생했다. 폭등은 매우 위험하다. 폭등의 기울기가 가파르면 가파를수록 그 조정 폭 역시 가파를 수밖에 없을 것이기 때문이다.

다음은 안성시와 양주시의 고령인구 추계자료를 그림으로 나타낸 것이다.

● 고령인구 관점에서 불안한 2곳

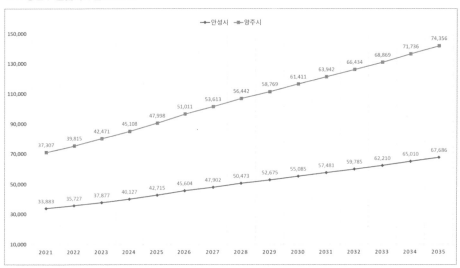

고령인구 증가규모가 큰 것을 알 수 있다. 경기도나 수도권내 경쟁력 있는 지역들만큼 추계만으로는 충분히 설명할 수 없는 인구유입효과를 기대할 수 없다면, 고령인구 증가는 경제와 부동산 시장에 매우 부정적 영향을 줄 수밖에 없다. 내가 안성시와 양주시를 불안한 곳으로 분류한 이유다.

고령인구 관점에서 볼 때 위험할 곳은?

제아무리 경기도로 할지라도 고령인구 증가로 부동산 시장이 직격탄을 맞을 가능성이 매우 높은 지역들이 존재하게 될 것이라는 점은 부인할 수 없다. 고령인구 추계 관점으로 국한할 때 2035년까지 부동산 시장에 부정적으로 작용할 지역은 동두천시, 포천시, 여주시, 연천군, 가평군, 양평군이 될 것이다.

● **고령인구 관점에서 위험한 6곳**

연도	동두천시		포천시		여주시		연천군		가평군		양평군	
	고령인구	고령인구비율	고령인구	고령인구비율	고령인구	고령인구비율	고령인구	고령인구비율	고령인구	고령인구비율	고령인구	고령인구비율
2021	19,263	20.5	28,872	18.6	24,378	21.8	11,173	26.4	15,648	25.9	29,960	26.0
2022	20,106	21.4	30,516	19.7	25,768	23.0	11,649	27.5	16,416	26.9	31,884	27.2
2023	21,162	22.6	32,425	21.1	27,253	24.2	12,217	28.8	17,334	28.1	34,068	28.5
2024	22,266	23.7	34,431	22.4	28,773	25.4	12,734	29.9	18,213	29.3	36,238	29.8
2025	23,458	24.9	36,574	23.9	30,451	26.7	13,355	31.2	19,284	30.7	38,671	31.2
2026	24,690	26.2	38,797	25.3	32,380	28.2	13,964	32.6	20,407	32.2	41,320	32.8
2027	25,780	27.3	40,650	26.6	33,978	29.4	14,487	33.7	21,329	33.3	43,539	34.1
2028	26,961	28.5	42,782	27.9	35,657	30.6	15,127	35.1	22,370	34.6	45,883	35.4
2029	27,972	29.5	44,492	29.1	37,065	31.6	15,586	36.0	23,241	35.7	47,921	36.5
2030	29,038	30.5	46,399	30.3	38,673	32.8	16,146	37.2	24,178	36.8	50,038	37.6
2031	30,142	31.6	48,275	31.5	40,205	33.9	16,662	38.3	25,065	37.9	52,110	38.7
2032	31,197	32.7	49,976	32.6	41,727	34.9	17,179	39.4	25,971	39.0	54,109	39.7
2033	32,290	33.7	51,706	33.7	43,198	36.0	17,639	40.3	26,832	40.0	56,059	40.7
2034	33,538	35.0	53,721	35.0	44,966	37.3	18,234	41.5	27,842	41.3	58,296	42.0
2035	34,670	36.1	55,500	36.1	46,602	38.4	18,759	42.6	28,805	42.5	60,449	43.1

다음은 경기도내에서 고령인구 추계 관점에서 부동산 시장이 위험할 동두천시, 포천

시, 여주시, 연천군, 가평군, 양평군의 고령인구 추계를 그림으로 나타낸 것이다.

● **고령인구 관점에서 위험한 6곳**

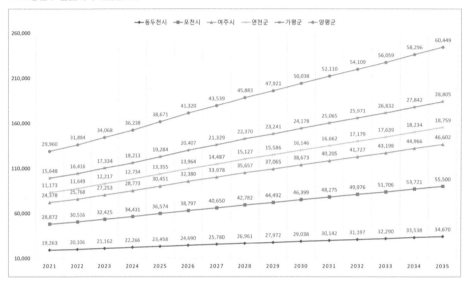

위 6곳은 2035년 고령인구 비율이 최소 36.1%에서 43.1%에 달할 것으로 예측되었다. 이렇게 고령인구 비중이 높음에도 불구하고 자산시장 그 중에서도 주택시장이 멀쩡할 수 있을까?

아마도 멀쩡하다면 그것이 더 이상한 것이다. 그래서 현재와 같은 추세가 이어질 경우 고령인구 관점에서 볼 때 동두천시, 포천시, 여주시, 연천군, 가평군, 양평군 주택시장의 미래는 위험할 것이라고 본다. 한편, 경기도 고령인구 추계를 기초로 경기도내 아파트 투자전략을 수립하는 여러 가지 도구 가운데 하나로 활용할 수 있도록 전략을 제시하니 참고하기 바란다.

● 경기도 고령인구 기반 아파트 투자전략

순위	구분	증가규모(명)	구분	증가율(%)	투자전략
1	수원시	168,779	화성시	158.51	☞ 매수 화성시, 오산시, 시흥시, 김포시, 수원시, 평택시, 하남시
2	고양시	164,553	하남시	148.96	
3	용인시	154,429	시흥시	146.13	
4	화성시	126,267	광주시	132.56	
5	성남시	113,081	오산시	127.31	
6	부천시	111,800	김포시	122.90	
7	남양주시	107,650	수원시	121.03	☞ 보유 성남시, 안양시, 부천시, 광명시, 안산시, 고양시, 과천시, 구리시, 용인시, 남양주시, 파주시
8	안산시	89,033	평택시	117.95	
9	평택시	77,413	안산시	114.51	
10	시흥시	73,446	고양시	111.54	
11	김포시	72,727	파주시	110.99	
12	파주시	72,117	구리시	109.23	
13	광주시	70,027	이천시	106.37	
14	안양시	65,547	남양주시	105.63	
15	의정부시	65,053	의왕시	104.09	☞ 유보 의왕시, 광주시, 의정부시, 군포시, 안성시, 양주시, 이천시
16	하남시	58,251	용인시	103.57	
17	군포시	38,437	군포시	102.15	
18	양주시	37,049	양평군	101.77	
19	안성시	33,803	안성시	99.76	
20	이천시	33,346	양주시	99.31	
21	광명시	32,651	부천시	95.74	
22	양평군	30,489	의정부시	92.59	☞ 매도 동두천시, 포천시, 여주시, 연천군, 가평군, 양평군
23	구리시	30,171	포천시	92.23	
24	오산시	29,472	여주시	91.16	
25	포천시	26,628	안양시	84.28	
26	의왕시	23,870	가평군	84.08	
27	여주시	22,224	성남시	83.69	
28	동두천시	15,407	동두천시	79.98	
29	가평군	13,157	광명시	73.23	
30	연천군	7,586	연천군	67.90	
31	과천시	4,083	과천시	50.33	

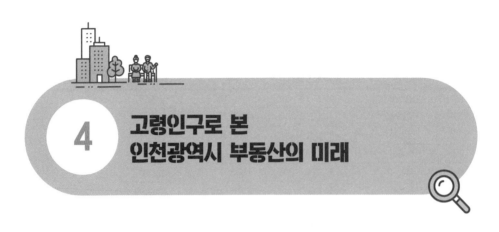

4 고령인구로 본 인천광역시 부동산의 미래

통계청 인구추계에 따르면, 인천광역시 인구는 오는 2035년까지 지속적으로 증가할 것으로 예측되었다. 총인구 측면에서 볼 때 적어도 2035년까지는 인구감소 문제에서 자유로울 수 있는 지역이라고 볼 여지도 분명 있다. 하지만 과연 그럴까? 대한민국이 짊어져야 할 인구감소라는 피할 수 없는 미래 충격파를 인천광역시만큼은 피해나갈 수 있을까? 평균적인 측면에서 볼 때 불가능할 것이라고 생각한다. 총인구는 증가하겠지만 총인구 증가 자체가 고령인구 증가에 기인한 것이고 고령인구 증가는 부동산 등 자산 시장은 물론 더 나아가 경제에 미치는 효과는 부정적일 수밖에 없을 것이기 때문이다.

그래서 대한민국을 대표하는 수도권 부동산 시장인 인천광역시 또한 이 같은 흐름에서 벗어날 수 없을 것이라고 생각한다. 그러나 그럼에도 불구하고 인천광역시 모든 지역이 고령인구 증가에 따른 부정적 파급효과로 충격을 받을 것이라고 보는 것은 무리가 있다. 수도권인 인천광역시 역시 현재는 물론 미래에도 안전자산의 성격을 갖게 될 지역이 분명 존재할 것이기 때문이다.

그렇다면 미래 인천광역시 고령인구의 미래는 어떤 모습일까?

인천광역시의 총인구, 고령인구, 고령인구비율 추계 집중분석

2021년 대비 2035년 인천광역시 추계인구는 9만 1,117명이 증가할 것으로 예측되었다. 총인구 측면에서는 긍정적인 흐름이라고 볼 수 있다. 하지만 고령인구가 2021년 대비 2035년 42만 4,808명이 증가하게 될 것이라는 점을 주목해야 한다. 총인구에서 고령인구가 차지하는 비율 역시 2021년 14.3%에서 2035년 28.4%까지 급증할 것으로 예측되었기 때문이다.

● 인천광역시 총인구, 고령인구, 고령인구비율 추계

연도	총인구(명)	고령인구(명)	고령인구비율(%)
2021	2,956,924	422,075	14.3
2022	2,962,325	449,337	15.2
2023	2,971,720	480,266	16.2
2024	2,981,104	512,966	17.2
2025	2,990,422	550,104	18.4
2026	2,999,552	589,440	19.7
2027	3,008,358	621,814	20.7
2028	3,016,819	657,638	21.8
2029	3,024,515	685,708	22.7
2030	3,031,272	717,798	23.7
2031	3,037,012	747,287	24.6
2032	3,041,682	775,250	25.5
2033	3,045,127	804,012	26.4
2034	3,047,268	837,062	27.5
2035	3,048,041	866,883	28.4
증가(명)	+91,117	+424,808	

2035년 서울특별시의 고령인구 비율이 28%가 될 것이라는 점을 감안할 때 인천광역시 미래 부동산 시장이 타격을 받게 될 것이라는 주장이 결코 터무니없는 주장은 아

닌 근거다.

다음은 인천광역시의 총인구, 고령인구, 고령인구 비율 추계를 그림으로 나타낸 것이다.

● 인천광역시 총인구, 고령인구, 고령인구비율 추계

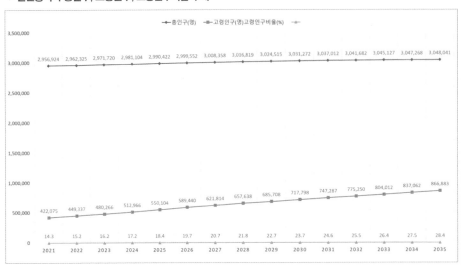

부동산 시장 측면에서 고령인구를 주목해야 하는 가장 큰 이유는 고령인구가 부동산을 매입 하는 주체가 아닌 매도하는 주체가 되는 경우가 일반적이기 때문이다. 실제로 고령인구는 은퇴 이후 여생을 보내기 위한 자금을 위해 부동산 시장에서 매도자 지위에 서는 경우가 대부분이다. 따라서 통계청 추계처럼 인천광역시에서 고령인구 증가 현상이 발생하게 된다면 부동산 수요 감소요인이 될 수밖에 없을 것이다.

다시 말해 '고령인구 증가 = 부동산 수요감소 = 주택 수요감소'의 관계가 성립하게 될 것이고, 이 같은 관계가 성립한다면 경제법칙에 따른 자연스러운 결과로 받아들여야 한다는 뜻이다. 과연 인천광역시 미래 부동산 시장은 부동산 수요감소의 후폭풍으로 인해 가격폭락 내지는 가격하락현상에 시달리게 될까? 적어도 그럴 가능성은 높지 않다고 본다. 젊은 인구 유입이나 재건축·재개발 및 도시재생사업 등이 효과적으로 진행된다면 수도권이라는 경쟁력 있는 입지가 위력을 발휘할 가능성이 농후하기 때문이다.

 고령인구 증가에도 핫할 것으로 예상되는 곳은?

고령인구가 증가에도 불구하고 오는 2035년까지 핫할 지역으로 남아 있을 곳들도 있다. 인천광역시에서는 어떤 곳들이 해당될까? 총 2곳이 될 것으로 예측되었다. 연수구와 서구가 이에 속할 것으로 예측된 곳들이다.

● 고령인구 관점에서 핫한 2곳

연도	연수구		서구	
	고령인구(명)	고령인구비율(%)	고령인구(명)	고령인구비율(%)
2021	39,148	10.3	61,084	11.0
2022	42,570	11.0	65,856	11.8
2023	46,282	11.8	71,218	12.6
2024	50,137	12.7	76,854	13.6
2025	54,631	13.8	83,385	14.6
2026	59,231	14.8	90,343	15.8
2027	63,184	15.7	96,205	16.7
2028	67,516	16.7	102,709	17.8
2029	70,923	17.5	107,808	18.6
2030	74,726	18.3	113,707	19.5
2031	78,201	19.1	119,166	20.4
2032	81,402	19.8	124,300	21.3
2033	84,808	20.6	129,542	22.1
2034	88,733	21.5	135,453	23.1
2035	92,269	22.3	140,746	24.0
증가(명)	+53,121		+79,662	

인천광역시내에서 연수구와 서구는 고령인구 관점에서 볼 때 적어도 2035년까지는 여전히 부동산 시장이 핫할 지역으로 분류해야 한다.

다음은 고령인구 추계 관점에서 핫할 2곳의 고령인구 추계를 그림으로 나타낸 것이다.

● **고령인구 관점에서 핫한 2곳**

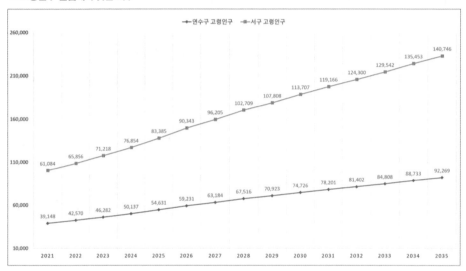

고령인구 관점에서 핫할 지역인 연수구와 서구에서도 고령인구 절대규모 자체는 크게 증가할 것으로 예측되었다. 하지만 큰 폭으로 고령인구가 증가할 것으로 예측되었음에도 총인구 대비 고령인구 비율은 인천광역시내에서 상대적으로 경쟁력 있는 수준이 될 전망이다. 2035년에도 연수구와 서구가 인천광역시 부동산 시장에서 여전히 핫할 지역으로 남아 있을 것이라는 의미다.

고령인구 증가에도 괜찮을 곳은?

인천광역시에서 고령인구 증가에도 불구하고 괜찮을 것으로 분석된 지역은 총 2곳이다. 중구와 남동구 등이다. 다음의 표는 고령인구 증가에도 불구하고 오는 2035년에도 인천광역시에서 부동산 시장이 괜찮을 곳으로 예상되는 2곳의 고령인구와 고령인구 비율 추계를 정리한 것이다.

● 고령인구 관점에서 괜찮은 2곳

연도	중구		남동구	
	고령인구	고령인구비율(%)	고령인구	고령인구비율(%)
2021	20,264	14.4	74,741	13.9
2022	21,495	15.0	79,989	14.9
2023	22,847	15.8	86,126	15.9
2024	24,189	16.7	92,685	17.0
2025	25,596	17.7	99,934	18.2
2026	27,154	18.8	107,664	19.5
2027	28,510	19.8	114,040	20.5
2028	29,911	20.7	120,940	21.6
2029	31,149	21.6	126,529	22.5
2030	32,383	22.4	132,963	23.5
2031	33,676	23.3	138,734	24.4
2032	34,803	24.1	144,392	25.3
2033	36,042	25.0	150,117	26.2
2034	37,431	26.0	156,712	27.3
2035	38,731	27.0	162,647	28.3
증가(명)	+18,467		+87,906	

통계청 추계에 따르면, 인천광역시의 2035년 총인구 대비 평균 고령인구 비율은 28.4%가 될 것이다. 수치상으로 보면 중구와 남동구 모두 고령인구 증가에도 불구하고 2035년

총인구 대비 고령인구 비율이 모두 인천광역시 평균인 28.4% 보다 낮을 전망이다. <mark>인천광역시내에서 상대적으로 중구와 남동구의 부동산 시장의 미래가 경쟁력이 있을 것이라는 추측을 가능케 해주는 대목이다.</mark> 다만, 중구는 영종도를 제외한 기존 구도심의 도시 경쟁력 회복이 필수적이라는 점, 남동구 역시 신·구도심 격차 문제를 해소해야 하는 점 등은 과제가 될 것이다. 하지만 이런 과제들만 해결해 나간다면 중구와 남동구는 고령인구 관점에서 볼 때, 2035년까지 고령인구 증가에도 불구하고 괜찮을 곳으로 분류될 수 있지 않을까? 다음은 중구와 남동구의 고령인구 추계자료를 그림으로 나타낸 것이다.

● **고령인구 관점에서 괜찮은 2곳**

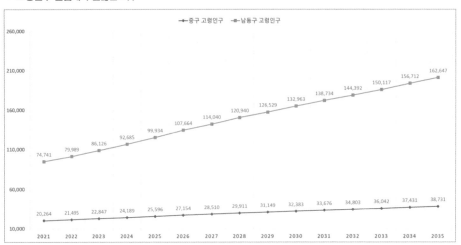

2035년 남동구의 고령인구는 2021년 대비 8만 7,906명 증가하고 중구는 1만 8,467명 증가할 것으로 분석되었지만, 총인구도 많이 증가해 고령인구 비율은 각각 27%, 28.3% 수준이 될 것으로 기대된다. 이런 이유로 고령인구 증가에도 불구하고 중구와 남동구 주택시장을 비롯한 전체 부동산 시장에서 적어도 2035년까지는 인천광역시 평균을 초과하는 폭락이나 가격하락 현상이 발생할 가능성은 매우 낮다고 생각한다.

고령인구 증가에 따라 좀 더 지켜봐야 할 곳은?

고령인구 비율이 30%를 넘는다면 부동산 시장 측면에서 볼 때 분명 부정적이다. 하지만 수도권에 속하고 확실한 강점이 있는 지역들이라면 지금 당장 부정적이라고 단정하기 어려운 측면이 있다. 향후 추가적인 젊은 인구유입 현상이 발생할 가능성을 배제할수 없기 때문이다. 인천광역시에서는 미추홀구, 부평구, 계양구가 지금 당장 부동산 시장의 미래를 부정적으로 보기보다 좀 더 지켜봐야 할 지역으로 포함되었다. 다음의 표는 미추홀구, 부평구, 계양구의 고령인구와 고령인구 비율 추계이다.

● 고령인구 관점에서 좀 더 지켜봐야 할 3곳

연도	미추홀구		부평구		계양구	
	고령 인구	고령 인구 비율(%)	고령 인구	고령 인구 비율(%)	고령 인구	고령 인구 비율(%)
2021	70,933	17.2	75,582	15.2	38,940	13.5
2022	74,794	18.2	79,892	16.2	41,609	14.6
2023	79,067	19.2	84,708	17.3	44,749	15.9
2024	83,577	20.2	89,836	18.4	48,198	17.2
2025	88,712	21.3	95,663	19.7	52,133	18.8
2026	93,974	22.5	101,901	21.0	56,435	20.5
2027	98,360	23.5	106,737	22.0	59,747	21.8
2028	103,277	24.5	112,196	23.2	63,594	23.3
2029	107,109	25.4	116,427	24.1	66,238	24.4
2030	111,481	26.3	121,260	25.2	69,480	25.7
2031	115,548	27.2	125,685	26.1	72,286	26.9
2032	119,482	28.0	129,788	27.1	74,963	28.0
2033	123,577	28.9	134,018	28.0	77,602	29.1
2034	128,397	30.0	138,923	29.1	80,661	30.4
2035	132,832	31.0	143,298	30.1	83,207	31.5
증가(명)	+61,899		+67,716		+44,267	

분명 수치상으로는 우려할 만하다. 이어서 미추홀구, 부평구, 계양구의 고령인구 추계를 그림으로 나타낸 것이다.

● 고령인구 관점에서 지켜봐야 할 3곳

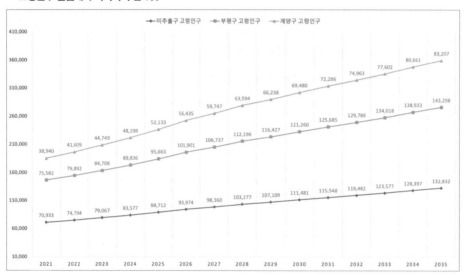

미추홀구와 부평구, 계양구는 각각 교통호재, 재개발·재건축 등 각종 정비사업 진행에 따른 대규모 아파트 공급 그리고 수도권 3기 신도시 조성에 따라 젊은 인구가 대거 유입될 가능성이 매우 높은 지역들이다. 좀 더 시간을 갖고 지켜볼 지역으로 분류한 이유이다.

 고령인구 관점에서 투자가 위험할 곳은?

서울이나 경기도와 마찬가지로 제아무리 수도권이라 할지라도 어쩔 수 없이 고령인구 추계 관점에서 위험한 곳으로 분류되어야 하는 곳들도 있다. 다음은 고령안구 관점에서 위험할 것으로 분석된 동구, 강화군, 옹진군의 고령인구와 고령인구 비율 추계자료이다.

● 고령인구 관점에서 위험한 3곳

연도	동구		강화군		옹진군	
	고령 인구	고령 인구 비율(%)	고령 인구	고령 인구 비율(%)	고령 인구	고령 인구 비율(%)
2021	13,897	23.0	22,337	33.6	19,079	27.0
2022	14,303	24.0	23,404	34.7	19,361	28.0
2023	14,886	25.1	24,649	36.0	19,718	29.1
2024	15,408	26.1	25,993	37.4	20,109	30.3
2025	16,074	27.3	27,491	39.1	20,453	31.7
2026	16,752	28.5	29,080	40.8	20,774	33.2
2027	17,221	29.3	30,513	42.2	21,071	34.6
2028	17,834	30.3	31,954	43.6	21,363	36.1
2029	18,275	31.1	33,204	44.7	21,652	37.2
2030	18,826	32.0	34,542	45.9	21,927	38.4
2031	19,320	32.8	35,883	47.1	22,204	39.6
2032	19,836	33.7	37,149	48.1	22,448	40.7
2033	20,355	34.5	38,462	49.2	22,700	41.8
2034	20,963	35.5	39,908	50.5	22,941	43.1
2035	21,551	36.5	41,327	51.7	23,169	44.3
증가(명)	+7,654		+18,990		+4,090	

　　동구, 강화군, 옹진군의 2035년 전체 인구 대비 고령인구 비율은 각각 51.7%, 44.3%에 달할 것으로 분석되었다. 이 같은 수준이라면 고령인구 증가에 따른 부정적 후폭풍이 동구, 강화군, 옹진군에 불어닥치지 않는다면 그것이 더 이상할 수준이라고 할 수 있다. 물론 동구가 옹진군이나 강화군에 비해 상대적으로 덜하다고 볼 수는 있겠지만 충격을 받게 될 것이라는 점에서는 차이가 없다.

다음은 동구, 강화군, 옹진군의 고령인구 추계를 그림으로 나타낸 것이다.

● **고령인구 관점에서 위험한 3곳**

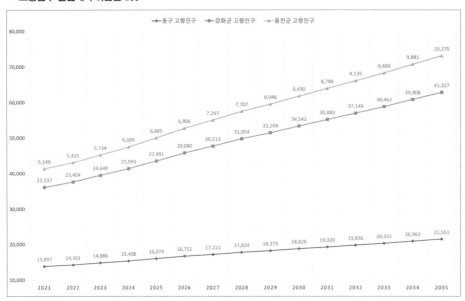

특히, 옹진군과 강화군의 고령인구 규모가 두드러질 것이라는 점이 두드러진다. 그래서 고령인구 관점에서 볼 때 특히 옹진군과 강화군 부동산 시장이 위험하며, 동구 역시 정도의 차이만 있을 뿐 위험한 지역으로 남게 될 것이라고 생각한다. 마지막으로 고령인구를 기초로 경기도내 아파트 투자전략을 제시하였으니 참고하기 바란다.

● **인천광역시 고령인구 기반 아파트 투자전략**

순위	구분	증가규모	구분	증가율	투자전략
1	남동구	87,906	연수구	135.69	☞ **매수** 연수구, 서구
2	서구	79,662	서구	130.41	
3	부평구	67,716	남동구	117.61	

4	미추홀구	61,899	계양구	113.68	☞ 보유 중구, 남동구
5	연수구	53,121	옹진군	99.55	
6	계양구	44,267	중구	91.13	
7	강화군	18,990	부평구	89.59	☞ 유보 미추홀구, 부평구, 계양구
8	중구	18,467	미추홀구	87.26	
9	동구	7,654	강화군	85.02	☞ 매도 동구, 강화군, 옹진군
10	옹진군	5,126	동구	55.08	

2030년 대한민국
부동산 투자
지형도가 바뀐다

초판 1쇄 인쇄 2021년 2월 18일
초판 1쇄 발행 2021년 2월 25일

지은이 김종선 진변석 서영철

펴낸이 박세현
펴낸곳 팬덤북스

기획위원 김정대 김종선 김옥림

기획편집 윤수진 김상희
디자인 이새봄 이지영
마케팅 전창열

주소 (우)14557 경기도 부천시 부천로 198번길 18, 202동 1104호
전화 070-8821-4312 | **팩스** 02-6008-4318
이메일 fandombooks@naver.com
블로그 http://blog.naver.com/fandombooks

출판등록 2009년 7월 9일(제2018-000046호)

ISBN 979-11-6169-150-3 13320